U0438850

- 焚书坑儒与挟书律
- 失踪的皇帝
- 下西洋
- 王安石变法
- 盐铁会议
- 「老子」辨

李洁非

著

古史六案

人民文学出版社

图书在版编目(CIP)数据

古史六案/李洁非著.—北京:人民文学出版社,2020
ISBN 978-7-02-016603-9

Ⅰ.①古… Ⅱ.①李… Ⅲ.①中国历史—古代史—史料 Ⅳ.①K220.6

中国版本图书馆CIP数据核字(2020)第168080号

责任编辑　刘　稚
装帧设计　刘　静
责任校对　杨益民
责任印制　任　祎

出版发行　人民文学出版社
社　　址　北京市朝内大街166号
邮政编码　100705
网　　址　http://www.rw-cn.com

印　　刷　三河市中晟雅豪印务有限公司
经　　销　全国新华书店等

字　　数　187千字
开　　本　880毫米×1230毫米　1/32
印　　张　8.625　插页1
印　　数　1—10000
版　　次　2020年10月北京第1版
印　　次　2020年10月第1次印刷

书　　号　978-7-02-016603-9
定　　价　58.00元

如有印装质量问题,请与本社图书销售中心调换。电话:010-65233595

李洁非

学者,作家。1960年生于安徽合肥。1982年毕业于复旦大学中文系,分配到新华社《瞭望》编辑部工作。1985年调《文艺研究》编辑部。1987年调入中国社会科学院文学研究所,先后在新学科研究室、当代文学研究室工作。历任当代文学研究室副主任、主任,文学所创新工程首席研究员,文学所学术委员等职。代表作《解读延安》"典型三部曲""李洁非明史书系"《天崩地解:黄宗羲传》《文学史微观察》《天国之痒》等。荣获首届冯牧文学奖、第五届鲁迅文学奖、第十三届中国华语文学传媒大奖和第七、八、九届中国社会科学院优秀科研成果奖等。

目 录

正编

焚书坑儒与挟书律___3

失踪的皇帝___34

下西洋___63

王安石变法___100

盐铁会议___158

《老子》辨___198

附编

关于赵匡胤___241

南唐悲歌___250

开篇语

梁启超曾说:"中国于各种学问中,惟史学为最发达。史学在世界各国中,惟中国为最发达。"①

其中况味,能否理会?

中国历史形诸文字已有四千年以上,且从未中断。与中国并称四大古文明的埃及、巴比伦和印度,若同样索以有序的史述,却都拿不出来。彼等之古老悠久,非藉乎载记,而仰文物遗存为证物。其中古埃及与古巴比伦,当波斯崛起后,或为其所灭,或就此踏上离析之路,国祚均未再续。而我们的邻国古印度,虽免遭文明殄灭的命运,但对自身历史的注意太过不足,以致如今印度人略知古时若干史貌,竟要向东土高僧玄奘鸣谢。相较起来,古老程度稍显不及的古希腊和罗马文明,史学意识可算中国以外最强的,然而他们真正史学意义上的书写,迄今亦仅二千来年,之前史迹则附丽混迹于有韵之神话。反观中国,"夏、殷已上,左史记言,右史记事;周则大史、小史、内史、外史、御史分掌其事,而诸侯之国亦置史官"②,起源如此早,分工如此细密,设置如此整

---

① 梁启超《中国历史研究法》,华东师范大学出版社 1995,页 13。
② 马端临《文献通考》,卷一百九十一经籍考十八,中华书局 2011,页 5555。

备,举世只此一家。

明此,再品任公语,自能捕其掷地有声之感。

"中国于各种学问中,惟史学最发达",系因中国人自古对由历史馈赠的认知视若拱璧。我们不认为光阴乃流水无情之物,将因既往而消逝和远去。相反,我们觉得时间每一处履痕,都是经验和智启的渊薮,以及可以映射妍媸美丑的明镜。借史为鉴,能温故而知新、瞻前以顾后,从而明是非、知得失。我们于此看得极认真,极严肃,遂能早早确立"良史"传统,秉笔直书,前仆后继。与此相对,中国史学批评还独有一词"秽史",专赠涂窜史实的史书。秽者,污也、脏也。"秽史"即脏污之史,近乎骂詈,尽显我们对于史撰纯洁的珍重。刘知己论北齐魏收主持的《魏书》,即曰"世薄其书,号为'秽史'"①,原因就是《魏书》编修中,一再受到权力的严重干扰。中国"正史"制度的"易代修史"原则,也是了不起的创造。"易代修史",简单讲即后朝写前朝。历史不能由本朝书写,本朝所修限于"实录"、"起居注"等资料性史述,或纵予编撰,亦应称"稿"而不得径名曰"史"。这个制度大致于"魏晋南北朝隋唐时期"逐渐"建立并健全",被看作"是中华文明的一大特点,也是对世界文明史的一大贡献"。②一来很大程度地防范并非完全杜绝了权力对历史话语的污染;二来对修史者的安全是一种保障,使他们不必因避忌而影响史撰品质。

以上对中国史学的表彰弘扬,并非重点。重点其实是就此引

---

① 刘知己《史通》,上海世纪出版集团 2015,页 261。
② 白寿彝主编、瞿林东著《中国史学史》(第三卷),上海人民出版社 2006,页 168。

出来另一话题：虽然中国史学发达如此、厚重如此，有悠久的"良史"传统，又有成熟的修史制度；即使这样，历史在中国也不能完全避免含混和疑难。

这绝非指鲜为人知、偏僻荒迥的历史冷门。倘若蛛网尘封的角落，有其未明情形，并不足为奇；但我们现在所讲的，是有些貌似耳熟能详的所谓"已知"历史，实则也在其内。它们不但不属冷门，反而可谓热门，声名赫赫以至妇孺皆知，人们的印象，通常也是尘埃落定、史有定论。然而一旦深予案究，却意外地发现远非如此。有的余音未绝，有的疑点重重，有的聚讼不休，有的根本是悬案。

究其故，历史归根结底没法如处子般葆其纯真，必然饱经沧桑、遍历风霜，哪怕在中国如此优异的史学背景下。

读史益智，很多人知道这句话。但对读史者来说，只读不辨往往是个隐患。历史必有真相，对历史真相的存在我们不应怀疑；然而，历史话语盖如顾颉刚先生所言"层累地造成"，经漫漫时空穿云渡水而来，且不说需要提防刻意造假，即便没有造假，信息传递间不知不觉发生的畸变，也在所难免，所谓"耳食"，所谓"一犬吠声，百犬吠形"，从来难以根除。因此，只读不辨极可能落入"为史所误"的陷阱而不自知。对这一点，人数众多的业余历史爱好者一般较少意识，于史述史论容易一味信任，凡书中读而见之即作为可靠知识加以接收，殊不知即便权威作者、权威著作，亦未必无杂质不犯错。

爱读史无疑是好素养，可是读的同时若不伴以辨的意识，则不可谓善于读史。当然辨别能力需要养成，见多而后识广，须点滴积累。但千里之行始于足下，读且肯辨，不轻易翕然顺受，才有正确的开端。

本书即系笔者于读史时尝试辨识的产物。六个案例，皆极著名。我对它们的认知，都曾经历从盲从到生疑再到查勘，进而于自我知识层面有所落实的不同阶段。其实类似过程在长年读史中不知遇到多少，远不止此六案，惟以眼下精力，无法整理太多，权借六案示其意。整理中，首先注重展各案之细节，搜其纷纭，呈其歧杂，从文献角度还原它们的复杂性；其次，在此基础上尽己微能，不揣浅薄勉为分辨。挂漏自当不免，谬误应亦有之，更不敢自诩能扫悬疑，惟愿所探稍稍有裨读史宜辨的意识，以与读者共勉。

正编

焚书坑儒与挟书律

秦焚书，世所知者多为始皇时事，然而韩非曰：

> 商君教秦孝公以连什伍，设告坐之过，燔诗书而明法令，塞私门之请而遂公家之劳，禁游宦之民而显耕战之士。孝公行之。① 着重号系引者加

检太史公《商君列传》，无涉笔于此；亦未见诸他书。《史记》极重出处，言必有据，既然它对此事只字未提，在存疑者看来，自是绝大的凭据。不过，司马迁的慎重，未必可用来裁判韩非其说为伪。《六国年表》有这样一段：

> 秦既得意，烧天下《诗》《书》，诸侯史记尤甚，为其有所刺讥也。《诗》《书》所以复见者，多藏人家，而史记独藏周室，

---

① 王先慎撰、钟哲点校《韩非子集释》，和氏第十三，中华书局2013，页103—104。

以故灭。惜哉,惜哉!独有《秦记》,又不载日月,其文略不具。①

这里,司马迁讲的是他写《史记》时所能掌握和披阅的史料大概。中国早期史乘撰藏俱限于官,故在秦火中损失最惨。其中,列国史所剩无几,周室之藏则尽"灭",完整留存"独有《秦记》",即秦国一国官史。然而秦国文化相对粗陋,史书载事甚简,甚至日月亦付阙如。从司马迁之喟叹看,《商君列传》不提"燔诗书而明法令",极可能是《秦记》"其文略不具"所致。在司马迁,有据者载之、无据者不书,如此而已,并不足证此事为无。韩非则不单置身战国、早于史迁,且为秦宾客,闻见若更详切,很好理解。而况韩非原文除"燔诗书"这条以外,连什伍、设告坐、塞私门、禁游宦、显耕战诸事,俱明载乎史,确系"孝公行之"者。设若独指"燔诗书"为杜撰,是韩子特于诸多事实当中夹塞此一赝货,于理焉通?

有关这桩疑案,后世学者各抒己见。宋代王应麟《困学纪闻》引韩非语后,先点明《商君列传》"不言燔《诗》《书》",随之却道:"盖《诗》《书》之道废,与李斯之焚之无异也。"②"《诗》《书》之道废"指《商君书》白纸黑字确曾建言摈《诗》《书》。言下之意,商鞅请孝公禁书乃是事实,不论采取烧还是其他方式,与"李斯之焚"无实质不同。清初何焯为《困学纪闻》作注,于此条下面写道:"意者商鞅所燔止于国中,至李斯乃流毒天下。"③意者,指猜想或分

---

① 司马迁《史记》,六国年表第三,上海古籍出版社 1997,页 527。
② 王应麟《困学纪闻》,卷十,诸子,上海古籍出版社 2013,页 1267。
③ 同上,页 1268。

析。何焯倾向于相信孝公、始皇各搞过一次燔书，且指其区别是，前者所烧仅限秦国之内，后者则尽烧"天下"之书。中晚明之际，陈耀文《正杨》有"焚书起于韩非"条，换个角度提出：

> 秦焚书坑儒起于李斯乎？斯之先，固有为此说于秦者矣，韩非是也。非之言曰：世之愚学，皆不知治乱之情，讘诀多诵先古之书，以乱当世之治……与斯所言是古非今，若合符节。作俑者乃韩非，匪斯也。①

着重强调，秦生烧书之念断然早于李斯时代。他对《韩非子》那番话的看法是："夫诗书之燔，韩子明谓商鞅矣。其亦自道也與。"② 就是说，尽管"商鞅教孝公……燔诗书"难以考核，然而此议浮诸韩非脑中、出诸其口，却可是千真万确；所以，秦之焚书冲动起码应追溯到韩非，是其政治思想中早就引而待发之箭，绝不有待李斯发明与创想。

有人或许觉得，韩非说法另有明显不合理处：假使商鞅"燔诗书"之议"孝公行之"，那么嬴政怎还有书可烧？这里，要回过头去理解何焯的"国中书"与"天下书"之辨。始皇已并六国，广有海内，即便孝公曾在"国中"燔书，也丝毫无碍始皇有书可烧，可烧物但多不少。其次，我们另做一点补充。孝公用商鞅当前4世纪中叶，始皇烧书在前213年，此百多年，秦国历史也经

---

① 陈耀文《正杨》，卷一，焚书起于韩非，《钦定四库全书》，子部十，杂家类二，杂考之属。
② 同上。

历一些变化。孝公死,当年商鞅便遭报复,"秦惠王车裂商君以徇"①,虽非人亡政息,某些尺度却悄然移换,如《商君书》深恶痛绝的"事诗书谈说之士,则民游而轻其君"②,一个诗书,一个游说,在他死后都勃兴于秦,至吕不韦相秦达于鼎盛。赴秦的文人游士蜂攒蚁聚,单是吕不韦食客即称三千,以致秦室忧之而下《逐客令》,当时托为吕不韦舍人的李斯"亦在逐中",为此上《谏逐客书》,批评"必出于秦然后可"的思想"非所以跨海内制诸侯之术也"③。吕不韦招士,固有与孟尝君斗奢之意,内里实亦为着学术文化竞争,"是时诸侯辩士,如荀卿之徒,著书布天下。吕不韦乃使其客人人著所闻,集论以为八览、六论、十二纪,二十余万言。以为备天地万物古今之事,号曰《吕氏春秋》。"④此书乃战国时期篇帙最巨者之一,不诞于齐鲁而诞于嬴秦,足见此时秦地文物后来居上。所以,不论是广有四海,还是秦国自身之变,始皇再搞一次焚书,客观上并不愁没有"资本"。

当然,韩非之说孤存,终不可考,我们只作为潜在的史脉,了解一下罢了。

史所确载的"焚书坑儒",本事如下。先看焚书:

> 始皇置酒咸阳宫,博士七十人前为寿。仆射周青臣进颂曰:"他时秦地不过千里,赖陛下神灵明圣,平定海内,放逐蛮夷,

---

① 司马迁《史记》,商君列传第八,页1727。
② 蒋礼鸿《商君书锥指》,算地第六,中华书局2014,页47。
③ 司马迁《史记》,李斯列传第二十七,页1944—1945。
④ 同上书,吕不韦列传第二十五,页1920。

日月所照,莫不宾服。以诸侯为郡县,人人自安乐,无战争之患,传之万世。自上古不及陛下威德。"始皇悦。博士齐人淳于越进曰:"臣闻殷周之王千余岁,封子弟功臣,自为枝辅。今陛下有海内,而子弟为匹夫,卒有田常、六卿之臣,无辅拂,何以相救哉?事不师古而能长久者,非所闻也。今青臣又面谀以重陛下之过,非忠臣。"始皇下其议。丞相李斯曰:"五帝不相复,三代不相袭,各以治,非其相反,时变异也。今陛下创大业,建万世之功,固非愚儒所知。且越言乃三代之事,何足法也?异时诸侯并争,厚招游学。今天下已定,法令出一,百姓当家则力农工,士则学习法令辟禁。今诸生不师今而学古,以非当世,惑乱黔首。丞相臣斯昧死言:古者天下散乱,莫之能一,是以诸侯并作,语皆道古以害今,饰虚言以乱实,人善其所私学,以非上之所建立。今皇帝并有天下,别黑白而定一尊。私学而相与非法教,人闻令下,则各以其学议之,入则心非,出则巷议,夸主以为名,异取以为高,率群下以造谤。如此弗禁,则主势降乎上,党与成乎下。禁之便。臣请史官非秦记皆烧之。非博士官所职,天下敢有藏《诗》《书》、百家语者,悉诣守、尉杂烧之。有敢偶语《诗》《书》者弃市。以古非今者族,吏见知不举者与同罪。令下三十日不烧,黥为城旦。所不去者,医药卜筮种树之书。若欲有学法令,以吏为师。"制曰:"可。"①

---

① 司马迁《史记》,秦始皇本纪第六,页 172—173。

时为始皇三十四年。过程看点有三：一、当天乃始皇生日，场合则恰为寿筵进行中。二、仆射周青臣方以一番颂言为贺，博士淳于越立即唱了反调，批评皇帝事不师古，斥周青臣"面谀""非忠臣"。三、始皇下其议，丞相李斯迅速拿出对策，极具系统性，似于此类问题运思已久、成竹在胸。

焚书令具体内容计七项：一、史书方面，除秦官方所撰史，无论周史、列国史或古史旧藏，一律烧掉。二、史书之外，《诗》《书》和百家语这三类书，惟限任职博士官之人藏有，否则，须皆交出于地方长官烧之。三、任何人，敢聚议或私下谈说《诗》《书》，将处死并陈尸示众。四、若有以古非今言论，灭族；凡公家人知情而隐匿不举，亦予灭族。五、焚书令设三十天缓限期，逾期有书未烧，先领黥面之刑，继充"城旦"—一种四年筑城苦役。六、医药、神仙及种植类书籍，不在"焚书"之列。七、凡学习政治与法律，只能以公家人为师。

综而以观，焚书令实远超"书"的范围。例如，第四项"以古非今者族"，无关乎书，所惩系言论，且治刑最重。第七项的限令对象亦非书，而是学，"以吏为师"含义在于，政治法律的理论观念以官家为准绳，杜绝个人之自由思研，"以吏为师"可以保障这一教学限制。

焚书令张于始皇三十四年。转年，继发坑儒：

> 侯生卢生相与谋曰："始皇为人，天性刚戾自用，起诸侯，并天下，意得欲从，以为自古莫及己。专任狱吏，狱吏得亲幸。博士虽七十人，特备员弗用。丞相诸大臣皆受成事，倚辨于上。

上乐以刑杀为威，天下畏罪持禄，莫敢尽忠。上不闻过而日骄，下慑伏谩欺以取容。秦法，不得兼方不验，辄死。然候星气者至三百人，皆良士，畏忌讳谀，不敢端言其过。天下之事无小大皆决于上，上至以衡石量书，日夜有呈，不中呈不得休息。贪于权势至如此，未可为求仙药。"于是乃亡去。始皇闻亡，乃大怒曰："吾前收天下书不中用者尽去之。悉召文学方术士甚众，欲以兴太平，方士欲练以求奇药。今闻韩众去不报，徐市等费以巨万计，终不得药，徒奸利相告日闻。卢生等吾尊赐之甚厚，今乃诽谤我，以重吾不德也。诸生在咸阳者，吾使人廉问，或为妖言以乱黔首。"于是使御史悉案问诸生，诸生传相告引，乃自除。犯禁者四百六十余人，皆坑之咸阳。使天下知之，以惩后，益发谪徙边。始皇长子扶苏谏曰："天下初定，远方黔首未集，诸生皆诵法孔子，今上皆重法绳之，臣恐天下不安。唯上察之。"①

细读，关节处亦有三：一、同"焚书"一样，"坑儒"也由一个具体事端引发，博士官淳于越在始皇生日宴上出言不逊触激焚书，眼下，两位书生"玩消失"则启坑儒之祸。二、始皇盛怒下历数"诸生"愆尤种种，说明他对这群人的嫌怨根深蒂固。三、坑儒实非一"坑"字可了，"坑"仅为事态的极致与一隅，在更宽范围下，这是一次针对书生群体的运动式迫害，始皇借侯、卢私亡迁怒所有书生，以"闻不报"为由"悉案问诸生"，每个书生俱受鞠究，人们被迫

---

① 司马迁《史记》，页 175—176。

"传相告引",彼此揭发以求自保,最终从中认定四百六十余人对"闻不报"负责而予坑杀,以外的幸存者则被集体"发谪徙边",亦即处以流放。

"坑"亦作"阬",乃战国至秦汉之际的一种大屠杀方式。自载籍可查者言,两股势力乐此不疲,前有嬴秦,后有西楚项王。《史记》载列国惟嬴秦曾为之,有三笔记录。一次是昭王四十七年长平之战,武安君白起俘赵国降卒四十万,"尽阬杀之"①,坑儒视彼,小巫见大巫。另两次则俱系始皇一人所为,坑儒之前十六年,王翦破邯郸,当时的秦王嬴政竟然亲自前去办一件事——"诸尝与王生赵时母家有仇怨,皆阬之"②。嬴政生于邯郸,父亲子楚时在赵国为人质,母亲出身歌姬,大概受过不少折辱。嬴秦以外这样干的只有项羽,作为后起者,我们觉其行为显然出于摹仿。《项羽本纪》此类记录不下四笔,第一次攻襄城"已拔,皆阬之"③;第二次在渑池"楚军夜击阬秦卒二十余万人新安城南"④;第三次败田荣复"皆阬"⑤其降卒;最后一次在外黄今河南民权县西北又拟将"男子年十五已上"悉"阬之",经劝谏始罢⑥——亦即实际做了三次,有一次临时放弃。

坑儒大部分情节清晰,如"悉案问诸生","诸生传相告引,乃自除","犯禁者四百六十余人,皆坑之咸阳";唯"益发谪徙边"

---

① 司马迁《史记》,白起王翦列传第十三,页1794。
② 同上书,秦始皇本纪第六,页159。
③ 同上书,项羽本纪第七,页205。
④ 同上,页213。
⑤ 同上,页221。
⑥ 同上,页227。

这句，解读有疑义。"发谪徙边"四字不至生歧异，疑在"益"字上。"益"可作"增加"解，亦有"更"或"进而"之意。有人将此语译作"征发更多的流放人员去戍守边疆"，成为与"诸生"无关的情节。我则读为"进而将诸生发谪徙边"，这读法本乎上下文。此语前文"使天下知之，以惩后"，显系解释"益发谪徙边"的动机，亦即将"诸生"以罪人身份流放各地和远方，去充当反面教材。后文则为自幼"诵法孔子"、以读书人保护者自居的扶苏之谏言："天下初定，远方黔首未集，诸生皆诵法孔子，今上皆重法绳之，臣恐天下不安。唯上察之。"明示"益发谪徙边"对象是"诸生"，并作为"皆重法绳之"的集体惩处加以施行。

如此，坑儒事件应归诸两个结果，一是坑杀了四百六十余人，二是将咸阳"诸生"集体流放。

那么，集体流放的规模大概如何？惜秦代缺乏确切的民口资料，连首都咸阳户籍情况亦不知详，专门汇集秦代史迹典章的《秦会要》，只搜蒐到一些零散资料。我们可藉以推算的材料大约这么几件：一、吕不韦传提到吕氏门下食客曾达三千，身份想来大多是书生。二、始皇二十六年，亦即坑儒前九年，"徙天下豪富于咸阳"①，本纪记为十二万户，《三辅黄图》记为二十万户②，这些上层家族里面应该有大量的书生。三、秦设博士官职，一说："秦博士，典教职。"③亦即是带学生的。但也有否认的："案秦博士掌通古今，

---

① 司马迁《史记》，秦始皇本纪第六，页163。
② 孙楷《秦会要》，上海古籍出版社2012，页330。
③ 同上，页143。

非典教职，与学无涉。"① 不过《史记》却写道，秦博士"叔孙通之降汉，从儒生弟子百余人"，可见博士官确以授学为业。坑儒前，秦博士官凡七十员。若依叔孙通为例推之，每人授徒百名，总数可逾七千。四、李斯列传所载"焚书令"内容较本纪更细，中有如下数语："私学乃相与非法教之制，闻令下，即各以其私学议之，入则心非，出则巷议。"② 则焚书前秦犹有私学存在，收徒数量应亦可观。以上四种情况加起来，坑儒时咸阳在读书生以及有书生身份者，二万至三万大概是有的。二三万人遣戍规模，在始皇之世算不了什么，"北筑长城四十余万，南戍五岭五十余万，阿房、骊山七十余万"③。

本事交代毕，接着探一探渊源。

孟子曾云："圣王不作，诸侯放恣，处士横议。"④ 这是对时代特征的精准描述。春秋以降，王纲解纽，天下支离，而思想放兴。孔子当年犹说"天下有道，则政不在大夫；天下有道，则庶人不议"⑤，到了战国却"处士横议"，处士即并不在官的读书人，他们纷纷指古谈今，嗷嘈以言，中国遂迎来一个空前绝后的精神大自由、大活跃、大创造时期，史称"百家争鸣"。但极少有人注意到，当这样一个时代落下帷幕，胜出者并非"处士横议"最放兴的国家比如齐国，而是列国中惟一坚定厉行文化管禁的秦国。

---

① 孙楷《秦会要》，上海古籍出版社2012，页142。
② 司马迁《史记》，李斯列传第二十七，页1946。
③ 孙楷《秦会要》，页318。
④ 朱熹《四书章句集注》，孟子集注卷六，滕文公章句下，中华书局2012，页276。
⑤ 同上书，论语集注卷八，季氏第十六，页172。

缘焚书坑儒前溯，会发现此事态在秦国衍成，冰冻三尺非一日之寒。前曾略述，李斯之前有韩非，韩非之前有商鞅。但这仍非秦国专制思想的最早端绪。秦缪公时，西戎之臣由余使秦，公以"诗书礼乐"之政问之，"由余笑曰：'此乃中国所以乱也。'"①公闻而悦，以为贤，设离间计使由余失宠戎王，降秦用之。时在公元前7世纪，早商鞅三百年。由余对"诗书礼乐"的鄙弃，关键词是一"乱"字，缪公与他一拍即合自亦在兹。这思路，从缪公—由余到孝公—商鞅再到始皇—韩非—李斯，秦史上的三大政治组合之间，俨然一脉相承。只是缪公—由余之时，史料甚简，他们究竟如何为防"乱"而摒斥"诗书礼乐"之政，难知其细。就此言，使秦式意识形态真正具备体系者，当数商鞅。

在商鞅那里，治秦的理念，方方面面都表述得极明白、极充分了。商鞅政策的核心，在"强国"。继而认为，国所以"强"，前提为"民愚"；或反过来说，民智愈开，愈有碍于"强"国。我们今天认为，民智开，国始强；商鞅的看法刚好相反。之如此，是因他心中的"国"，另有所属。我们的概念，国为民有，在商鞅则国为君有。既然国家属君不属民，国之于民，便形诸"驭"与"防"的关系。当然，彼时整个世界距国为民有的理念都很遥远，商鞅视国家为君主私产，说到底不足为奇。但即便同样观念下，当时也有"百姓足，君孰与不足"②的见地，主张君与民之间，利益宜相有让、适当调和。商鞅却是以君主利益"独大"为鹄的，如此

---

① 司马迁《史记》，秦本纪第五，页131。
② 朱熹《四书章句集注》，论语集注卷六，颜渊第十二，页136。

一来,"强国"必然归结于"制民"、驱民尽为我用。那么,何等样民较为听话,利于达此目标?答案一目了然:蒙昧不开、寡闻少知、从身体到头脑均深受束缚之民,最便驱策。简而言之,商鞅揭明"强国"之道在"弱民"《商君书》第二十篇,题即《弱民》,"弱民"诀窍在"愚民"。怎样收其效,他也殚思极虑、抉根指要,谆告秦君警惕和堵死一切有裨民众增广识见的渠道,包括诗、书等文化载体,包括学与问一类关乎求知的兴趣和活动,包括对事物进行思索、辨察的习惯和风气,包括游流迁徙等可致民众眼界开阔的生活情状,更包括自由放妄、活跃而不受拘束的言论……此类论述充斥字里行间:

> 民弱,国强;国强,民弱。故有道之国务在弱民。①
> 博闻、辩慧、游居之事皆无得为,无得居游于百县,则农民无所闻变见方。朱师辙曰:"家大人曰:'方当作放。农民不放效居游也。'"礼鸿案,此说是也。惟方字自有比方依效之义,无须改作放耳。②
> 愚农不知,不好学问,则务疾农。③
> 国去言,则民朴,民朴则不淫。④
> 农战之民千人,而有《诗》《书》辩慧者一人焉,千人者

---

① 蒋礼鸿《商君书锥指》,弱民第二十,页122。
② 同上书,垦令第二,页15。
③ 同上。
④ 同上书,农战第三,页20。

皆怠于农战矣。①

国有礼、有乐、有《诗》、有《书》、有善、有修、有孝、有弟、有廉、有辩，国有十者，上无使战，必削至亡。国无十者，上有使战，必兴至王。②

辩慧，乱之赞也。礼乐，淫佚之征也。③

事《诗》《书》谈说之士，则民游而轻其君。④

六虱：曰礼乐，曰《诗》《书》，曰修善，曰孝弟，曰诚信，曰贞廉，曰仁义，曰非兵，曰羞战。国有十二者，上使无农战，必贫至削。⑤

所谓壹教者，博闻、辩慧、信廉、礼乐、修行、群党、任誉、清浊不可以富贵，不可以评刑，评疑辟字形近之误，辟读为避。不可独立私议以陈其上。⑥

言多，兵弱……言息，兵强。⑦

民愚则易治也。⑧

读这些话，当知《困学纪闻》称商鞅所行"与李斯之焚之无异"，确未诬罔他。

---

① 蒋礼鸿《商君书锥指》，农战第三，页22。
② 同上书，去强第四，页29。
③ 同上书，说民第五，页35。
④ 同上书，算地第六，页47。
⑤ 同上书，靳令第十三，页79。
⑥ 同上书，赏刑第十七，页105。
⑦ 同上书，弱民第二十，页127。
⑧ 同上书，定分第二十六，页145。

前7世纪,由余指诗书"乃中国所以乱";前4世纪,商鞅谈"国去言,则民朴";前3世纪,李斯献焚书之策——专制理念在秦如是实现其三级跳,四百年俱系同一路线。秦沿此而来,从僻处雍州、诸侯之所卑,到先登春秋五霸之列、嗣踞战国七雄之首,乃至并灭六国,所尝一直是甜头。对这种路线,它不特笃信不疑,抑将变本加厉、愈演愈烈,以擅其威,以尽其势。于是,终至焚书坑儒一幕。自后果论,虽然始皇火与坑让人扼腕,回溯既往却又分明世运所铸,有在劫难逃的意味。

人类历史抑扬相替、每有劫难,焚书坑儒自是中国一劫。历史损失若何?因之倒退几许?所受影响和拖累究竟怎样?是应该细予盘点、冷静审究的地方。

历来劫难,论其惨重,须推造成巨大死亡的事件。举如战争、饥馑、疫疠,或血流飘杵或饿殍千里,动辄致死万千。秦并六国前后数百年,兵革不休,杀人如麻,百姓转死沟洫。焚书坑儒丧命者四百六十余众,实属微少。它对血肉之躯的戕害,历史上很难排上号,且不说石虎、冉闵那种超级大杀魔,即便"靖难之役"后朱棣所为,亦远过之。就此而言,今人对焚书和坑儒的认知有些轻重失宜,聚焦点往往在后者,说起始皇活埋多少书生,不难言以概,若问焚书造成什么后果,十之八九懵然无以对。秦火与秦坑,中国被祸究竟孰重?兹不妨明言,绝然前者。此乃这场劫难特色所在,毁夷最为惨重的是无生命的简牍以及无形的精神。它们被戮,貌似无血可淌、无关痛楚,然而文明被祸之深却延及千载。人们认识所以有偏差,不光由于焚书无关生命和流血,也还因为焚书不像坑儒那样仅以一个简明数字即可标识,它各条规定后面，牵涉某些抽象的历史内容或文化细节知识。在此，我们打算为大家讲释。

焚书令共涉四大方面。一曰烧书，一曰禁书，一曰禁言，一曰禁学。前面概略讲过它们的大意，以下做更细的剖析。

先说烧书。被烧的书实际有两大块，一为官藏之书，一为民间所有。可以说是放了两把火。一把火，官家自烧其书；另一把火，烧从别人家搜缴汇集的书。何为自烧的书？史牍是也。这类书过去都是官撰，且只存于官府，民间无有。秦扫六合，以前周室所藏及列国之史，自然俱输秦室。至此始皇下令，除秦国自身版牍外，所有旧代别国官撰文献一律烧掉。当时，举世惟中国特重史纂，传统相沿："古之王者世有史官，君举必书，所以慎言行，昭法式也。左史记言，右史记事。"① 马端临说：

> 古书之流传于今者惟六经。六经之前，则《三坟》《五典》《八索》《九丘》是已。周官外史掌三皇、五帝之书，则国家之所职掌者此也。楚左史倚相能读《三坟》《五典》《八索》《九丘》，则学士大夫之所诵习者此也。今其书亡。②

称三皇五帝之史周代犹存，据说楚国的左史倚相就可以读懂。此说实出《隋书·经籍志》，其所本则不知，从甲骨文的情形推测，有些难于想象。但我们既不便遽是轻信，似亦不宜矢口否认，毕

---

① 班固《汉书》，艺文志第十，中华书局，页 1715。
② 马端临《文献通考》，卷一百七十四经籍考一，页 5183。

竟置身信息大量损失丢失的后世,更不好轻易断言什么。孔子有言:"周监于二代,郁郁乎文哉!"① 说周葆藏有夏、商二代丰沛的文物,而赖以为借鉴。我们知道孔子曾经"适周","观书周室"②,亲眼目睹很多证据。孔子所观,后世都不见了,流传于今的书,没有比六经更古的,此前俱"亡"。这个"亡",十之八九恐怕拜始皇所赐。有人想拉项羽替嬴政垫背,说他在咸阳放的大火,才是书牍殄灭的罪魁祸首,此事稍后还会谈到。就眼下论,项羽之火断然与古史绝迹无关,因为焚书令写得明白,从周室到列国,所有官藏史籍全部付诸一炬。这个损失有多大?我们知道,中国确切历史目前只落实到商代,别的全在考证争辩中。假如始皇不搞这样一次"灭史"行动,情形应当不同。

再说禁书。李斯他们知道,书难于当真一把火烧尽,总有漏网之鱼;所以,追加了禁书条文。规定除开"医药卜筮种树"等实用类的书,一切书籍只许博士官存藏,不许民间拥有,并特别点明了《诗》《书》和百家语。专门点名列出它们,是有原因的。《诗》《书》系古典,由孔子依教学需要编订,作为施教读本。"百家语",则即春秋战国以来学人阐其言说的各种撰述。这些书有个特点,是都在民间流传,非由官方掌握。因此,只予缴烧肯定不够,还要明禁私持偷藏。是为"挟书律";挟,怀藏、隐藏之谓。此律既颁,终秦之世以行。汉初,律政多仍秦旧,"挟书律"继续有效,直到惠帝四年始除。这样,前后拢共二三十年光景,按规定,全

---

① 朱熹《四书章句集注》,论语集注卷二,八佾第三,页65。
② 魏征等《隋书》,志第二十七经籍一,中华书局2014,页914。

中国人民家中几乎不得有书。这该是多么极度的愚民状况！幸而就像设挟书律初衷所虑及的，天下书很难一烧了之，总有珍书惜纸之辈冒死偷藏。所以待至挟书律除，陆续闻有献获，使《诗》《书》二经和百家语在汉代多能复生、重见天日。顺便指出，今人只读到《诗三百》、今古文《尚书》数十篇，读不到原本的《诗》《书》。《史记·孔子世家》："古者《诗》三千余篇。"郑玄《书论》："孔子求《书》……迄于秦穆公，凡三千二百四十篇。"对此我们一应知道自己也是秦火的受害者，二应知道向孔子感恩。他虽非未卜先知，然而将《诗》《书》由官藏删编为儒家教材，使之散布民间，事实证明真乃中华之幸，如今的《诗经》《尚书》虽非原始面貌，却都是劫后幸存的华夏最古文献。

紧随挟书律，还有言之禁、学之禁，从书籍管制延伸至思想言论管制。

"有敢偶语《诗》《书》者弃市"。禁谈《诗》《书》，提都不让提，无论人前人后。为何有此一禁？战国间孔门大盛，韩非说它高居"显学"，而孔子删订的《诗》《书》在儒家六经之列。所以这一条是为扼止儒流所专设。言论另一禁"以古非今者族"也和儒家有关，然不特针对儒家。彼时"百家"，除法家明持厚今薄古立场，其余泰半偏好厚古薄今。例如老子和庄子，对"古"的嗜崇更甚于孔孟。孔孟推许古代重心在三代，老庄则索性主张返于初民之世。因此，禁"以古非今"，其实质不妨理解为罢黜百家、独尊"法"术。

以上两点既禁止着某类言论，也对学术主张、学术思想、学术派别抑扬有别。而"以吏为师"则专门针对于"学"或教育。

它相当于说,教师这份工作,惟具官方身份的人可以做得。应该说,虽然禁了大多数学派以及思想的自由研讨,秦却未尝弃绝教育,它也知道需要培养人才。不过,只准培养对当局政治有用的人才,此即"若欲有学法令"所标划的范围。"以吏为师",意味着教育事业严格服从国家意识形态,也意味着私学终结。先秦自孔子起私学勃兴,大量社会人才由私学造就连韩非、李斯都是荀门弟子,没有私学勃兴便无"百家争鸣"之盛。显然地,"以吏为师"等于对"百家争鸣"釜底抽薪,确保讲学不至于乌七八糟、胡言乱语。中国思想学术一段独特好时光就此关闭,以后再不曾复还。

经上剖析,焚书令的细节及其与历史文化上下前后之关联,大致呈显出来。然而就案情本身说,焚书、坑儒一直存在诸多不明之处。原因有三。其一,焚书直接造成巨大断层,灰飞烟灭,不能稽核。其二,禁言禁学关闭中止了自由言说、记载、著作空间,致许多情形无迹可踪。其三,断层、真空、空白存在于先,赝说伪物乘虚而入于后,从而益添困扰,真假难辨。

以此,后世对焚书坑儒的审鉴不能不陷纷纭。汉代以降,慨喟焚书坑儒险些断送中华文明,是主流声音。但也不乏质疑之谈,或究细节,或辨后果,认为过秦者夸大其辞亦自不少。下面,谨将一些主要疑点和诸家之说加以介绍,并附梳辨。

一、"坑儒"与"坑术士"。

此议于为始皇辩诬最有力焉,我们也首先谈它。其所起,系因本纪记始皇闻侯生、卢生亡去有云"悉召文学方术士甚众,欲以兴太平,方士欲练以求奇药",以及《儒林列传》称"焚《诗》《书》,

坑术士"①。论者据以认为,所坑之人非儒生,实乃术士、方士之流。清代梁玉绳提出:

> 余尝谓世以焚书阬儒为始皇罪,实不尽然……其所阬者,大抵方伎之流。②

章太炎取其折中,谓:

> 始皇所阬诸生及求迁练药之徒,盖文学方术之士,通言术士矣,明非专谓诵法孔子者也。③

认为有儒生有方士,不尽为儒。胡适最决绝,断然否定坑儒,《中国哲学史大纲》引本纪原文后写:

> 细看这一大段,可知秦始皇所坑杀的四百六十余人,乃是一班望星气、求仙药的方士(《史记·儒林列传》也说:"秦之季世坑术士")。这种方士,多坑杀了几个,于当时的哲学只该有益处,不该有害处。故我说坑儒一事也不是哲学中绝的真原因。④

---

① 司马迁《史记》,儒林列传第六十一,页 2352。
② 梁玉绳《史记志疑》,中华书局 1981,页 181。
③ 章太炎《原儒》,《国故论衡疏证》,中华书局 2008,页 481。
④ 胡适《中国哲学史大纲》,华东师范大学出版社 2013,页 263。

即便是"方士",不料自由主义的胡适竟认为坑之"只该有益处,不该有害处",反倒是左翼的郭沫若,斥始皇"极端专制"、"他的钳民之口,比他的前辈周厉王不知道还要厉害多少倍"①,民国时期的舆论真堪细品。

始皇所坑到底是儒生还是术士?我等所知,悉自《史记》,目下惟有以本纪、儒林传两篇为凭。后人聚讼,亦因这两篇貌似说法存在出入,本纪混称"文学方术士",儒林传则径言"术士"。这是怎么回事?莫非史迁落笔也不免随意而欠精审?绝非如此。实则这里藏有细致史笔,恰是司马子长谨依史实、拿捏叙事的体现。后人未领会,乃不细读之故。

回到本事,侯生和卢生"相与谋"的时候这样商议:

> 始皇为人,天性刚戾自用,起诸侯,并天下,意得欲从,以为自古莫及己。专任狱吏,狱吏得亲幸。博士虽七十人,特备员弗用……上乐以刑杀为威,天下畏罪持禄,莫敢尽忠……秦法,不得兼方不验,辄死。然候星气者至三百人,皆良士,畏忌讳谀,不敢端言其过……贪于权势至如此,未可为求仙药。

其时,焚书已事发一年。我们藉以知一年来秦朝的一些现实——"以为自古莫及己",对应厚今薄古的舆论导向;"专任狱吏,狱吏

---

① 郭沫若《十批判书》,吕不韦与秦王政的批判,《郭沫若全集》历史编第二卷,人民出版社 1982,页 439。

得亲幸",对应"以吏为师"、刑治天下、有诛无教的治政模式;"畏罪持禄,莫敢尽忠",对应为官之道或政治伦理及操守大变。虽然司马迁未指侯卢二生是儒生,但我们借其所非议于始皇或所抱怨的现实观之,彼必为儒门子弟。"自古莫及己"、"专任狱吏"、"莫敢尽忠"这几条,均与儒家理念格格不入。侯、卢对此大倒苦水,足明他们是儒无疑。更值得瞩目的,是"博士虽七十人,特备员弗用"这一句。"博士,秦官,掌通古今。"① "博者,通博古今;士者,辨于然否。"② 依其原制,博士官的职守在于学问及思想,而焚书后则职位未裁、功能革易,不再作"通博古今""辨于然否"之用,故曰"特备员弗用",已经不务"正"业。那么,并未裁撤的这些博士被安排干什么了呢?从本纪上下文看只有一件事,就是充当"术士"。"候星气者至三百人,皆良士",求药问仙是始皇末年梦寐所求,如果他将国中最有学问的人都赶去做这件事,是很合逻辑的。我们不知侯、卢是否在博士官之列,但他们乃"候星气者至三百人"的一员,已为《史记》所点明。倘若我们对他们原是儒门子弟的解析不错,那么,坑儒之前的士人精英只怕都已被迫去做了"术士""方士"。更进而言之,太史公笔法精细在于,焚书令未颁,儒生宜书"儒",颁行后"儒"已非儒,书以"术士""方士"始合实况,书"儒"反失其据。这是为何本纪特备"文学方术士"的含混字句,复将"坑术士"载于儒林列传的潜台词。此皆孤诣之笔,可惜后人未予咀摸品味。

---

① 孙楷《秦会要》,页143。
② 同上。

又,《说苑》辑有两件史料。一见"反质"篇,坑儒的导火索侯、卢逃走,侯生后被获,始皇面鞫之,侯对以"黔首匮竭,民力单尽,尚不自知,又急诽谤,严威克下。上暗下聋,臣等故去。臣等不惜臣之身,惜陛下国之亡耳。闻古之明王,食足以饱,衣足以暖……"①一派孔孟腔调,益证前文侯、卢是儒生的分析。一见"至公"篇,始皇既灭六国召群臣集议,假意言道:"古者五帝禅贤,三王世继,孰是?"诸博士默不作声,只有鲍白令之跳出来说:"陛下行桀、纣之道,欲为五帝之禅,非陛下所能行也。"②——陛下实在不是那种人,直接戳穿了他。玩味其辞,鲍白令之显然也是儒家,不光言论立场如此,犯颜直谏的态度也很典型。刘向为皇家校书,聚所见史料为《说苑》正式上表奏进,严肃可靠性毋庸置疑。两条史料从侧面证实,每与始皇作梗令他不爽的皆竖儒之辈。鉴此,始皇雷霆之怒不发向儒生,反发向方士,于理难融。

王充指出:

> 传语曰:"秦始皇燔烧《诗》《书》,坑杀儒士。"言燔烧《诗》《书》,灭去五经文书也;坑杀儒士者,言其皆挟经传文书之人也。烧其书,坑其人,《诗》《书》绝矣。③

---

① 向宗鲁《说苑校证》,卷二十反质,中华书局 1987,页 518。
② 同上书,卷十四至公,页 347。
③ 王充《论衡》,《论衡校注》卷第七语增篇,上海古籍出版社 2018,页 161。

从逻辑上揭示焚书与坑儒有内在统一性,是一以贯之、踵而相继的关系。此议极是。

二、始皇之焚与项王之焚。

辩者以为,秦火未亡古典,真正亡之者,是项羽以及萧何。桐城派刘大櫆主之最力,他特作《焚书辨》,亟言:"不知经之亡,盖在楚、汉之兴,沛公与项羽相继入关之时也。""书之焚不在于李斯,而在于项籍;及其亡也,不由于始皇,而由于萧何。"项羽之罪,即"烧秦宫室,火三月不灭。而后唐、虞、三代之法制,古先圣人之微言,乃始荡为灰烬,澌灭无余。当项籍之未至于秦,咸阳之未屠,李斯虽烧之而未尽也"。至于萧何的责任,则是当项王未入咸阳,汉军先至,萧何在咸阳"独先入收秦丞相御史律令图书",而于"所以传先王之道不绝如线者",置之不顾,未加收取。①

此又如何?虽然刘氏言之凿凿,但他谴责的项王之火究竟有未殃及图籍,于史无述。太史公原文为:"项羽引兵西屠咸阳,杀秦降王子婴,烧秦宫室,火三月不灭,收其货宝妇女而东。""项王见秦宫室皆以烧残破,又心怀思欲东归。"②明显地,焚掠对象乃"秦宫室",兴趣在乎财货女人,对烧书只怕他无此雅兴。故而说阿房宫毁于项羽,当无疑;说咸阳图籍葬手项羽,实非有据。况且,即便项羽之火有累及书,也断无"唐、虞、三代之法制,古先圣

---

① 俱见刘大櫆《焚书辨》,《刘大櫆集》,上海古籍出版社 1990,页 24—25。
② 司马迁《史记》,项羽本纪第七,页 217。

人之微言，乃始荡为灰烬"之事，因为《史记》焚书令载之极明，"史官非秦记皆烧之"，此类书全部已被嬴政主动烧光，不遑待项羽补而烧之。有关萧何的过错，似乎也咎之无由。司马迁提到他作《史记》能用到的史料"独有《秦记》"，而萧何"独先入收秦丞相御史律令图书"，《秦记》无疑就属于"丞相御史"所藏；换言之，正因萧何将咸阳官藏之书收入囊中，方使史迁百年后有书可用。当然，萧何的抢救，或止于"丞相御史"所藏，散在博士官处的图籍没有顾上。可无论如何，所谓"及其亡也，不由于始皇，而由于萧何"，都过甚其辞了。最重要的是，刘大櫆称之为"所以传先王之道不绝如线者"亦即周室与列国官藏那批书，都早早在始皇之火中灰飞烟灭，与萧何哪有半点关系？

三、尽焚与未尽焚。

后世多指焚书甚烈，劫后无余。通览博知的刘歆证实，汉初"天下唯有《易》卜，未有它书"①。但也有人认为书未尽焚，秦非"无书"。

刘大櫆观点是，焚书后"博士之所藏俱在，未尝烧也"，等项羽出现，这些书方始遇难。钱穆不以为然："今依史事论之，焚书起于博士之议政，岂有博士所藏概置不焚之理？则刘说非也。"② 但这只是推理，并非史实。

章太炎亦具此意。《秦献记》说，"秦不以六艺为良书，虽良

---

① 班固《汉书》，楚元王传第六，页1968。
② 钱穆《国学概论》，商务印书馆1997，页68。

书亦不欲私之于博士";又说,秦火"自《秦记》、《史篇》、秦八体有大篆,不焚《史篇》。医药、卜筮、种树而外,秘书私箧,无所不烧"。关于后来书之未绝,他分析有两种情况。一种是诸子书,"其时语易晓,而口耳相传者众。自三十四年焚书,迄于张楚之兴,首尾五年,记诵未衰,故著帛为具",《诗》有音均不灭,亦其征也",亦即赖口传而得恢复。另一种,"诸侯《史记》与《礼》《乐》诸经,多载行事法式,不便谙诵,而《尚书》犹难读,故往往残破。"① 此亦属分析揣测。

最早,王充提出过始皇专焚儒书不焚诸子之说:"秦虽无道,不燔诸子,诸子尺书文篇俱在……书无佚本,经有遗篇。"② 这里的"书"指诸子书,"经"专指儒书。然而王充也无根据,只是立足当时所见"书无佚本,经有遗篇"情形,倒推出来秦火不燔诸子、惟燔儒书的见解。

比较扎实的,乃民国孙德谦《秦记图籍考》一文。此文立意在于,"不可以其焚书之酷,而遂谓秦无书也。"③ 广征博引,从史料中搜集线索,来考证秦世犹存的文献,计有《易》《尚书》《诗》《春秋左氏传》《战国策》《苍颉》《孔子家语》《张苍十六篇》等约四十种。中间有重复者,更有不少属于时人偷藏暗存冒险传诸后世的。不过,从驳"谓秦无书"这一点论,都称得上据实以言。可见笼统说始皇烧尽天下之书,站不住脚。

---

① 俱见章太炎《秦献记》,《章太炎全集(四)》,上海人民出版社 1985,页 69—71。
② 王充《论衡》,《论衡校注》卷第二十八书解篇,页 560。
③ 孙德谦《秦记图籍考》,《学衡》第三十期,1926 年 6 月 30 日。

四、今文与古文。

焚书制造的最大麻烦，在今古文。此事头绪不止一个，焚书之前，还有"书同文"先做铺垫。一般对"书同文"的理解未出其字面，以为不过是文字"统一"，实则里头有两个层面，"统一"之外，更有"兴废"。所"兴"者为当局颁布的新字，所"废"者为古典字形。史迁曾以"拨去古文"①四字约略言之，许慎《说文解字序》则把经过讲得较细，说始皇命"李斯作《仓颉篇》，中车府令赵高作《爰历篇》，太史令胡母敬作《博学篇》，皆取史籀大篆，或颇省改，所谓'小篆'者也"；继又"初有'隶书'，以趣约易，而古文由此绝矣"。②一变为小篆，再变而成隶书；小篆犹近古形，隶书却脱胎换骨，故谓"古文由此绝矣"。我们今人于隶书不觉有碍，对篆体多不能识，就说明这一点。这番文字改革，是"厚今薄古"文化战略的一部分，通过减灭能识古文、读古书的人数来截断旧文化的通道。先废古文、再烧古书，秦王朝遂从根子上隔绝了古代或异己思想文化。

汉惠帝四年"挟书律"除，书籍陆续出现，起初尽属今文。其中，《尚书》复出经过是：

> 孝文时，天下亡治《尚书》者，独闻齐有伏生，故秦博士，治《尚书》，年九十余，老不可征。乃诏太常，使人受之。太

---

① 司马迁《史记》，太史公自序第七十，页2502。
② 许慎撰、段玉裁注《说文解字注》，十五卷上，上海古籍出版社1981，页758。

常遣错受《尚书》伏生所,还,因上书称说。①

伏生既为秦博士,而始皇已废古文,其所藏并授诸晁错的必系今文。伏生《尚书》仅二十九篇,较孔子所订亡佚数十篇。武帝间:

> 鲁恭王坏孔子旧宅,得其末孙惠所藏之书,字皆古文。孔安国以今文校之,得二十五篇,其《秦誓》与河内女子所献不同。又济南伏生所诵,有五篇相合。安国并依古文……合成五十八篇。其余篇简错乱,不可复读。②

孔安国乃孔子十二世孙,后来他将古文《尚书》整理献出。今古文《尚书》之间,篇目及文字多有不同。那么,所谓"古文"是何样子?时人因不识,形容为"科斗书",谓其状如蝌蚪。王国维考证"古文"即"籀文",两者实一。③ 文字伴随社会发生变革,是常有之事且无可厚非。但变革如若附带对传统、历史的人为割裂,就形成害处。秦既废古文,越百十来年,即士人精英亦"莫能识",除非有机会专门学过。比如出身太史世家的司马迁"年十岁则诵古文"④,亦尝

---

① 班固《汉书》,爰盎晁错传第十九,页2277。
② 魏征等《隋书》,志第二十七经籍一,页915。
③ 参阅王国维《战国时秦用籀文六国用古文说》《史记所谓古文说》,《王国维文存》,江苏人民出版社 2014,页295—299。
④ 司马迁《史记》,太史公自序第七十,页2482。

"从安国问故"①即随孔安国深造。刘歆也能识,自云:"及歆校秘书,见古文《春秋左氏传》,歆大好之。"②可这样的例子是极少的。《说文解字》东汉问世,古文识读才有了普及的工具。

"书同文"摒古文于前,"焚书令"灭古籍在后。秦双管齐下,一手制造了日后今古文大讼案。"汉初……立博士十四,皆今文家"③,此时世尚无古文,待《尚书》《春秋左氏传》等一批古文书出来,学界遂乱作一锅粥。古文派以其所本"古字古言"④,篇亦不同,而自居珍奇。今文派又怎甘心沦失?利用人多势众,拼死抵抗。哀帝时,刘歆"欲建立《左氏春秋》及《毛诗》《逸礼》《古文尚书》皆列于学官。哀帝命歆与《五经》博士讲论其义,诸博士或不肯置对",⑤被横加拒绝。于是刘歆致书太常博士,斥今文派"专己守残,党同门,妒道真"⑥。这事关饭碗,古文得势,今文博士在皇家学官地位自然不保。今古文互讦起初出于搏利禄,在后世则演变成真伪悬疑。既然今文古文对不上号,其中必有造假,孰真孰假,宋、清迄至民国聚讼不已,耗费精力无算。其实,秦火带来的困扰远不限于今古文,例如诸子书虽在汉后陆续回归,慢慢却发现疑点极繁,《老子》《庄子》《管子》《墨子》《鬼谷子》《晏子春秋》等等,或整书赝伪,或真中含假,或假中有真,或疑年代误,或疑作者

---

① 班固《汉书》,儒林传第五十八,页 3607。
② 同上书,楚元王传第六,页 1967。
③ 皮锡瑞《经学历史》,中华书局 2004,页 55。
④ 班固《汉书》,楚元王传第六,页 1967。
⑤ 同上。
⑥ 同上书,页 1971。

非……某种意义上，后来二千年学术都在替始皇、李斯们放的那把火擦屁股。

焚书后果之严重，后来有个最直观的证据，即晋武帝司马炎时汲郡出土的《竹书纪年》。当时发现了战国魏襄王墓，掘出一批竹简，涉及七十五篇文章，约十余万字。① 其中最重要的为一种纪年史书，共十三篇。它们有两个特点。一是内容方面"《纪年》纪夏以来至周幽王为犬戎所灭，以晋事接之，三家分，仍述魏事"②，亦即所述历史从夏代起迄至西周灭亡为一段落，春秋开始转为晋国史，三家分晋之后则专述魏国史，脉络线索反映并遵循历史的变迁。二是文字为"古文"，保持着始皇"书同文"以前的面貌。魏襄王统治期为前318—295③，距秦灭六国还有七十来年。到那时为止，中国古史面目尚未失真，与后来所知甚有出入。例如《竹书纪年》记曰："尧之末年，德衰，为舜所囚。""舜囚尧，复偃塞丹朱，使不与父相见。"④ 尧、舜易位，实际是尧在其晚期因"德衰"被废黜，舜不仅废黜了尧，还软禁其子丹朱，不让他们父子相见。虽然夏代变为"家天下"前，古代权力变更所行"禅让制"并未因此被否认，《竹书纪年》别处仍作"尧禅位后，为舜王之。舜禅位后，为禹王之"⑤，但起码尧与舜的"禅位"，不是出于主动"让贤"，而是前者因品德变质，经某种"民主"方式的裁处，被动地失去权力。

---

① 范祥雍《例言》，《古本竹书纪年辑校订补》，上海古籍出版社2015，页1。
② 《朱右曾原本序》，同上书，页99。
③ 孙占铨、孙天元《中国历史图谱》，吉林文史出版社2014，页12。
④ 《五帝》，《古本竹书纪年辑校订补》，页2。
⑤ 同上书，页3。

依汲冢竹书，几千年来所传的尧的"大圣人"形象，其实是不存在的，他最终没有经得住考验，而被权力所污染。司马迁所谓"尧辟位凡二十八年而崩。百姓悲哀，如丧父母……尧知子丹朱之不肖，不足授天下，于是乃权授舜。授舜则天下得其利而丹朱病。授丹朱则天下病而丹朱得其利。尧曰'终不以天下之病而利人一'，而卒授舜以天下"①，并非史实，而是借题发挥的议论。《史记》痛憎专制独夫的思想倾向十分彰灼，从始皇、武帝两篇本纪都可看见，其大谈"讴歌者不讴歌丹朱而讴歌舜"②，应含有为反独夫的主张张目的动机。但我们只可以说司马迁在书写中融入了个人情怀，却不可以说他刻意篡改历史以迎合个人观点。他并非在明知历史不是这样的情形下，强行作此曲解。《五帝本纪》有所失实的原因很简单，就是秦火之后史籍损失极惨，略无孑遗。司马迁已尽己所能，就史实做访查和考核；然而客观上，文献方面可资凭藉者"独有《秦记》"，此外则是汉以来七八十年间从民间陆续"发现"的书。这两类主要的资料，司马迁已就《秦记》讲明，"其文略不具"乃至"不载日月"，粗陋不足征；至于汉初访献而来之书，则以儒家典籍为主，里面所涉历史，实际上都经过了儒家观点的修饰。因而可知，《五帝本纪》史述来源实际只有儒家之说，对此"太史公曰"本也交代得清楚："予观《春秋》、《国语》，其发明《五帝德》、《帝系姓》章矣"③，《春秋》孔子作，《国语》左丘明撰，《五帝德》与《帝系姓》

---

① 司马迁《史记》，五帝本纪第一，页21。
② 同上。
③ 同上书，页31。

则"孔子所传宰予",俱系儒家著作。作为儒者一派的史家,司马迁对儒家之说欠缺怀疑意识,是一个不足;然而刨根究柢,问题并不起自他的盲从,而起自当时压根儿没有别的史料,后来人们由《竹书纪年》所见叙述,对司马迁来说完全属于未知。显然,《五帝本纪》有所失实的最终责任,不应记在司马迁账上,只能归诸焚书。晚清学者朱右曾认为,《竹书纪年》的出土,具有如下意义:

> 秦政燔书,三代事迹泯焉。越五百岁,《古文纪年》出于汲县冢中,而三代事迹复约略可观。①

汲冢的断简残篇自然远不足以复原"三代"历史,但是,足以令人知道焚书是如何彻底地伤害了中国的历史。这一损失似乎永远不可逆。就在不久以前,以举国之力开展的"夏商周断代工程",虽被宣告完成,却仍旧无法避免较大争议。

---

① 《朱右曾原本序》,《古本竹书纪年辑校订补》,页99。

失踪的皇帝

公元1402年7月13日,明建文四年六月乙丑,谷王朱橞、曹国公李景隆谕令守军解甲,启金川门叛变:

> 纳燕兵,都城陷。宫中火起,帝不知所终。燕王遣中使出帝后尸于火中,越八日壬申葬之。或云帝由地道出亡。正统五年,有僧自云南至广西,诡称建文皇帝。思恩知府岑瑛闻于朝。按问,乃钧州人杨行祥,年已九十余,下狱,阅四月死。同谋僧十二人,皆戍辽东。自后滇、黔、巴、蜀间,相传有帝为僧时往来迹。①

此为《明史》本纪第四恭闵帝所载"靖难之役"终了,及建文皇帝朱允炆之结局。行文字斟句酌,煞费苦心。之如是,系因这一幕乃史上少有的大疑案。作为正史,所述皆须以史实为凭,而于

---

① 张廷玉等《明史》,本纪第四恭闵帝,中华书局2013,页66。

既存的疑点又要不掩，以最大程度反映事情原貌。撰史之难，藉此可见一斑。《明史》的整体质地，口碑上佳；梁启超说："现行《明史》，在二十四史中——除马、班、范、陈四书外，最为精善，殆成学界公论了。"① 读上面一段，信然。玄机尽在"宫中火起，帝不知所终。燕王遣中使出帝后尸于火中"一语，有明有暗，虚实互见。唯一事实即"宫中火起"四字，舍此莫不成疑，比如"帝后尸"虽出于"火中"，然则"燕王遣中使"出之，是燕王指为"帝后尸"而已，究竟如何，再无旁证。虽然八天后朱棣"葬之"，或者说，那所谓的建文皇帝夫妇葬仪确有其事，但所葬者何人实不可知。鉴此，本纪于建文帝下落，惟书"不知所终"。无所采信、不作结论。也是基于这一点，后文续以"或云帝由地道出亡"之说，并述正统间僧人杨行祥冒充建文帝事，及西南各地建文帝传闻不绝如缕——这些风言风语，本不宜入正史，所以略存及之，皆由"不知所终"引起，以此作为未了之事的收束。

帝王命案成疑的例子，史上颇有。以个人论，宋太宗手上便攥着两起，即宋太祖"烛影斧声"案和南唐后主"鸩死"案。以朝代论，有清顺雍同光，四帝之死各有流言。然论死既成疑，且完全"不知所终"，活不见人、死不见尸，失联于史、无着无落，似乎仅朱允炆一例。

早期版本《明史》，对此曾不以存疑视之，而一口咬定建文帝自焚死。如今我们可从王鸿绪《明史稿》见之，文曰："俄宫中火发，帝及皇后马氏崩。"② 为辩白这种写法，王氏还在《史例议》里

---

① 梁启超《中国近三百年学术史》，东方出版社 1996，页 109。
② 王鸿绪《明史稿》，本纪第四建文帝，敬慎堂刊本，文海出版社 1962，页 27。

花大量篇幅自证其是，核心论点是："阖宫自焚，以死殉国，建文之正也。"赠给朱允炆一顶道德高帽。孟森先生冷言斥之："横云惟能体清廷之意，而于明代之疑案，特力持其武断之说以迎合之。"又直揭其由："清初人尚思明，若朱三太子，亦竟以一孩童在罗网之内，历六七十年，为海内遗民之所附属。当时惟有此嫌忌，故于故君或故君之子，务指为国亡后必不幸存，亦是杜绝人望之私意。"① 简言之，置建文一门"阖宫自焚"之地，是为根绝清初汉人故国之思以及借滋事端的可能。乾隆间重审《明史》，建文自焚死的写法，终因强史太甚遭弃，转而落于"不知所终"四字，成为现在通常看见的样子亦即梁启超所强调的"现行《明史》"。孟森析其原因，认为此时满清立足既稳，"天下无希望于明后之人，故高宗亦知《明史》原本之不合，而诏改之。"② 检《御批通鉴辑览》，乾隆谕旨谈应予重订的史事，专门点了建文结局："若宋太祖之斧声烛影、明惠宗逊国出亡等事，异说滋多，尤当剖晰是非，以昭定论。"③ 该书卷一百一述建文之史既毕，撰者于"以帝为逊国云"下面加注，头一句"逊国之说，明旧史例议力辨其妄"径引王氏旧说后，以"其言诚是"稍示有限肯定，随即笔锋一转：

> 但据王鏊、陆树声、薛应旂、郑晓、朱国桢等所载，书皆历历可考，虽有舛讹，或未必悉由附会。

---

① 孟森《建文逊国事考》，《明清史论著集刊》上，中华书局2007，页7。
② 同上书，页11。
③ 《四库全书》史部编年类，《御批通鉴辑览》凡例。

认为建文结局诸说未可遽否,并得出八个字:"事难征核,姑从阙疑。"① "现行《明史》"显是依此分寸订成。

今之《明史》涉建文结局,除本纪落于"不知所终"四字外,曲折之笔主要还有三处,分见《姚广孝传》《胡濙传》和《郑和传》。

姚传:

> 十六年三月入觐,年八十有四矣,病甚,不能朝,仍居庆寿寺,车驾临视者再,语甚欢,赐以金唾壶,问所欲言。广孝曰:"僧溥洽系久,愿救之。"溥洽者,建文帝主录僧也。初,帝入南京,有言建文帝为僧遁去,溥洽知状,或言匿溥洽所。帝乃以他事禁溥洽,而命给事中胡濙等遍物色建文帝,久之不可得。溥洽坐系十余年,至是,帝以广孝言,即命出之。广孝顿首谢,寻卒。②

核以《太宗实录》,亦于同年同月记有:

> 至是自南京来朝,车驾临视者再。既卒,上悼惜之。③

可知这是成祖与助其成大业的姚氏之诀别。其间所言,《实录》未

---

① 《四库全书》,卷一百一。
② 张廷玉等《明史》,列传第三十三姚广孝,页4081。
③ 《明太宗实录》,卷一九八,红格抄本,中央研究院历史语言研究所校印,页2073。

书，姚传则明曰广孝以释放和尚溥洽为临终心愿，而成祖允之。这位溥洽，因与朱允炆脱逃有染，靖难之后便以某种借口拘禁至今。姚广孝原在释门，法名道衍，与溥洽想是故交。朱棣将溥洽系狱不杀，应是看在广孝面上。眼下广孝弥留，以还溥洽自由为恳请，朱棣当即下旨放人。

胡濙传：

> 惠帝之崩于火，或言遁去，诸旧臣多从者，帝疑之。五年遣濙颁御制诸书，并访仙人张邋遢，遍行天下州郡乡邑，隐察建文帝安在。濙以故在外最久，至十四年始还。所至，亦间以民隐闻。母丧乞归，不许，擢礼部左侍郎。十七年复出巡江、浙、湘诸府。二十一年还朝，驰谒帝于宣府。帝已就寝，闻濙至，急起召入。濙悉以所闻对，漏下四鼓乃出。先濙未至，传言建文帝蹈海去，帝分遣内臣郑和数辈浮海下西洋，至是疑始释。①

胡乃建文二年进士，燕王入金陵时归附，旋升户部都给事中。阅上文，终永乐之朝，他实际是一名"隐秘战线"的"专职干部"。他被派出巡方，公开名义是颁御书、访仙等，暗地使命则为"隐察建文帝安在"。前后有两大阶段：自永乐五年起受命至十四年还朝为第一阶段；中间隔了三年，十七年再次派出，至二十一年亦即朱棣崩殂那年复命。是年七月，塞外闻警，情报云"阿鲁台将

---

① 张廷玉等《明史》，列传第五十七胡濙，页 4534—4535。

犯边",成祖乃最后一次亲征蒙古。《实录》记:"戊申,车驾次宣府。"① "甲寅,车驾发宣府。"② 则成祖驻跸宣府,在七月三十日至八月初六日之间。胡濙深夜见驾,即此七天中一日。君臣究竟谈了什么,胡传不能道其详,但从成祖既已辞都远征、胡濙追至宣府,以及"帝已就寝""急起召入""漏下四鼓乃出"等情形看,必系极其重大、成祖至为关切者。末句"至是疑始释",从事后角度暗示,当夜所谈关乎建文下落。

至于郑和,自无外乎闻名天下的"下西洋"事:

> 成祖疑惠帝亡海外,欲踪迹之,且欲耀兵异域,示中国富强。永乐三年六月命和及其侪王景弘等通使西洋。③

下西洋先后搞过七次,若予全面考察,其目的确不宜说尽在踪迹建文。《明史》此处行文,也可谓主次分明:下西洋最初由踪迹建文触发,此一目的居主,但也兼具其他动机。结合胡濙传来看,应该说踪迹建文是一项同时并举于海内、海外的计划,胡濙与郑和各主一端;最后,海外无果、海内则似有眉目,以胡濙夜谒宣府、成祖"疑始释"为着落。

顺带简单辨析一下人们易想到的一个疑问。既然建文下落不明、未"崩于火",而朱棣已经握有天下,何不尽出鹰犬、穷搜密

---

① 《明太宗实录》,卷二六一,页2391。
② 同上书,卷二六二,页2393。
③ 张廷玉等《明史》,列传第一百九十二宦官一,页7766—7767。

篦，大举捕缉朱允炆，反而偷偷摸摸、遮遮掩掩地去暗访？大家若为此费解，恐怕是未尝设身处地体会成祖苦衷。盖彼之上位，纯属篡夺，这也是为何甫入金陵，要匆匆"出帝后尸于火中"、宣布建文已死之故。倘建文未死，抑或并非死于自焚这类方式，燕王登基皆毫无合法性，而难辞篡位弑主罪名。古代政治伦理对此抠得极严。建文未死，以对朱棣最好的情形论，即便所谓"靖难"属于"清君侧"，不算谋逆，他至多只能效周公辅成王之故事，绝无取而代之的份。眼下，宣布朱允炆已死且死于自焚，这结果其实不能再好。问题是假如这不是真相，朱允炆并非当真殒命宫火，只是神秘失踪、泥牛入海，那么成祖心头就永远笼罩着一片乌云。第一，他需要千方百计守住这秘密；第二，他得不动声色地搞清侄儿的真实下落；第三，倘有所获，亦须瞒天过海，神不知鬼不觉地加以了结。总之，断不可令个中情形稍有外泄。

姚、胡、郑三传的内容，很堪瞩目。在古代，正史修撰严肃慎重。尽管诸史精粗不一、粹芜有别，但凭空捏造、轻率入史一类情形其实少见。一来古史观特重一个"信"字，知道"信"源自真实、客观，一切入史之事最终都将经过客观的检验，无法强人以受。其次，很明白任何史实根本而言皆非孤立，无形中有其逻辑性，一枝一节若伪，必被千丝万缕无数的真相将它戳穿，刘知几"事皆不谬，其言近真"[1]之语，讲的正是史事自有其内在逻辑的道理。假如背离"信"的原则，或撝事入史任意随性、不加斟酌辨察，都将大伤史撰品质，难免"世薄其书，号为'秽史'"[2]。

---

[1] 刘知几《史通》，上海古籍出版社 2015，页 110。
[2] 同上书，页 261。

清修《明史》虽以异族主之,其间确有讳抹之态,终则不敢有违正统治史传统太甚,此亦何以会历近百年、反复修正之故。张廷玉《上明史表》称:"集百年之定论,袤一代之旧闻,历纂辑于兴朝,毕校雠于兹日。"① 以建文史事论,我们觉得上述二十四字概括的百年《明史》权论审辨过程,未为虚言。史馆就此集思广益,多有检讨,使不同主张展开争鸣。朱彝尊《〈明史提纲〉跋》记述:"明史开局,监修总裁诸公,以建文帝本纪书法下问。"朱道以己见,其他同僚同样"固争"。②《史馆上总裁第四书》还提及一个具体事例:

> 昨睹同馆所纂建文帝纪,具书燕王来朝一事,合之鄱藁,书法相违。彝尊愚暗,匪敢露才扬己,暴人之短。惟是史当取信百世,讵可以无为有。③

随即就该情节之究竟,历历引证、逐一辨识。显然,"史当取信百世,讵可以无为有"在史馆中乃是共识,大家本着这一点开诚布公,以求去伪存真。最终,殿本《明史》的整体处理是,一面将建文结局定为"不知所终",一面对有关其具体下落的纷纭之说,通通既不否定也不采信,以示概不可考。由此反过来说,姚、胡、郑传的情节既已入史,则意味着必非传闻,必有可稽可据的材料。我们不妨认为,这三段叙述作为本纪的补充和延伸,进一步回答

---

① 张廷玉等《明史》,张廷玉上明史表,页 8629。
② 朱彝尊《〈明史提纲〉跋》,《曝书亭集》,世界书局 1937,页 549。
③ 朱彝尊《史馆上总裁第四书》,同上书,页 403。

了建文结局的问题。一言以蔽之：朱允炆具体下落虽不可知，但其必未死于那场宫火；或者说朱棣遣中使出于火中并葬之的尸体，必非建文。

所谓建文之尸，尚不宜断言乃朱棣故意造假。内含两种可能，除明知其假以外，另一可能是朱棣本人对尸体真伪亦无把握，至少不能肯定死者确系朱允炆。否则，他何必将传言助建文变僧潜逃的溥洽羁押十余年？何必对建文遁去说"疑之"而令胡濙"遍行天下州郡乡邑"四处阴察？何必耗巨资遣郑和水师远赴西洋搜觅建文"踪迹"？

我们自正史中挖掘的建文结局信息，止乎于此。小结一下，可得两点：其一，朱允炆被宣布的死亡及死亡方式，都不是真的；金川门献降后，他并未死于南京紫禁城宫火，被葬尸体另属别人。其二，朱允炆虽未死于宫中，但怎样逃命、去往何地以及人生最终止宿，一切皆不可知。

然而，在那"皆不可知"对面，竟堆积着连篇累牍的建文载记。中国的私撰史，唐宋起兴，到明代则成大观。而明代的私史中间，建文题材绝对要算一大热门。万历二十六年 1598 屠叔方编《建文朝野汇编》，列出相关书目约百三十种，绝大多数是私撰。万历三十二年 1604 朱鹭《建文书法拟》定稿，《征考书目》所列亦近此数，且与屠氏书目不尽重合。此乃万历年间情形，后来天启、崇祯、弘光三朝，建文史事热度更高，载记数目又增不少。如此绵绵不绝的著述，涉猎一下，不难发现主要因建文神秘结局而来。设若彼之下落明明白白、铁证如山，岂但说者无由、议者乏味，就连读者亦难提起太大兴趣。然而"革除"后，堂堂一代之君，生不见人、死不见尸,这样一个本朝历史的大天窗,一开二百年,谁能禁得住引颈探头向外张望一番的诱惑?

这里出现一个"革除"字眼。朱棣自燕王摇身变为永乐帝,先后涉及两个关键词。一则"靖难",二即"革除"。"靖难"是他为起兵夺位制造的说辞,"革除"则是大功告成后他对建文朝这段历史的发落。具体而言,下金陵之翌月,诏"今年以洪武三十五年为纪,明年为永乐元年"。[①]抹去建文年号,使其并入洪武,将实际三十一年的洪武朝,生生杜撰为三十五年,是谓"革除"。明史由此得一专有名词,后来明朝作者笔下每现"革除年间"字样,指的便是建文统治期。

"革除"意味着什么?意味着朱明王朝曾有四载被人为搞成空白。用焦竑的话说:"洪武戊寅以后,永乐癸未以前,民若无君,国几无史。"[②]四年,貌似转眼而过,在明朝二百七十来年中微不足道。可是换角度想一想,四年间有多少万人生,又有多少万人死,这些生生死死因此都没着落,将来墓碑或族谱上免不了是一笔糊涂账。还不止是生于斯、死于斯的人,事实上其间在世的所有大明子民,难免都有四年生命历程被抹煞、避忌或改写。昔云"灭人之国,必先去其史",那通常发生在异姓异族之间。朱棣则不然,他灭的竟是自己朱家的历史。

对此,时人无奈,默默以受。然而不愈之伤口,注定无法忘却。二百年来,明朝没有哪一代人心理能迈过这道坎。"革除年"犹如

---

① 张廷玉等《明史》,本纪第五成祖一,页75。
② 焦竑《〈建文书法拟〉序》,《四库全书存目丛书》史部五三,齐鲁书社1996,页229。

一块顽石，压得人喘不过气，忍不住想从心头把它撬开。陈继儒说："余少读史至革除之际，不数行，辄涕洟不竟。"① 朱鹭同样于少年时代深埋一粒种子："幼侍臣父国祥读，见《靖难录》几上。问父，父道洪、建、永、熙间事，历历如掌。鹭自是喜猎国朝书，多借读，每至建文逸事，辄为动，时时手录之。"② 他受吸引过深，以至恍惚成梦："万历甲午候试金陵……鹭梦踊身白月天，朗彻下方世界；已，忽被高皇帝命授臣四金字，曰：一朝表谱。"③ 梦中显系"昭雪"焦灼之象，日后，终以撰成《建文书法拟》解此心结。类乎陈、朱之例，明代文人士子中数不胜数。之如此，是人们无以排遣、挥而不去的苦闷疑问太多。包括"师称'靖难'，或疑无难可靖"④；包括"是不当夷故主，且至夷其年，以灭其迹"⑤；包括"建文之不备史也，不复号也，于纲常阙焉"⑥；包括方孝孺等建文忠臣"一腔热血，十族游魂，可与夷齐争光，可与田横比烈"，而却"混迹缁黄，埋名佣贩，卖卜绝域，痛哭深村"⑦；尤其是"文皇帝入继大统，党禁严迫，凡系诸臣手迹，即零星片札，悉投水火中"⑧，灭史太甚，致国无"全史"⑨……

---

① 陈继儒《建文朝野汇编序》，《四库全书存目丛书》史部五一，页5。
② 朱鹭《建文书法拟本引》，《四库全书存目丛书》史部五三，页233。
③ 同上书，页234。
④ 钦叔阳《建文书法拟序》，同上书，页231。
⑤ 同上。
⑥ 陈继儒《建文朝野汇编序》，《四库全书存目丛书》史部五一，页6。
⑦ 屠叔方《建文朝野汇编序》，同上书，页3。
⑧ 同上书，页2。
⑨ 同上书，页4。

岂止没有"全史",连既有的残阙之史,也塞入不少赝货。朱棣得位,立刻重修《太祖实录》。此书建文元年原已修成,永乐元年下令推倒重来,并将原书焚灭。永乐九年起又第二次复修,至十六年告竣。今存于世的《太祖实录》即两度重修后的文本,建文原本及永乐一修本均已亡佚。前者是被刻意清除的,后者据闻明末犹能偶见,终亦坠泯恐怕是品质太次、难以立足,人自弃之——永乐间所以二修,从姚广孝"访问考稽,从实修纂、补遗、润色"[①]的说法看,一修本明显过于粗陋。但不论一修、二修,论者认为都无辞"事皆改窜"[②]之劣名。

《奉天靖难记》,《明史》艺文志既未置诸明代"正史类"一百一十部之列,亦不载于"杂史类"之"建文时事"和"永乐、洪熙、宣德时事"书目,根本不予提及,原因想是这部"官书"实在捏造得太不成话。朱棣之孙、宣宗皇帝朱瞻基修《太宗实录》,卷一至卷九即据《奉天靖难记》撰成。两相对照,《实录》刊剟极多,有些属于字词更换,有些则整句抛弃。删来改去,只因《奉天靖难记》行文措词殊不可信,往往一望而知出于渲染以至虚构。例如这段:

> 允炆从其计,乃役军民商估通"贾"及诸色人匠,日夜拆屋运木,盛暑饥渴,暍死者相枕藉,劳苦不胜,嗟怨之声盈路,咸引领以望上至,曰:"何不速来,以解我劳苦。"军民怨甚。

---

① 姚广孝《与夏尚书》,陈子龙等辑《明经世文编》卷一三,中华书局1962,页94。
② 张岱《征修明史檄》,《琅嬛文集》,岳麓书社1985,页109。

城外积木既多，疲于搬运，纵火焚之，连日不息。先是城崩，役军夫修筑，将成而他处复崩相连不已，军民运砖土累月不得休息，怨曰："去此不远，何不便来，则有此而登，我即解散，胡使我劳苦至此极也，更迟来数日，我皆为鬼矣。"民之望上以解倒悬，甚于饥渴。①

《实录》改作：

> 建文君从其计，乃役军民商贾工匠，日夜拆屋运木，盛暑饥渴，劳苦不胜，死者相枕藉，嗟怨盈路。城外积木既多，兵民疲于搬运，私纵火焚之，火连日不息。西南城崩，役兵民修筑，未竟，东北城复连崩不已。兵民老壮昼夜不得休，咸有来苏之望。②

"喝死者相枕藉"改为"死者相枕藉"，"累月不得休息"改为"昼夜不得休"，俱属将明显不可能或不合理之笔，改得稍近情理。两处所谓京中军民翘首"盼解放"呼声，《实录》一概删去，代以"咸有来苏之望"模糊一语。对于《靖难记》这一类直接引语，《实录》删改最多。如"诸王来见"一段，朱棣对众人言："吾为奸恶所逼，危如累卵，今幸见骨肉。奸臣谋为不轨，欲次弟通"第"见倾，若落彀中，则覆诸弟如巢觳耳。"诸王则说："我等拘来在京，栗栗度日，

---

① 《奉天靖难记》，《四库全书存目丛书》史部四五，页 479。
② 《明太宗实录》，卷九下，页 127。

举动得罪。幸大兄至此,宗社之灵也。我等可以少宽矣。"①此番对答,《实录》改为:

> 上曰:"诸弟试谓斯言当乎？否乎？诚乎？伪乎？果出于君子抑奸臣之谋乎？"诸王皆曰:"大兄所洞见矣。诸弟何言！诸弟之来岂得已哉！"②

改后,原有的编造夸张痕迹明显减少,彼此话语相对接近当时情境。

既然永乐泯灭建文之史如此不遗余力,真相丢失毋待多言,其间对建文话题的严防深忌,也可想而知。视听但为《奉天靖难记》所蔽,以外无迹可求。这种情形甚至从永乐延续至宣德及以后,直到天顺、成化间始现松弛,有私人著作涉足于此。李贤《天顺日录》,自书名即知写于天顺年间。内中引人注目地出现数处革除之际故事,如周是修殉节、方孝孺被族诛及铁铉的惨死等。但李贤笔下,尚未敢指名道姓指称建文朝代,多少有些遮遮掩掩,用"文庙过江之日""文庙兵至城下"之类句子隐约言之。又过二三十年,约当成化、弘治之际,乃有宋端仪的《立斋闲录》,胆量放开不少,着重显现于三点:其一,径载建文嗣统事与年号:"建庶人洪武二十五年九月十三日册为皇太孙诏书见后,三十一年闰五月十六日即位,改明年为建文元年。"③其二,借汇录碑帖、档案、方志、章

---

① 《奉天靖难记》,《四库全书存目丛书》史部四五,页480。
② 《明太宗实录》,卷九下,页129。
③ 宋端仪《立斋闲录》,卷之二,《续修四库全书》一一六七·子部·杂家类,上海古籍出版社2001,页560。

表等一手文献的方式，正面反映建文时期面貌，去除过往的妖魔化。其三，大量记述建文拥护者被刑戮、家属遭迫害的情形，所抄录的《实录》未载的内廷资料尤可贵。例如一位"由儒士入官"名叫茅大方的极不知名的批评者：

> 三十五年八月十七日，与其男顺童、道寿俱典刑。幼男文生，永乐四年十二月亦处决。顺童男添孙充军，道受寿男妇生等，俱在监。续故妻张氏年五十六，发教坊司，本年十二月病故。教坊司右韶舞安政等官，于奉天门奏："有茅大方妻张氏，年五十六岁，病故。"奉旨："着锦衣卫分付吩咐上元县，抬去门外，着狗吃了。钦此！"①

这些史料，悉堪惊人。鲁迅曾说："我常说明朝永乐皇帝的凶残，远在张献忠之上，是受了宋端仪的《立斋闲录》的影响的。那时我还是满洲治下的一个拖着辫子的十四五岁的少年，但已经看过记载张献忠怎样屠杀蜀人的《蜀碧》，痛恨着这'流贼'的凶残。后来又偶然在破书堆里发见了一本不全的《立斋闲录》，还是明抄本，我就在那书上看见了永乐的上谕，于是我的憎恨就移到永乐身上去了。"②

后世视《立斋闲录》为建文史事改写的一个标志，《明史·宋端仪传》：

---

① 宋端仪《立斋闲录》，页585。
② 鲁迅《病后杂谈之余——关于"舒愤懑"》，《鲁迅全集》第六卷，人民文学出版社2005，页185。

端仪慨建文朝忠臣湮没,乃搜辑遗事,为《革除录》①。建文忠臣之有录,自端仪始也。②

宋端仪迈出私撰正面切入建文朝代的一步,勇气可佩。但客观地讲,此与朱棣子孙继位为君者的态度,很有关系。时间推移,往事成烟,忮忌总会冲淡。况且革除之事自有世道人心,这一点,朱棣子孙亦不能否认,甚或暗抱同情。朱棣长子、洪熙皇帝朱高炽就是如此。他死后庙号"仁宗"并非虚谀,对于父亲诸多所为,他皆以恻隐之心加以拗转,着意与民休息,见善则迁、见过则改,例如罢停耗资甚钜的"下西洋",以及平冤狱、废苛政、省兵革,不一而足。对建文往事,仁宗初步拿出了三个动作。一、亲撰《大明神功圣德碑》,委弃《奉天靖难记》直呼建文其名的贱侮方式,单拟称谓"建文君",同时将《靖难记》的"贼"字易为"敌"。治史者认为,"建文君虽已追废,犹称曰'君'","当其在位时,犹尊之曰'朝廷'",是重大政策变化。③ 二、宣布"建文中诸臣受显戮者,其家属初发教坊司、锦衣卫、浣衣局并习匠,或功臣家为奴",这些人如果还活着,一律大赦,"放原籍为民,给还所没田土"。④ 三、专门谕示群臣:"方孝孺辈皆忠臣,宜有传。不

---

① 即《立斋闲录》卷二之别名,《续修四库全书》所收抄本,该卷首行为"立斋录卷之二",次行为"革除录"。
② 张廷玉等《明史》,列传第四十九宋端仪,页4395。
③ 张朝瑞《忠节录》,《续修四库全书》五三七·史部·传记类,页11。
④ 同上。

书则何以示劝。""于是,天下始敢称孝孺诸死义者为忠臣云。"①可惜仁宗在位仅一年而宾天,否则应在历史问题上有更多作为。尽管来不及做更多,但是称"建文君"、谕示"方孝孺辈皆忠臣,宜有传"两点,影响俱颇深远,足为建文史事重建打开缺口,宣宗修《太宗实录》书"建文君",及私撰渐敢钩辑湮远往事,皆缘此而来。

《立斋闲录》采用文献搜蒐方式还建文史事原貌,恐怕亦为避祸之计。真正挺身而出,以史家自我姿态为建文时代立史,这样的著作还须再等上三四十年,现于正德、嘉靖两朝。如张芹《备遗录》、姜清《姜氏秘史》、黄佐《革除遗事》、郁衮《革朝遗忠录》。除《备遗录》自序明言结撰于"正德丙子五月既望"即1516年6月16日,余书未可确知。王崇武先生《明靖难史事考证稿》认为《姜氏秘史》撰于"正德间",而"黄佐之《革除遗事节本》,其成书时代盖在《秘史》之后"。②《革朝遗忠录》,《四库全书总目》称:"黄佐《革除遗事》已称因郁衮原本,则当在正德以前矣。"③俱属推测。总之,自正德而嘉靖,建文史撰兴起,成为热门,著述迭出。但总览此时,正式为建文朝写史虽是突出进展,角度则盖未超出仁宗"忠臣宜有传"口径,多数著作将重心置于载录"遗忠"事迹。以编年体而非纪传体对建文朝作通史之述的,仅有《姜氏秘史》。即便《姜氏秘史》,叙事亦截于金陵城破即止,以"李景

---

① 张朝瑞《忠节录》,《续修四库全书》五三七·史部·传记类,页11—12。
② 王崇武《明靖难史事考证稿》,商务印书馆1938,页31。
③ 《四库全书总目》,卷六一,中华书局2016,页551。

隆已令金川门守卒解甲,而宫中火起矣"① 含蓄一句戛然而终,以下辄不触碰。

换言之,朱允炆结局的"深水炸弹",此时尚未引爆。不过,凡事总归由表及里、先浅后深,"摸着石头过河"往往是不易之理。建文史事留诸人心的疙瘩,无非两个。一是如实、公正评价那四年历史;二是让堂堂一代之君的下落,能够水落石出。后一点,事既微茫,曩时又灭迹至酷,最属知悉无望。然而,愈是严防死守、毋使人知之事,人类心理反弹亦愈大,愈难抑制一窥究竟的欲望。自朱棣遣中使出"建文尸"那刻起,大明子民心头有个"世纪悬念"无时曾放下,而不伺机穿破之。之前嘿默无声、人所不语,时所不宜也。随着建文话题开口渐大、涉笔渐深,那个最大谜团再也不能保持沉寂状态,很快成为焦点,以致中晚明时期的建文载述几以此为唯一鹄的。

率先微微启其一角的是黄佐。黄佐,《明史》有传:"正德中,佐举乡试第一。世宗嗣位,始成进士。""年七十七卒。穆宗诏赠礼部右侍郎,谥文裕。"② 是身历正德、嘉靖、隆庆三朝矣。其《革除遗事》究竟作于正德还是嘉靖间,看法不一,且版本亦有异,今存《革除遗事》六卷与《革除遗事节本》六卷两种,前者止存列传,后者则有"君纪"即本纪。《节本》"君纪"于建文帝终末书法为:

① 姜清《姜氏秘史》,《中国野史集成 23》,巴蜀书社 1993,页 104。
② 张廷玉等《明史》,列传第一百七十五黄佐,页 7365—7366。

> 六月，文庙渡江驻金川门。上阖宫自焚，遂出走。①

是为未死出走之说首度入史。略后，附缀传闻如下：

> 或曰：建文君之生也，顶颅颇偏。高皇帝知其必不终，尝匣以髡缁之具，戒之曰："必婴大难，乃发此。"至是，遂为僧以逃去。②

缀此传闻，盖为出走说具其由头。这说明朱允炆得以逃亡的说法，民间流传已久；其中，太祖生前预测日后有难、为允炆设定易装僧侣的脱身之策，是始终相沿的故事情节。

民间流言起自何时，不能稽索，但《英宗实录》所载正统五年1440十一月丁巳日杨行祥事，足证其淹延已久：

> 有僧年九十余，自云南至广西，绐人曰："我建文也。张天师言我有四十年苦。今为僧期满，宜亟还邦国。"以黄纸为书，命其徒清进持诣思恩府土官。知府岑瑛执送总兵官柳溥，械至京，会官鞫之。乃言其姓名为杨行祥，河南钧州白沙里人，洪武十七年度为僧，历游两京、云南、贵州至广西。上命锦衣卫锢禁之，凡四逾月死狱中。其同谋僧十二人俱谪戍辽东

---

① 黄佐《革除遗事节本》，《明代传记丛刊》第061册，页370。
② 同上书，页372。

边卫。①

此事,后于祝允明《野记》辗转写成:

> 建文国破时削发披缁而逸,其后在湖湘间某寺中或曰武当山。至正统时,八十余矣。一日,闻巡按御史行部,乃至察院,言欲入陈牒。门者不知谁何,亦不敢沮。既入,从中道行,至堂下坐于地。御史问:"汝何人?讼何事?"不对,命与纸笔,即书云"告状人某姓,太祖高皇帝长孙、懿文太子长子"以付……②

杨行祥真实身份查明,假冒无疑。值得品味的是,能够发生这种事情必系朱允炆亡命天涯的传言甚广极久,致假冒者确信世已不疑,故而乘机一试、浑水摸鱼。

黄佐"遂出走"之述,虽寥寥三字,建文载记一道缺口却已罅裂。之后,朱允炆亡命叙事如滚雪球越变越大,除变服逸出基本情节不变,其他都翻出种种新说。比如太祖遗于建文之物,原为一匣,后则有封柜之说。比如出亡路线,有南下湖湘说,有西行蜀地继往云南说,又有自闽入广说。尤其从亡者情况,前后衍变最堪奇。"建文之逸也,一御史随之。君臣俱祝发为僧,建文居山中不出,御

---
① 《明英宗实录》,卷七三,页1419。
② 祝允明《野记》,《中国野史集成37》,页207。

史时出应付……姜时川曾言其姓名,惜乎失记。"① 这是《建文朝野汇编》所录成化至嘉靖中期士夫杨循吉语,则从亡说初起时不过一人,且不知姓名。而到成稿于嘉靖末年②的郑晓《吾学编》,其《逊国臣记》卷六载:

> 松阳人王诏游治平寺,观转藏,闻藏上嘎嘎有声,异之,令人缘藏登绝顶,无所见,见书一卷,载建文时出亡臣僚二十余人事,纸毁浥,字多断烂不可读。读数日,稍稍诠录其可识者,得田玉、郭良、梁中节、梁良用、宋和、郭节、何洲、梁良玉、何申凡九人,人仅数言。诏怜其忠,又得之异,各赞数语题曰《忠贤奇秘录》。③

郑晓与杨循吉卒年相差二十二载。至此,从亡臣数从一人增至二十余人,且由姓名失记而为有名有姓。以发现者王诏的描述看,原书状极陈朽,自非新编,王诏据之"诠录"而成《奇秘录》,原书究不存,真伪实亦王诏一人知之而已。逮及万历中期以后,事愈乖张。尤其程济《从亡随笔》和史仲彬《致身录》二书,不但从《奇秘录》"二十余人"、"断烂不可读"、"稍稍诠录其可识者……凡九人",变成二十来人全部指名道姓、言之凿凿,更惊人的是,二书作者俱在从亡行列中,所叙之事亦由轶闻钩沉翻作亲历直击。

---

① 屠叔方《建文朝野汇编》,卷十九,《四库全书存目丛书》史部五一,页382。
② 《郑端简公年谱》卷七:嘉靖四十五年八月"既望,公据榻草《名臣记叙》,乃绝笔也"。
③ 郑晓《吾学编》,卷五七,《续修四库全书》四二五·史部·杂史类,页25。

明显地,建文叙事明季已趋失控,伪说滋茂,伪书泛滥。当时,曾有两位大人物出来排抵愈益混乱的局面。王世贞认为,乱象起自正统年间杨行祥事,种种异说"实借此而附会","所以有此纷纷,止因杨行祥一事误耳"。杨行祥底细虽已查明,世间却仍传疑不止,就此王世贞辨曰:"建文以洪武十年生,距正统六年当六十四耳,不应九十余也。""是时英宗少,三杨指杨士奇、杨荣、杨溥皆其故臣,岂能皆不能识?"指出即便建文帝未死,杨行祥事也极不合理:"当灭迹以终,必不作此等诗以取祸,亦必不肯出而就危地。"他的结论是:"建文出亡与否,不可知。"① 另一位同样算士林领袖的钱谦益,则专就《致身》《从亡》二书证伪。他先作《致身录考》,从"作者"史仲彬生平入手,"断其必无者十",并指卷前署名焦竑的序文"芜陋,亦非修撰焦竑曾任翰林院修撰笔也"。② 不久又作《书致身录考后》,对《从亡随笔》嗤之以鼻:"余作《致身录考》,客又持程济《从亡日记》示余,余掩口曰:陋矣!此又妄庸小人,踵《致身录》之伪而为之者也。"③

两位泰斗所论颇有力,从者渐多。然宁信其有、不信其无,仍大有人在。史仲彬同里朱鹤龄驳钱道:

> 此论出,而《致身录》几不行。然吾邑二百年以来,父老相传谓建文尝居史氏,今所遗水月观匾额是建文篆书。其

---

① 王世贞《弇山堂别集》,卷二十一,《钦定四库全书》史部·杂史类,文渊阁本。
② 钱谦益《致身录考》,《牧斋初学集》,上海古籍出版社1985,页755—756。
③ 钱谦益《书致身录考后》,同上书,页758。

说必有自来，非可凿空为之者。或谓建文既出，必深潜远引，不当近伏畿甸。是不然。方金川失守之时，遗臣多亡命三吴，密谋举义，事虽不成，建文深得人心，其闲"間"误作"闾"岂无悲感故君、阴相翼卫者！……①

清乾隆年，同为吴江人的杨复吉亦提出己见："当成祖诛夷忠义时，语言忌讳，文网密罗"，史仲彬既属从亡，断不敢"著书以暴己之行迹"，《致身录》之作应是时过境迁其后世子孙"伪造以实之者"。不过又说，书虽伪，事则不伪，"从亡之真，断无可疑，《致身录》之伪，亦断无可疑"。想必吴江一带史仲彬秘密从亡一事，父老相传、有口皆碑，朱、杨等作为当地人坚信不移。杨复吉另引他人评论揭露钱谦益前后矛盾，说他前明时"回护成祖而尽削建文之忠臣义士"，"著十辨以为尊者讳"，入清后话风一变，转而道"逊国之事，国史实录削而不书，观洽公溥洽下狱之故，则金川夜遁之迹，于是益彰明较著矣"，无非"本朝不嫌，吐露于笔墨"。②检《列朝诗集小传》闰集，"南洲法师洽公"条原文是：

> 壬午逊国之事，国史《实录》削而不书，无可考据。观洽公十载下狱，考其所以被逮之故，则金川夜遁之迹，于是乎益彰明较著，无可疑矣。③

---

① 朱鹤龄《愚庵杂著》，卷第四十四书史仲彬事，《丛书集成续编》第 123 册集部，上海书店 1994，页 461。
② 杨复吉《梦阑琐笔》，卷第三十八，《丛书集成续编》第 91 册子部，页 299—301。
③ 钱谦益《列朝诗集小传》，上海古籍出版社 1983，页 672。

《列朝诗集》《小传》辑自该书起撰自顺治三年,确系入清后作品。不过,能否就此得出"牧斋心地之卑污毕见"①的结论,倒也未必。钱氏同样作于入清后的《建文年谱序》,回首曩昔道:

> 谦益往待罪史局三十余年,网罗编摩,罔敢失坠。独于逊国时事,伤心扪泪,绅书染翰,促数阁同"搁"笔,其故有三。一则曰《实录》无征也,二则曰传闻异辞也,三则曰伪史杂出也。②

笔存忌讳、不敢造次固有之,但建文史事被三大难点困扰亦属客观存在,入清之后他也仍如此看。

细思三大难点,会发现环环相因——官史缺席、失真,遂致传闻滋蔓;传闻难辨,复令伪史杂出。追根寻源,罪魁祸首是永乐皇帝。当年他既以武力夺位,为护其所窃乃惨戮忠义、抹灭异议,窜史自饰、以掩己尤。凡此,世之不平如鲠在喉,惟觉禁文网阱深渊秘,人皆钳口。成祖赖此渡过难关,践阼御宇。然而,其遗患隐忧却将随岁月积累不断增大加重,导致后来史讳渐弛之日,士民几乎以一种刻意逆反心态,寻求报复。我们看明季建文史事撰述,盖可谓一边倒;凡涉朱允炆君臣,没有不溢美崇厚的,凡涉所谓"革除",则一概彰其暴虐。世道人心的成分及因素,甚

---

① 杨复吉《梦阑琐笔》,卷第三十八,《丛书集成续编》第91册子部,页300。
② 钱谦益《建文年谱序》,《牧斋有学集》,上海古籍出版社1996,页683。

或超出于事实之上,转而不惜虚构杜撰,以泄其愤。各种晚出的所谓亲历录,有的是无名氏为建文及其拥戴者打抱不平所捏造,有的是建文忠臣后人伪托先祖之名、依据传说写成以扬祖德,自真实性言,都不免乱人耳目。但历史失真之过,又岂该由这些伪作承担?它们无非是对历史造假的始作俑者做一番无奈抗争而已。进至明末,谣诼益发荒诞。《万历野获编》载:"《传信录》云,宣宗皇帝乃建文君之子,传至世宗,皆建文之后。"① 《三垣笔记》记崇祯甲申后,松江袁生梦见"一人如帝状"诉冤于明太祖,太祖则曰"此事非吾所能主,当往问建文皇帝"。② 王崇武先生析之:"李闯倡乱,曾伪谓惠帝后,时人梦病,亦有以崇祯失国为惠帝复仇者。"③

打仁宗起,朱棣子孙对朱允炆便有些暗怀愧疚。后来事情走向,也从这种心理生长而来。加之民间上下为建文昭雪的心愿不泯,总有朝臣觇视帝意,口风稍现松动,辄奏本进章,推动为建文朝恢复名誉的事情。如此积跬成步,及至神宗时期终于迎来大改观。万历皇帝这个人,爱财如命、聚敛无度,但在建文问题上步子却迈得较大。焦竑《〈建文书法拟〉序》说:"今上御极,首诏表忠,人得颂言往事。"④ 指神宗登基翌月,隆庆六年七月二十八日所颁诏。这是明朝皇帝首度公开承认建文诸臣为"忠臣",故曰"首诏表忠",

---

① 沈德符《万历野获编》,中华书局 1997,页 10。
② 李清《三垣笔记》,中华书局 1997,页 245。
③ 王崇武《明靖难史事考证稿》,页 38。
④ 焦竑《〈建文书法拟〉序》,《四库全书存目丛书》史部五三,页 229。

非谓此诏乃神宗即位后之"首诏"。以前,对建文诸臣虽颁过赦令,然罪名未除,仍属忤逆。到了神宗此诏,始由"奸"转"忠",彻底摘帽,从反面人物变正面人物。诏书称:

> 革除间被罪诸臣,忠于所事,甘蹈刑戮,有死无二,皆我太祖高皇帝所储养忠臣义士。①

神宗时年十岁,此诏应由太后与阁老商定,与他本人没有直接关系。不过,万历二十三年九月十六日,礼科给事中杨天民具疏"请改正革除建文年号","上诏以建文事迹附太祖高皇帝之末,而存其年号"。② 这一更重要的决定,无疑是万历皇帝自己做出的。年号,乃一朝统治之标识;复其年号,意味着承认建文作为皇帝的实际地位。虽然留着尾巴——未能一步到位、在《实录》体系中还朱允炆以独立单元,而是"事迹附太祖高皇帝之末"——但毕竟已从"革除"翻作"入史"。

这当然要算大反转。直到万历十六年,神宗仍拒不考虑恢复建文年号。时为国子司业的王祖嫡,上疏"言建文君及景皇帝《实录》事",以"国朝史事之关无大于此",而"请及时厘正"。③ 大学士申时行为之奏呈,奉上谕:"景皇帝位号已复,《实录》候纂

---

① 《明神宗实录》,卷三,页 27。
② 同上书,卷二八九,页 5354—5358。
③ 陆可教《明故右春坊庶子兼翰林院侍读师竹王公祖嫡行状》,《国朝献徵录》卷十九,《明代传记丛刊》第 109 册,页 768。

修改正。建文年号仍已之。"① 亦即，景帝问题允准解决，建文问题维持不变。何欤？时人一语中的："建文君事姑止毋议，盖终以事关成祖云。"② 替朱允炆昭雪，意味着否定朱棣。作为其直系子孙的明代诸帝，孰肯为此？

似乎难以逾越的障碍，究竟怎样克服的呢？这不得不提到"逊国说"。

杨天民奏疏中有几句话，大概最能打动万历：

> 成祖之嗣服也以戡乱，建文之出亡也以逊国。其名正，其言顺。何嫌何疑而假掩饰，以起后世纷纭之议？③

一个"逊国说"，脱成祖于得位不正之窘，从"篡逆"一跃而"名正""言顺"，神宗夫复"何嫌""何疑"？疏入，迅即得旨：恢复建文年号。

考"逊国说"所起，不难发现明人为解开恢复建文名誉的死结，是如何苦心孤诣、费尽思量。成祖在世，未尝有此字眼。盖"革除"一词清楚表明，朱允炆四载统治从根本上被否认、被抹灭。大明嗣统由"洪武"径续"永乐"，中间既无"建文"，何来"逊国"？虽然仁宗以恻隐之心不忍直呼"允炆"而称"建文君"，并改"贼"为"敌"，但"敌"字无疑仍将彼此界定为对立对抗关系，而非权力移交和过渡。情况是随建文史述的解禁，一点点变化的。正德

---

① 《明神宗实录》，卷一九六，页 3694。
② 陆可教《明故右春坊庶子兼翰林院侍读师竹王公祖嫡行状》。
③ 《明神宗实录》，卷二八九，页 5357。

间姜清《秘史》于建文结局避言"崩",以"宫中火起矣"一语戛然而终。稍晚,黄佐《革除遗事》明指建文未死于宫火,曰"出走",曰"逃去",是犹属"亡命"之意,未悟释以"逊国"。真正发明此说的,盖为嘉靖末郑晓《吾学编》。它写道:

> 诸内臣哗言,不如逊位去。须臾宫中火起,传言帝崩。①

"逊位"置诸叙事正面,"帝崩"反变作"传言"。作者不特行文中以"逊位"指称建文谢幕,更将建文帝纪命名为《建文逊国记》,将建文诸臣传命名为《建文逊国臣记》。汉字衍转兼义的特点,在"逊"字上体现很充分。它既有逃遁、躲避之义如扬雄《剧秦美新》"是以耆儒硕老,抱其书而远逊",又有退让、谦让之义如《尧典》"将逊于位,让于虞舜",乃至还有恭顺的含义如孔安国传《舜典》"逊,顺也",眼下将朱棣叔侄间概之以"逊"字,真可谓无所不包。此说既创,从者甚多,《逊国神会录》《逊国正气纪》《逊国忠记》诸名目不胫而走。为建文找回官史一席之地而奔走者,更深受启发,因而想出"成祖之嗣服也以戡乱,建文之出亡也以逊国"这么两全其美的解释。在这问题上,王鸿绪看法其实倒是对的。《史例议》说:"即曰出亡,亦是势穷力尽,何逊何让之有?"然而"逊国说"之广为接受,并不在于它是事实,而在惟此可以了却"革除"是非难题。孟森先生指出:"谓建文为逊国,正是为燕讳其篡弑之恶,否则将曰殉国,不益彰燕之暴举耶?抑岂能竟谓建文以罪伏诛耶?南都尊谥

---

① 郑晓《吾学编》,卷一一,《续修四库全书》四二四·史部·杂史类,页219。

为让皇帝,正为文皇留余地耳。"① 而钱谦益更曾不胜唏嘘地写道:"蕉园蚕室,尽付灰劫,头白汗青,杳如昔梦。唯是文皇帝之心事,与让皇帝之至德,三百年臣子,未有能揄扬万一者。"② 1402 年那一幕,乃明史深重的内伤,撕裂了社会、民族和伦理。能将它糊弄过去,抑或说勉强弥合心灵伤疤,使所谓朱棣之"心事"、朱允炆之"至德"兼收并蓄、泯然相融的,只有"逊国说"。最终,问题完全依此思路尘埃落定。崇祯十七年 1644 七月初三日,继位于南京的朱由崧,追上朱允炆谥曰"让皇帝",庙号"惠宗",使之正式回归朱家帝王行列。③ "让"即是"逊","惠"字亦源出此义。大明一道裸露了二百余年、始终流脓淌血的伤口,总算缝上。然而却有何用?仅止一载,弘光皇帝就被俘往北京,明朝的正朔画上了句号。

---

① 孟森《建文逊国事考》,《明清史论著集刊》上,页 7。
② 钱谦益《建文年谱序》,《牧斋有学集》,页 683。
③ 徐鼒《小腆纪年附考》,中华书局 2006,页 218。

下 西 洋

明成祖得位,骚搅随起,洪武与建文两朝相对的安静纾缓至此打破。永乐整个二十二年内,大事频举,费役浩繁,特著者如营宫室于北平及迁都北京、造大报恩寺、征安南、征漠北、下西洋。其中,下西洋多至六次。《明史·郑和传》述其缘起:

> 成祖疑惠帝亡海外,欲踪迹之,且欲耀兵异域,示中国富强。永乐三年六月命和及其侪王景弘等通使西洋。①

后来宣宗又搞一次,总共便有七次。七下西洋,皆郑和统之,故历来习称"郑和下西洋"。郑和是宦官,居内官监太监②之位。太祖遗训,宦官"不可使有功"。洪武十七年铸铁牌:"内臣不得干预政事,犯者斩。"上述规定,遭成祖毁弃。"中官四出,实始永

---

① 张廷玉等《明史》,列传第一百九十二宦官一,页 7766—7767。
② 郑鹤声、郑一钧编《郑和下西洋资料汇编》,海洋出版社 2005,页 1。

乐时。"但郑和下西洋却非宦官"奉使外国"的先例,永乐元年已有宦官赍敕番邦之事。对郑和的使用,所开创的乃是委以军队指挥权,由宦官直接统军,《明史》谓之"此将兵之始也"。[①]

下西洋名曰奉使,实则远逾乎此。《郑和传》用两个"欲"字概括它要达成的目标:一"欲"踪迹建文,二"欲"耀兵异域、示中国富强。正常出使,仅须备国书与国礼,简从以往。下西洋却派出了二三万人的超级舰队,以远征军姿态云涌而来。《明史》点出"将兵之始",至关重要。郑和身份并非只是致意通好的中国皇帝特使,还是麾拥重兵、得便宜行事随时动武其间这种事确有发生的大军统帅。此皆缘于舰队肩负特殊任务。"踪迹建文"、搜捕流亡前任皇帝,存在各种可能局面,比如海外死忠之徒聚集抵抗"靖难之役"后江南有此迹象,比如诸番或因奇货可居而支持、利用建文帝……一旦遭遇此类情形,都要诉诸武力。另一目的"欲耀兵异域"亦辗转与建文帝相关。新君即位改元,遣使知会外邦属国是惯例,兴师动众、以炫耀武力方式而往,前之未闻。成祖为此,尽因彼之得位异于寻常,非名正言顺。这是他终身的心病,践阼后重大举措背后,几乎都可见这片阴影。归根结底,有明一代强大的理学令成祖难卸沉重心理负担,觉得己之即位改元若仅循例遣使,将不能息止异域轻慢以至诽诋,必秀以肌肉、展示强盛武力国力,始可对远夷晓以利害。其实这全属多虑。化外蛮夷并不懂什么儒家纲常,对中国皇帝如何易位也毫不在意。怎奈成祖心不自安,于是劳民伤财多此一举。

---

① 以上均见《明史》,志第五十职官三,页1826。

成祖因搜捕建文帝、树威外邦而拈动下西洋之念，之后五百年对此本无异说，且时过境迁而谭者益稀。宣德以降，除偶有野史笔记钩辑轶闻，明人置诸不论，官藏档案亦毁失殆尽。清代更是绝少提及。直到清末的1904年，梁启超于《新民报》撰写《祖国大航海家郑和传》，下西洋才渐渐热度提升。这种变化，实出历史语境迁换。我们从任公标题中"大航海家"字眼，不难看出时代背景的支撑，其开篇次第提及的"哥伦布""维哥达嘉马""麦折伦"几个洋人名讳，清晰显示了下西洋及郑和被重予谈说和表彰之由，凡此都凝于如下一语："而我泰东大帝国，与彼并时而兴者，有一海上之巨人郑和在。"[①]嗣后，在民国至共和国古代史研究中，中外交通史选题异军突起，下西洋于内居一显赫地位。可以说，下西洋乃典型的"古今异趣"题目。此类题目往往特点有二。一是彼冷此热，相关事件或人物在原代未必占据时代中心、为世所关注与争说，以至很快沉寂、问津者乏、日益遗佚，逮及若干世纪后，却如珠拂尘垢突放异彩而大热。二是古简今繁，亦即彼时彼地语未芜蔓、义亦简明，后世却因时过境迁，从而引入新维度，翻成新说新解，相关史事遂由简入繁，乃至生出原所未有的各种疑讼。

"一切真历史都是当代史"[②]，是其谓矣。后人情不自禁，以己情怀投诸旧史，夺古人酒杯浇自家块垒，此无可厚非。惟既以后

[①] 梁启超《祖国大航海家郑和传》，饮冰室专集之九，《饮冰室合集》第6册，中华书局，1989年。
[②] 克罗齐《历史学的理论和实际》，商务印书馆1986，页2。

代视角羼入，就难免有意无意混合误识臆断或似是而非之论，不加检讨久而久之则雾失楼台。下西洋的故事，现今颇显这种况味。我们暂举一端，先从名词说起——知道明初"西洋"与今之"西洋"全非一物的人，只怕不多。笔者特意查阅人教版初中历史七年级下册第16课"中外的交往与冲突"之"郑和下西洋"，未见任何明示和强调此"西洋"非彼"西洋"的字句，甚至连将"西洋"二字打上引号稍示其异，亦无。课文若此，倘授课教师亦不予告知，则一课既毕，学生势不能就下西洋的真实地理和历史概念，取得正确知识。类似疑义，在今天围绕下西洋的话语中并非个别。

鉴此，将下西洋从人到事检视一番，尤其是对被后人有意无意模糊抑或语焉不详处有所澄清，我们认为非无必要。

主角郑和，为永宣时代内廷高级宦官，这是他第一个明确身份特征。其次，他另有一个重要身份特征，即并非严格意义上的华人。陈垣先生有《元西域人华化考》，专述蒙元之际因横跨欧亚之征，使大量伊斯兰教、基督教等异域人流入东土并逐渐华化的历史。郑和家族，正属于"华化人"之列。今昆明市晋宁县昆阳镇，清代隶云南府为昆阳州，光绪年间其城外发现《故马公墓志铭》，内云：

> 公字哈只，姓马氏，世为云南昆阳州人。祖拜颜，妣马氏。父哈只，母温氏……子男二人，长文铭，次和，女四人。和自幼有材志，事今天子，赐姓郑，为内官监太监。[1]

---

[1] 向达校注《西洋番国志 郑和航海图 两种海道针经》，西洋番国志附录一，中华书局2012，页49。

文末署"永乐三年端阳日,资善大夫礼部尚书兼左春坊大学士李至刚撰"。碑阴,也刻有题记:

> 马氏第二子太监郑和,奉命于永乐九年十一月二十二日到于祖宗坟茔,祭扫追荐。至闰十二月吉日回还记耳。①

则此碑由郑和亲立于永乐三年,正当下西洋师出之岁,碑阴题记是六年后郑和返乡祭扫时所增。

于是知郑和原姓马,今姓由成祖赐改。天子赐姓,殊荣也,是极受亲宠的表征。碑文但言郑和姓氏由天子赐改,我们颇疑名讳亦同出此。兄讳"文铭",显然与"和"非比列。据说他原名"三保"或"三宝",这应是乳名,想来他入宫颇早、未及正字。他何时开始以"和"为名,史料查不出,会不会是成祖将其选为下西洋正使前所赐?"和"字,乃中国皇帝遣人使番时所乐用,所谓"和番""和亲"是也;当然,这是猜测而已。墓铭中的怪异处,是郑和父亲叫"哈只",祖父亦名"哈只"。子孙沿用父祖之名,欧美、日本都很常见,在中国则属犯讳。其实"哈只"非其父祖真名,墓碑发现者袁嘉谷释曰:

> 祖与父同名,或者疑之,而不知不足疑也。昆阳马氏,本

---

① 向达校注《西洋番国志 郑和航海图 两种海道针经》,西洋番国志附录一,中华书局 2012,页 50。

> 回教巨族，回教以曾经天方觐见教主者尊称哈只……华音译之，或作汉芷。凡有汉芷之称者，乡俗不复称其名，今犹然矣。①

伊斯兰教发祥地麦加，中国旧译天方。郑和父祖均因亲赴麦加朝圣，归后侪流敬称"哈只"，不复言本名。此点足见郑和乃纯正的伊斯兰胤胄。今人考证：华化之"马"姓迟至他父亲一辈才采用，祖父但名"哈只"而未姓"马"，曾祖讳拜颜、高祖讳苫速丁兀默里，再往前溯则为元初名臣赛典赤赡思丁，苫速丁兀默里正是赛典赤五子中的第四子。② 赛典赤《元史》有传，其于成吉思汗西征时"迎降，命入宿卫，从征伐"③，入华后供职世祖年间，官至云南行省平章，卒后赠咸阳王。赛典赤以上，家世尤贵不可言。《元史》本传："赛典赤赡思丁一名乌马儿，回回人，别庵伯尔之裔"，阿拉伯语专家就此诠说：

> 赛典赤，为阿拉伯文的音译，义为"尊贵的圣裔"。赡思丁义为"宗教的太阳"。乌马儿义为"长寿"。别庵伯尔，系波斯语，义为首领、领袖，专指先知穆罕默德的后裔。

> 穆罕默德无子，仅一女法蒂玛嫁与阿里，从他们之子忽辛传下来的后人，被尊称为赛夷，即首领。因此赡思丁出身

---

① 袁嘉谷《昆阳马哈只碑跋》，《郑和下西洋资料汇编》，页5。
② 邱树森《郑和先世与郑和》，《郑和下西洋研究文选》，海洋出版社2005，页705。
③ 宋濂等《元史》，列传第十二，中华书局2013，页3063。

于回教的圣裔。

对于"圣裔"、"领袖"这种尊贵的称呼,在伊斯兰教中是不许可冒用的,赛典赤世代具有这种称号,他本身已足够说明他自己和他的六世孙郑和是穆罕默德的后裔。①

原来,郑和体内竟流淌着先知穆罕默德的血液。

郑和净身为内侍,据云傅友德、沐英攻云南时,彼幼年被掳,"随即被分发到燕王朱棣藩邸中服役"②。此未见于正史,应得诸民间传闻。他由小奄拔擢太监,机遇来自"靖难之役","从起兵有功,累擢太监"。③朱棣成事,诸奄功不可没,故后有倚信、重用之举。据《郑和家谱》,朱棣得位翌年,正月初一春节新禧之际,"御书郑字,赐以为姓,乃名郑和,选为内官监太监"④,同日,既赐其姓复擢其职,彪炳青史的"郑和"便是在这天诞生的。

缕述郑和身世家世,是因为与下西洋有一些深层联系。

首先,高级宦官或近幸身份乃郑和膺此使命的充分必要前提。下西洋非普通出使,背后使命至为密勿,非委诸心腹则不能确保无失。而古来皇帝堪寄心腹者实际只有奄寺,他们命系宫闱、家奴而已,舍彼之外,文臣也罢、武夫也罢、外戚也罢,或操守自

---

① 见李士厚《〈郑氏家谱首序〉及〈赛典赤家谱〉新证》,《郑和下西洋研究文选》,页740。
② 郑鹤声、郑一钧编《郑和下西洋资料汇编》,页4。
③ 张廷玉等《明史》,列传第一百九十二宦官一,页7766。
④ 郑鹤声、郑一钧编《郑和下西洋资料汇编》,页1。

抱或心肠别具，皆不堪真正托以私密，所以有明二百七十余载但凡皇帝偏爱办私事，没有不倚重宦官的。下西洋既以秘缉建文为隐曲，况又不同于国内侦访，不能如胡濙之例派出个别得力者"遍行天下州郡乡邑"，非得兴师动众、遮天蔽日以往，似此耸动天下之事想要百密不失，非付诸绝对信任的"身边人"不可。易言之，其人惟可于太监群体遴拣，而郑和以"从起兵有功"，成祖赐姓、提拔，充分说明他久经考验。然而，经"靖难"考验而获成祖称许者大有人在，为何不是王和、陈和、赵和，偏偏是郑和？这又关乎郑和另一得天独厚的优势——纯正回族血统和背景。此点之重要，后面讲到下西洋所履地时将益发了然。前述郑和家世表明，他不单祖上乃伊斯兰名族，尤难得的是直到乃祖乃父仍有亲自往返天方的经历。这至少意味着两点：一是语言能通，二是地理不疏。虽然郑和父祖朝圣天方系经陆路还是海路，史料无载以当时阿拉伯与中国间交通特点，极可能经海路；虽然郑和幼年掳于燕邸，与严慈两隔，所承熏炙或有限。但无论如何，累代执着的信仰与先人之文化血脉，仍当令其稚齿间耳濡目染，而于心灵留不灭印记。我们以为，成祖特别相中他必在于此。资料显示，成祖对下西洋通怀虑微、谋画至周，永乐三年 1405 正式出师前早有绸缪：

> 永乐元年奉差前往西洋等国开诏，累次较正针路，牵星图样，海屿水势山形图画一本为微簿。①

---

① 佚名《顺风相送序》，向达校注《西洋番国志 郑和航海图 两种海道针经》，两种海道针经，页 49。

未言"奉差"者何人,推之应系郑和无疑。"累次"谓其不止一次,"校正针路,牵星图样,海屿水势山形图画一本为微簿",即航路及水文地势之勘查。拢而观之,这应是借小型船队为测试、对未来超级舰队统帅开展实地"培训",以积累西航的感性经验和知识。成祖计划缜密如此,对于衔命者的"家学渊源",必不能无所重。

虽然试图否认下西洋与踪迹建文有关的人越来越多,但那毕竟是作为正史的《明史》历经百年修审而保留的叙述。究竟如何呢?我们先将口舌之争搁下,单纯从地理角度辨一辨,如果成祖决定往如此偏远的方向搜寻被怀疑为出逃的前任,这想法有没有根据。

朱允炆下落不明,无非流亡内地或域外两种可能。若假定其外逃,向何处追踪是先要判定的一点。以彼时来论,中国的西与北面均苦寒荒漠地,处境艰恶,且正北乃宿仇蒙古部落之老巢,奔命于彼不啻自投阱渊。继之,再看东、南两方向。东方主要有朝鲜和日本,朝鲜为属国,绝不敢造次;日本时当室町幕府,其当国者明纪载为源道义,即我们于《聪明的一休》所见的足利义满将军,足利与华结好,建文时遣使致国书,奉明正朔、称臣,到了永乐二年,倭寇劫掠边境,成祖"命行人潘赐捧敕往谕国王源道义捕之。国王卑辞纳款,谢约束不谨,出其兵歼其众,献渠魁二十人于阙下"[1],此事傅维鳞《明书》记作"永乐二年,寇浙直,乃命太监郑和谕其国王源道义,源道义乃执其渠魁以献"[2],竟指使

---

[1] 严从简《殊域周咨录》,中华书局 2000,页 58。
[2] 傅维鳞《明书》,第七十二卷志十四戎马志三,康熙三十四年刻本。

日者为郑和，疑误——总之此时日本态度亦颇恭顺，也不会构衅中国。东方排除后，剩下只有南方了。南方汪洋无涯，貌似无路，其实殊不然，唐末以来已成中国亡命者首选。整个古代史，华人大举避难南洋共历三次浪潮，第一次由黄巢作乱导致，第二次便是崖山海战后宋为元亡，第三次为17世纪中叶明遗民之播迁。当郑和下西洋之际，起占城国而至爪哇国、三佛齐、满剌加、暹罗国各处，华人蕃衍已盛。郑和舰队成员巩珍于所著《西洋番国志》记所亲见云：爪哇"中国铜钱通使"，中原钱币于其全境流通无碍，"杜板，番名赌班。此地约千余家，中国广东及漳州人多逃居于此"；另一地"番名革儿昔。此地原为枯滩，因中国人逃来，遂名新村，至今村主广东人也"；爪哇全国"其国人有三等，一等西番回回人……一等唐人，皆中国广东及福建漳、泉州下海者，逃居于此……一等土人"；三佛齐"国多广东、福建漳泉人"；暹罗国"若其妻与中国男女情好，则喜曰：'我妻有美，能悦中国人。'"① 此皆华侨云集之证。国人避难首选南洋，实因地理有其绝佳之处。一面，相较于朝鲜和日本等，这里波涛万顷、遥悬海外，中国视为远夷，王化难及；另一面，其距中国虽远航路却很发达，舟夫熟路，甚易往返。像这样既足够远而又交通便捷之地，更无他选。况且还有第三条好处，即南洋地处东西海道要冲，万船辏泊，进可伺机潜回中国，不利辄随时张帆西遁。故唐末以降，窜者蚁集，而华人繁殖既庶进而又造成风俗、饮食、语言方面的上好环境，极利混迹藏身。综上可见，如果建文帝逃奔异域，客观上其实没有比

---

① 向达校注《西洋番国志 郑和航海图 两种海道针经》，西洋番国志，页6—13。

这更合情合理的去处。

说起人们力图忽略或淡化下西洋的"踪迹建文"原由,背后有个小衷曲,亦即亟愿下西洋被"正名"为明王朝的一番远大抱负,以与哥伦布、达伽马、麦哲伦辈争辉,从而证明在所谓"地理大发现"上,中国不特能和欧洲争其长短,甚而居一先驱地位。这是关于下西洋的当代话语的核心,所以我们也围绕于此,查验一番。

在对"地理发现"问题加以深究前,先就中西之间行为有哪些不同,略事比较。

其一,起因不同。郑和舰队之组建与出动,根本在于政治,欧洲人闯海起因则在于寻宝发财和打破地理束缚。哥、达、麦行径在表象上取个人冒险样式,但我们切勿忽视背后藏有某种地区性的普遍意志;史上纵无哥、达、麦其人,彼等所为终必有他人为之。下西洋刚好相反,看上去以举国之力为之,背后却惟见一人之意愿及需求。下西洋决策发乎成祖一念之间,也只因他个人权力安全焦虑而生。设若明室未遭"靖难"之变,抑或朱棣上位是合法继承、水到渠成而来,史上将无下西洋之举盖属明了、彰彰至著。进而言之,舍成祖个人缘故,下西洋找不到任何来自中国自身文化、经济、社会理由的支撑。无论文化上的内向品格,经济上的高度自足,抑或社会层面的稳固僵滞,皆不渴求于今人想要赋予下西洋的那些意义。哥、达、麦等行为则与本国政治无干系,纯属为贪欲所驱使,从个人到国家都如此,冒险之徒愿为暴富一赌,国中权贵同样因欲致横财而赞助之。彼时欧洲这种建立在物欲炽盛上的野心及贪婪,是所谓"地理大发现"深处的真正幽灵。次而更重要的,是欧洲长达千年一筹莫展的地理苦闷。我们许多人对此未加体会,甚至没有概念。当苏伊士运河凿通前,自意大利迤西,几乎全欧都有如笼内困兽。所谓"地中海",从名称即可形象地知其四面陆环、密不透风,千百年人们无非在此封闭区域里来回打转。中世纪,地中海既落穆斯林掌中,情况更是雪上加霜。地中海之外,欧洲西部自北而南俱面朝大洋,茫茫天涯、渺无人烟。当时环球"温柔富贵乡"的印度、中国、日本,欧洲但闻其名、苦不能通。早先欧人所获东方讯息俱自陆路,其中,亚历山大东征而知印度,张骞西行乃有丝绸之路。中世纪阿拉伯势力崛起后,海上为其环堵、陆路亦尽操彼手,基督教诸国与东方从此暌隔,君士坦丁堡陷落更是连仅剩的一扇门户亦已丧失。我们知道,哥伦布西航意在抵于印度,却当登临今之巴哈马群岛时误以为大功告成,甚至终身未悟——彼时欧人所受地理约束之苦,及其知识之堪怜,于兹尽显无遗。哥伦布闹此笑话之后,达伽马不远万里经西非南下、绕过好望角、再从东非横渡印度洋以抵东南亚,如此大费周章,也无非是欲由海路突破阿拉伯壁障,载印度、中国、日本财货以归。我们如不了解近代前欧洲所饱尝的地理苦闷,决计无以体会那些白人财迷千辛万苦想破茧而出的焦渴,和百折不挠毅力的由来。

其二,难易迥然。下西洋举以倾国之力,哥、达、麦虽各获西、葡国王首肯与委任,经费则非支诸国库,而由私人或团体赞助,藉契约方式分割彼此权责,实际是个人与国家间的一桩买卖。由此,事情难易不可同日而语。前者从财力、人力、装备及后勤上,均具最充分保障,断无瞻前顾后之忧。后者则单打独斗,自祈多福之外,诸事前途未卜、听天由命。

其三,规模悬殊。七下西洋每次皆近三万人,万历间《三宝太监西洋记》虽为小说,研究者认为"去郑和出使时间未远,且叙事多有所本"①,其第十五回言郑和舰队船分宝船、马船、粮船、坐船、战船五种,"共计一千四百五十六号"②。这是个惊人数字,与正史所载历次下西洋数十至一二百艘之数相差颇大。但学者考证指出,正史之数,"只系大舻宝船之一部分,见木而未见林",亦即那仅为头等巨舶的数目而已,"必尚有其他等第之船,实已极为明显"。③以上人数、船数仅可略窥下西洋的巨大体量,除开这种笼统外观,从内部细节更可看出实质。前曾强调"船队"一词无以揭橥郑和之师性质,易作"舰队"始副其实,因为它确是大明国所遣一支超强远洋海军。《泉州回教先贤冢行香石刻》:

> 钦差总兵太监郑和,前往西洋忽鲁谟厮等国公干,永乐十五年五月十六日于此行香,望灵圣庇祐。镇抚蒲和日记立。④

"总兵"字眼是亮点。郑和宫内之职乃内官监太监,既遣西洋,成祖又授总兵官之衔。何欤?就因他所统实非普通商队或外交使团,而是货真价实的整编水师,必须天子亲赋军权。资料载明,舰队含都指挥二员、指挥九十三员、千户一百四十员、百户四百三

---

① 包遵彭《郑和下西洋的宝船制度考》,《郑和下西洋研究文选》,页603。
② 罗懋登《三宝太监西洋记》,黑龙江美术出版社2016,页108。
③ 包遵彭《郑和下西洋的宝船制度考》,《郑和下西洋研究文选》,页605。
④ 《永乐十五年郑和于泉州回教先贤冢行香石刻》,向达校注《西洋番国志 郑和航海图 两种海道针经》,西洋番国志,页50—51。

员①，俱系明军自高而低的衔名。又其所配人员构成，祝允明《前闻记》粗粗列之，即有"官校、旗军、火长、舵工、班碇手、通事、办事、书算手、医士、铁锚木舱搭材等匠、水手、民稍人等"②十余类。根据《瀛涯胜览》，舰队单是医官和医士便达一百八十名之多。如此巨型巡洋舰队，途中虽非一切高枕无忧，但若称之"冒险"，显属过甚其辞。反观哥、达、麦，所率人员数十至百余不等，船只少则三艘多则五艘，缺兵少药、乏粮短水，既要应对不测风云、凶险海流的播弄，又要抗命于残暴海盗、剽悍土人，如麦哲伦本人终即命丧南洋土著之手。

经上甄别以三，下西洋与欧洲冒险者所为的不同面貌，我们略有印象。但归根结底这些犹属末节。哥伦布等赖以载诸史册，非因历险何其绝、涉事何其勇，而因所谓的"地理大发现"。

此五字背后的意义，实基督徒启之，且纯系自欧洲视角而言。作为地球别处居民，本来既不必效从，甚至不妨付之一笑。但既然梁启超以来对下西洋持此以论，眼下我们仍须依其逻辑给予审视。

哥、达、麦的结果都很确切——哥伦布西航，"发现"了美洲；达伽马南下，"发现"了绕过好望角可达印度洋；麦哲伦则自西班牙往西南航至南美南端，越麦哲伦海峡、入太平洋横渡之，继而穿马六甲海峡、横渡印度洋、绕过好望角，北上回抵出发地，此

---

① 马欢著、万明校注《明本〈瀛涯胜览〉校注》，广东人民出版社2018，页5。
② 《祝允明前闻记下西洋》，向达校注《西洋番国志 郑和航海图 两种海道针经》，西洋番国志，页56。

航全贯三大洋,彻底证明地球为圆,并"发现"环球水路皆通。

上述"发现",有的确属全人类首知,有的则仅为基督徒自身首历或首知而已,从全人类角度言实属"旧闻"。这一点,我们稍后自会涉及,此刻暂且按下。

认郑和堪比哥、达、麦,显指下西洋有类似成果。如此,则须先确定所下"西洋"为何地。史地学者告诉我们,约自唐末,"东洋""西洋"作为中国海洋知识两个概念趋于固定,后者作为"对东南亚—印度洋海区的命名渐渐统一"。① 亦即按当时概念,中国以东海面称"东洋",以南海面亦即从南海起,包括东南亚、孟加拉湾、阿拉伯海、红海至非洲东岸,皆为"西洋"。如今,这片洋面中东南亚部分称"南洋",起初无此称,是"后来在'东洋'、'西洋'的基础上又产生了'南洋'的概念"。② 另有学者指出,元明之际,"西洋"始现大小之分,南海西部谓之"小西洋",以外印度洋被称"大西洋"。到明末清初,随着基督教士东来日多,中国原本的"西洋"概念渐渐遭弃,"西洋"之新义转而指于欧美间洋面。③ 总之可以明确,郑和所下"西洋",是东南亚—印度洋海区。

次而看在这区域内,他们具体到过哪些地方。现存下西洋史料,重要且确凿者有四种,即巩珍《西洋番国志》、费信《星槎胜览》、马欢《瀛涯胜览》和佚名《郑和航海图》。巩、费、马三位作者均

---

① 刘迎胜《"东洋"与"西洋"的由来》,《郑和下西洋研究文选》,页69—75。
② 同上。
③ 陈佳荣《郑和航海时期的东西洋》所列《古籍所载东西洋范围简表》,同上书,页502。

系郑和随员,所述得诸亲历。《郑和航海图》则属晚出,天启、崇祯间经茅元仪编入《武备志》面世。茅元仪,是著名文人茅坤之孙。对于此图来历,书中"只说明成祖朱棣派人出使海外诸国,'当是时臣为内竖郑和,亦不辱命焉。其图列道里国土,详而不诬。'云云。至于此图是否郑和所用,或出于何人何时,序文一字不提"。① 抠字眼的话,其与下西洋关系存疑。《武备志》原题《自宝船厂开船从龙江关出水直抵外国诸番图》,现名系今人改易。不过,茅序于郑和"亦不辱命"之后道以"其图"二字,似可理解为这是下西洋所用图。加上研究家们经与巩、费、马书对勘,发现线路、地名都能对上号,故其作为下西洋可信史料的价值一般无异议。这四种文献,前三种记载相互吻合度高,《郑和航海图》与它们除吻合处外,有一些独载的线路与地名。差异或因三点。一是巩、费、马都没有全部参与过七次下西洋,费信"四次随征"②,马欢三次③,巩珍则只参加了最后一次④,各有所限,自不能遍历七下西洋之所至。二是郑和舰队并非全队始终统一行动,抵于某要地后有"分䑸",这也造成单个成员不可能到过所有地点。三是巩、费、马所著之间似有渊源,直白讲,便是有"抄袭"关系,三人中马欢为通事,

① 向达《整理郑和航海图序言》,向达校注《西洋番国志 郑和航海图 两种海道针经》,郑和航海图,页3—4。
② 费信《星槎胜览序》,费信著、冯承钧校注《星槎胜览校注》,中华书局1954,页10。
③ 万明《明代马欢〈瀛涯胜览〉版本考(代前言)》,马欢著、万明校注《明本〈瀛涯胜览〉校注》,页3。
④ 巩珍《西洋番国志自序》,向达校注《西洋番国志 郑和航海图 两种海道针经》,西洋番国志,页5。

巩、费皆兵士出身，至少巩珍之书被普遍认为取自马欢，向达先生说："巩珍在自序里说他所纪各国事迹，悉凭通事转译而得，纪录无遗。我们认为巩珍所说的通事，多半指的是马欢，大概他也利用过马欢的记录。"① 万明先生则委婉地认为，"其书可视为马欢《瀛涯胜览》的一个别本"②，亦有学者索性指其"是抄袭马欢"③，故而彼此吻合度高不足奇。唯独《郑和航海图》自有来源，向达先生根据茅元仪的履历和家世推测，"如不是出自兵部档案，就是从胡宗宪那里得来的。"④ 这里不就四书所载异同一一标识，而是统以观之，就七下西洋所到处作总的概观。按现代地图，下西洋涉及的范围，由近而远、自东向西可依次划为三大块。首先是东南亚一带，其次为印度次大陆至于阿拉伯海、红海，最后是索马里以下与莫桑比克海峡之间的非洲东海岸。分别来看，在第一、二区域，四书略无轩轾，但第三区域即非洲海东沿岸则有巨大差异。《西洋番国志》《瀛涯胜览》记舰队最远抵于红海腹地的天方，未涉非洲；《星槎胜览》提到了非洲，但仅及非洲东北角的木骨都束即今摩加迪沙及左近的卜喇哇、竹步；《郑和航海图》里，非洲地名独多，距离也更远，学者们借对音分析，认为涉及索马里、肯尼亚、坦桑尼亚、马达加斯加、科摩罗、莫桑比克，下限大致在南纬25度一

---

① 向达《校注巩珍西洋番国志序言》，向达校注《西洋番国志 郑和航海图 两种海道针经》，西洋番国志，页2。
② 同上。
③ 万明《明代马欢〈瀛涯胜览〉版本考（代前言）》，马欢著、万明校注《明本〈瀛涯胜览〉校注》，页20。
④ 向达《整理郑和航海图序言》，向达校注《西洋番国志郑和航海图两种海道针经》，郑和航海图，页4。

线。①对音解读，难免牵强，也往往歧义百出。加上《郑和航海图》的非洲南段，对照以现代地图，绘图本身也"错误很多"②，颇不足凭。总之目前来论，下西洋所到处，非洲以外基本无疑问，非洲细节则尚非定论。1988年，人民交通出版社出版了由海军海洋测绘研究所、大连海运学院航海史研究室负责编制的《新编郑和航海图集》。此书集合史学家、航海学家和海图制图学专家，熔铸历来的考证、研究成果，将《郑和航海图》重绘为现代地图式样，是下西洋舆地迄今既较为权威又很直观的图解，颇便一览。

下西洋舆地概约如上。其极远地莫桑比克海峡，与中国直线或最短距离已超九千公里，视古人所喟叹的"万里之遥"犹增一倍，确是非常遥远了。但在这里，远并非关键，关键仍是有无涉及"发现"。对此前已说明将比照哥、达、麦情形来定——如系全人类未知自然宜称"发现"，即使仅为中国素所不知，我们同样也判为"发现"。

这有些说来话长，为脉络清晰起见，拟分头讲述全球交通和中国对外部世界的探索，从两个角度审视下西洋。

人类不同文明间的交通约于纪元前数世纪启其序幕，垂今二千多年。我们从中国自身角度广泛知道的是一头一尾两个段落。前者标志即"丝绸之路"，它发乎东方、由东方文明采取主动，可谓东风压倒西风。后者则为"地理大发现"后的欧风东渐，文明流向颠倒，变成西风压倒东风。我们大多数人脑中粗略的世界文

---

① 周运中《郑和下西洋新考》，中国社会科学出版社2013，页317。
② 同上书，页288。

明交通史和竞争史多半如是,然而实际上中间有个段落是被忽略的。

此即欧洲北方蛮族毁西罗马帝国后,伊斯兰势力的渐生渐盛。在这所谓"中世纪",欧洲为基督教同化,近、中东及北非则被新兴的伊斯兰教蔓延。公元7世纪前叶,穆罕默德创伊斯兰教、统一阿拉伯半岛,其继任者随即向外扩张,征服波斯及埃及、叙利亚之间,三年而建跨亚非之大帝国,后虽有分立与兴替,伊斯兰化势头却不可扭转且向更远区域伸展。后果截然相反,欧洲掉入千年黑暗期,伊斯兰文明光芒万丈,"有各种科学,而尤以医学,数学,天文学,最为发达。其余如应用化学,纺织,染料,制陶,制革,及各种工业,莫不高出当时的基督教徒百倍。"[1] 彼时欧亚非接壤地带,文明丰碑建造者实惟阿拉伯人,包括航海与地理在内的探索,彼亦独步一时。

布尔斯廷专述人类探索史的名著《发现者》,谈中世纪欧洲停滞时特意提及其地理学的没落,"地理学在中世纪不能列入'七艺'之中",被排斥于基本学问之外,"在中世纪的一千年间,日常用语中找不到与'地理学'一词的同义词。直到十六世纪中叶,英语中才有这个词","地理学在学术界一直是个孤儿"。[2] 布尔斯廷称中世纪为欧洲地理探索的"'大中断'时期"[3]。基督

---

[1] 陈衡哲《西洋史》,中国大百科全书出版社 2011,页 165。
[2] 丹尼尔·J.布尔斯廷《发现者:人类探索世界和自我的历史》,上海译文出版社 1992,页 147。
[3] 同上书,页 150。

教文明作茧自缚之际，伊斯兰的足迹却无远弗届。早在波斯时代西亚已有重商传统，阿拉伯人益将此风发扬光大。欧洲学者希尔德论曰：

> 中世东洋之海上贸易。其最为活跃者。实惟阿剌伯人。当葡萄牙人为东洋贸易之竞争者以前。殆为彼等独占之场。西自摩洛哥。东至日本、朝鲜。茫茫一大海原。均彼等之势力圈也。①

言下之意，整个印度洋悉为其掌握。他们对赤道以南的探索早至8世纪中期，于彼时航抵科摩罗群岛，之后更进一步，到莫桑比克岛、马达加斯加建立商站。② 甚至有阿拉伯人曾经闯入非洲南端洋面的各种尚难核实的说法。如"十五世纪二十年代，也就是达·加马东来以前的七十多年，一个阿拉伯的航海家也已经那样航行过了"③，亦即此人早于达·伽马七十余年绕过好望角。埃及学者阿里姆《论阿拉伯航海史》一文也讲到中世纪伊比利亚半岛为穆斯林所控时，曾从大西洋发起一些海洋探索："从十世纪以来，来自西班牙和葡萄牙的阿拉伯人已经在大西洋上尝试过向西和向南的航行"，以及13世纪中期，一个名叫伊本·法提马的人"沿西岸海岸航行，后来在马达加斯加露面"，从而意味着他既有可能从陆上

---

① 桑原骘藏《蒲寿庚考》，中华书局 2009，页 8。
② 魏峰《阿拉伯帝国的海上扩张和航海事业》，《滨州师专学报》第 12 卷第 1 期。
③ 侯仁之《所谓"新航路的发现"的真相》，《郑和下西洋研究文选》，页 469。

穿越非洲大陆，也有可能"绕过好望角走海路"。① 不过，以阿拉伯海船在南印度洋的踪迹来论，普遍看法是，进至莫桑比克海峡后，鉴于后面航程"波涛冲击，海面永无平静之日，船只到此，粉身碎骨"②，"波涛汹涌，水流湍急，船舶南行，定无返航之望"③，阿拉伯人裹足不前，不复南下。对此布尔斯廷解释为，阿拉伯"海员们是以讲究实际闻名的，他们登船出海是为了运载乘客或货物前往某个目的，或者到达某地去装载某种货物，海员们犹如陆上居民那样，一般不会去探索未知"④。此说甚是。反过来我们补充一下，哥、达、麦看似对"冒险"充满狂热，其实背后原因在于欧洲人发财之路被伊斯兰教徒所攘剽，设若当时印度洋并非穆斯林富豪的后花园，而是基督徒们所擅胜场，彼等多半也未必有兴致去作无谓的"冒险"。

叙至此，细心者或已注意到，伊斯兰在南印度洋所建势力范围，恰是郑和舰队于非洲前后出没之区域，二者几乎重叠。我们暂留标记在此，转而续看阿拉伯人在印度洋东部的作为。

马可波罗东游举世闻名，然而有人足足早上四百年有此奇历，且纯由海路而来。可是，后来他们身后的文明"强""弱"各异，马可波罗为光环所庇、身价倍增，阿拉伯先行者事迹反近乎默默无闻。《苏莱曼东游记》1937年已由刘半农、刘小蕙父女合译为

---

① A. A. 阿里姆《论阿拉伯航海史》，《科学史译丛》1983 年第 2 期。
② 丹尼尔·J. 布尔斯廷《发现者：人类探索世界和自我的历史》，页 273。
③ 同上。
④ 同上书，页 275。

中文,经中华书局出版,八十年之后,"苏莱曼"故事在中国仍知者颇寥。中译本标为"苏莱曼著",其实真正作者非此人。该书共二卷,第一卷为经历及见闻,第二卷则是关于相关事实和知识的考订与补注;苏莱曼 Sulayma 乃故事讲述人,第一卷以其口吻写成,但第二卷中作考订与补注者为阿蒲赛特阿尔哈珊 Abn Zayd Al-Hasan。桑原骘藏《蒲寿庚考》标此书作者为伊本考尔大贝 Ibn Khodâdbeh,并介绍他乃"九世纪半阿剌伯地理家"[①]。一般认为,此书所述实为伊本考尔大贝所亲历。他于 851 年唐宣宗大中五年东游,沿途历四大段:从波斯湾的西拉夫港启航至印度马拉巴尔海岸、再入孟加拉湾、继至越南、而后驶往海南岛和广州,最远貌似抵于朝鲜、日本。[②]

马可波罗一行来时中国已在蒙元治下,伊本考尔大贝所睹的大唐盛世,他们是无缘一见了。然而我们勿以为伊本考尔大贝是绝对的捷足先登者,在他光临前若干年,万千伊斯兰教商人早已纷至沓来,充斥广州。《苏莱曼东游记》对于这般景状述之颇详,当时广州已形成穆斯林社区,建有清真寺,且被允许享受有限的治外法权。阿拉伯商人蜂拥而至,完全彰显了他们在海上的姿态,印度洋自西而东,他们熟门熟路、往返自如。前引郑和舰队成员巩珍《西洋番国志》,称南洋一带民分三等,回族排第一、唐人居其后。此等级之差,其实反映着该区域外来势力之先后,是伊斯兰殖民早于中国的明证。我们从中国史的角度观察也明显看到,

---

① 桑原骘藏《蒲寿庚考》,页 2。
② A.A. 阿里姆《论阿拉伯航海史》,《科学史译丛》1983 年第 2 期。

汉代始通西域以来对外贸易重心向在陆路，唐代起则忽而转至沿海，"市舶使"大约自开元年现身唐朝，《新唐书》柳泽传"开元中……时市舶使、右威卫中郎将周庆立造奇器以进"[①]是该职名首见诸史。随后，宋、元、明三代国家外贸主管机构均为"市舶司"，清代撤市舶司改海关，而"海关"之名同样附着于海洋语义。中国进出口由陆路移于水岸之时间表，恰与阿拉伯人海航兴盛相辅相成，可知其间绝非偶然。此即桑原骘藏于其书伊始所论：

> 自八世纪初至十五世纪末欧人来东洋之前。凡八百年间。执世界通商之牛耳者。厥为阿剌伯人。其最盛之时。则在八世纪后半阿拔斯王朝奠都缚达以后。阿剌伯人由海上与中国通商。彼时盖经营不遗余力之秋也。[②]

今将古时中国与西洋间，经由海路的交通商贸路线，比照"丝绸之路"称为"海上丝绸之路"。而不少人关于"海丝"的知识，与郑和下西洋密切地联系着，甚至误以为下西洋乃"海丝"开拓者。这是错误的。"海丝"形成于唐代，至两宋完全成熟，且极盛期也在宋元；到了明代，"海丝"不但无复其盛，并且大为衰落。其间，最基础的事实即是伊斯兰文明对于印度洋的探索。"海丝"无疑因中国之财富与繁荣引起，但却非由我们主动开拓，而是伊斯兰教徒寻宝求富所致，是典型的阿拉丁式故事。

---

① 欧阳修、宋祁《新唐书》，卷一百一十二，中华书局 2013，页 4176。
② 桑原骘藏《蒲寿庚考》，页 1。

中国"开洋"以及全球贸易首次海洋互通,确系中世纪伊斯兰教徒的得意之作。此类线索中国史书里由唐至元环环相扣,有完整证据链,以下进而再举若干。

何远乔《闽书》泉州灵山条:

> 自郡东南折而东,遵湖冈南行,为灵山。有默德那国二人葬焉。回回之祖也。回回家言,默德那国有吗喊叭德圣人,生隋开皇元年……门徒有大贤四人,唐武德中来朝,遂传教中国。一贤传教广州,二贤传教杨扬州,三贤四贤传教泉州,卒葬此山……二人自葬是山,夜光显发,人异而灵之,名曰圣墓,曰西方圣人之墓也。①

武德 618—626 年,唐高祖李渊年号,时亦穆罕默德在位期间。默德那,应即麦地那,伊斯兰教第二大圣地,公元 622 年穆罕默德在此建立最早的伊斯兰教政权,为穆斯林国家第一个首都。《闽书》此记,不单证明穆罕默德政权甫建即遣使徒来华,尤其证明了彼等所来经由海路——四使徒一人到广州、一人到扬州、二人到泉州,不走传统的陆路、漂洋而至,凿然无疑。

作为"海丝"两大起点的广州、泉州,均与阿拉伯海商有不解之缘。以泉州为例,自穆罕默德二高徒前来传教和卒葬于此,过了三百年,宋真宗大中祥符年间城内建起第一座清真寺其阿拉伯文石碑近世被发现,载始建年代甚明,寺院之建必系信众繁庶,构成日常

---

① 何远乔《闽书》,卷之七,页二一,崇祯四年福建巡抚采进本。

之需,桑原骘藏由是推论:"是泉州当宋真宗时,已为蕃客密居之地矣。"① 亟能为"蕃客密居"佐证的,莫过于唐宋广、泉等地出现"治外法权"。今人知"治外法权"多自近代西方列强始,殊不知,它首现于中国是拜阿拉伯商人所赐。《苏莱曼东游记》载:

> Hanfu 是买卖人的汇集处,中国皇帝派有回教徒一人,办理[已得中国皇帝允许而]前往该处经商的回教徒的诉讼事务。每当节期,就由他领导着大众行祷告礼,宣诵 hufha 训词,并为回教国的苏旦向阿拉求福。②

Hanfu 即广州。苏莱曼说,由于广州伊斯兰商人众多,唐朝的皇帝决定将伊斯兰教徒之间诉讼委由他们当中一位领袖人物处理,而不经中国官府审判。此人德高望重,集政教于一身,同时负责伊斯兰教徒的日常宗教生活。考诸唐朝律令,这倒并非临时的法外开恩,而是早已载于明文。长孙无忌等《唐律疏议》"化外人相犯"律条:

> 诸化外人,同类自相犯者,各依本俗法。异类相犯者,以法律论。③

并附司法解释云:

---

① 桑原骘藏《蒲寿庚考》,页 19。
② 苏莱曼著、刘半农刘小蕙合译《苏莱曼东游记》,中华书局 1937,页 17。
③ 《唐律疏议》,卷六,页 133。

> "化外人",谓蕃夷之国,别立君长者,各有风俗,制法不同。其有同类自相犯者,须问其本国之制,依其俗法断之。异类相犯者,若高丽之与百济相犯之类,皆以国家法律,论定刑名。①

化外人,犹今所谓"外国人"。若为其本国同胞间争端,听彼自行裁处;若讼者来自不同国家,则依中国法律论处。至于"化外人"与中国人的纠纷如何断,未见条文,推之应依中国法律定谳。总之,是一种有限的"治外法权"——"化外人"相犯时,中国司法不介入而允其自治。到了宋代,又有变化:

> 广州蕃坊,海外诸国人聚居,置蕃长一人,管勾蕃坊公事……蕃人有罪,诣广州鞫实,送蕃坊行遣,缚之木梯上,以藤杖挞之……徒以上罪则广州决断。②

"蕃长",盖即《苏莱曼东游记》"中国皇帝派有回教徒一人"者,是中国政府任命或指定的侨商首领。"蕃人有罪"以下文字表明,在宋代,洋夷犯罪已不分与本国、别国或华人之争,一律先送地方有司拟罪,一般罪行交与"蕃长"发落施罚,"徒以上"较重罪由中国当局处置。从上述规定看,亦属有限的"治外法权"。不过,实际执行时往往流诸纵容枉曲,令原本的"有限"变得"无法无天"。

---

① 《唐律疏议》,卷六,页133。
② 朱彧《萍洲可谈》,《后山谈丛 萍洲可谈》,中华书局2007,页134。

《宋史》里有不少记载，如王涣之传："蕃客杀奴，市舶使据旧比，止送其长杖笞。"① 汪大猷传："故事蕃商与人争斗，非伤折罪，皆以牛赎。大猷曰：'安有中国用岛夷俗者，苟在吾境，当用吾法。'"② 张显之传："徙广南东路转运使。夷人有犯，其酋长得自治而多惨酷，请一以汉法从事。"③

知此，素以"治外法权"为典型的"近代屈辱"者，日后看法当改观。实际上，当人类生成通行的国际法和普遍加以接受之前，"治外法权"的出现有其必然。不同国家与种族间，文化各异、禁忌迥殊，甲国法条可能有违乙国之俗，抑或甲国视为微末者在乙国反为大逆，种种扞格不一而足。"治外法权"之获容忍，关键在于主权国对于外来"夷獠"是否有刚性需求，只要答案为"是"，因时因事制宜、给以通融就不可避免，尤其在现代国际法律通则尚未形成前。唐宋待洋商以有限"治外法权"，背后原因便是开埠通商获利十分可观。宋朝南渡后，外贸依存度尤其高，视为重要财源："绍兴七年闰十月三日，上曰：市舶之利最厚，若措置合宜，所得动以百万计，岂不胜取之于民？朕所以留意于此，庶几可以少民力尔。"④ 同样的话，高宗一再说过。绍兴十六年市舶出现亏损，有官员表示疑虑，高宗坚定指出："市舶之利，颇助国用，宜循旧法，

---

① 脱脱等《宋史》，卷三百四十七，页 11001。
② 同上书，卷四百，页 12145。
③ 同上书，卷三百三，页 10033。
④ 梁廷楠《粤海关志》，卷三前代史实二宋，《续修四库全书》八三四·史部·政书类，页 485。

以招徕远人,阜通货贿。"① 岳珂《桯史》卷十一"番禺海獠"曰:"使者方务招徕,以阜国计,且以其非吾国人,不之问。"② 前半句显然来自高宗上谕,后半句则清楚显示"治外法权"乃是高宗鼓励外贸政策的一部分。

一边是阿拉伯人执海上贸易牛耳,一边是唐宋帝国大开国门、揖徕远客,于是,从红海、波斯湾至南中国海,一派繁忙景象,亚洲大陆东端同时出现几大为不同种族所混居的中古最开放港口城市,里面都形成了独立的外国人社区即"蕃坊"。这种情形一直延续到元代。宋人《萍洲可谈》所谈广州蕃坊,元末仍在,当时在华的伊本巴都他述其亲见:

> 此大都市之一部为回人坊。内有寺院、旅馆及市场。又有法官与教长。非仅此城为然。支那各城〔凡有回教徒居住者〕。均有法官、教长二者。教长掌回教一切事务。法官则司裁判。③

这里,不称"蕃坊"径称"回人坊",更加明确了彼时中国口岸城市外国人社区,主要由穆斯林客商云集形成。其次,他强调不独广州,凡通商地都形成了"回人坊",足见阿拉伯人泛洋东来

---

① 梁廷楠《粤海关志》,卷三前代史实二宋,《续修四库全书》八三四·史部·政书类,页487。
② 岳珂《桯史》,中华书局1997,页125。
③ 桑原骘藏《蒲寿庚考》,页42。

之盛。

  对华贸易,造就了大量阿拉伯富豪。他们腰缠万贯、富可敌国。《岭外代答》记大食国:"以金银为钱,巨舶富商皆聚焉。"① 又说在宋朝市舶方面"诸蕃国之富盛多宝货者,莫如大食国"。② 岳珂曾于番禺亲睹阿拉伯海商某"最豪者蒲姓"之居家情形:"旦辄会食,不置匕箸,用金银为巨槽……楼上雕镂金碧,莫可名状……他日,郡以岁事劳宴之,迎导甚设,家人帷观,余亦在,见其挥金如粪土,舆皂无遗,珠玑香贝,狼藉坐上,以示侈。帷人曰:'此其常也。'"③ 久而久之,他们不单因中国而富,还渐渐攫取权势。南宋出于互市利税极厚而加大吸引洋商的力度,作为诱饵,首开以业绩授官的先河。《宋史》食货志载,绍兴六年,泉州地方官奏请凡能招诱舶舟、抽解物货累价达一定标准的,"补官有差";不久,便有名叫啰辛的"大食蕃客"因进口乳香和招诱舶货所值突出,"补承信郎"④。承信郎乃武职小官,在徽宗政和六年所定武臣五十二阶中排倒数第二⑤,微不足道,然而风起于青蘋之末,约一百四十年后,终至于有蒲寿庚。蒲寿庚,阿拉伯巨商,南宋晚期提举泉州市舶司达三十年,继而当蒙军南下时以城降,入元后《闽书》记其受命"闽广都提举福建广东市舶事",中国两处最大口岸俱归所掌。到蒲寿庚这儿,大食"海獠"在华势焰遂至其极,蒲寿庚之于宋

---

① 周去非著、杨武泉校注《岭外代答校注》,中华书局 1999,页 99。
② 同上书,页 126。
③ 岳珂《桯史》,页 125—126。
④ 脱脱等《宋史》,卷一百八十五,页 4538。
⑤ 同上书,卷一百六十九,页 4058。

元实与赫德之于晚清无异也。

阿拉伯人来华之早,说明他们对于由西洋而东洋这片海域摸索与掌握之早;阿拉伯人来华之盛,更说明数百年来他们对这段船路已然轻车熟路、如数家珍,往返其间全然家常便饭一般。这背后,自然是傲人的海洋知识与航海技术,如对星位、信风等的深谙自如。陈裕菁先生为《蒲寿庚考》作注指出,今无论英语或德语,"信风"之词"皆源于阿剌伯语 Mausim。十六世纪时。葡萄牙人往来印度洋上。自阿剌伯人得此名"①。又,桑原骘藏引有一说:"华人虽早知磁石有指极性。用以测向。然不知利用为航海之罗针盘。阿剌伯人与华人通商。学得此识。乃利用之于航海。复传罗针盘之用法于华人。犹火药发明于华人。而火炮反自欧洲传入也。"② 指阿拉伯人因来华贸易学得指南知识,制为罗盘用于航海,复转而以其反传中国。

郑和下西洋,乃十五世纪上半叶事。而这之前唐、宋、元三代,中国与西洋间海上交通业已畅然无碍如上述。每个打算谈论郑和下西洋的人,对此都不可不知、不能不谈。

先前,我们说郑和等的非洲履迹,恰与伊斯兰势力所及相重叠——那是下西洋航路的下半程。此时,看一看下西洋航路上半段,亦即起自中国而至波斯湾、红海之间,又发现也在过去数百年间被伊斯兰教徒履为平地。将这上下两段联系起来,我们不免讶然发现,下西洋整个地理空间都笼罩在伊斯兰航海光芒之下,

---

① 桑原骘藏《蒲寿庚考》,页79。
② 同上书,页77。

二者间款款相通，无论如何是不能回避的事实。当是时，返视成祖之委郑和，益明其所以然；让两位"哈只"的后人统领掌管舰队，无论从航海经验的吸收，抑从与将经停地方——无论东南亚、孟加拉、印度还是非洲东岸，更不必说波斯湾、红海，均系伊斯兰化区域——交往之便考虑，都有不容忽视的实际意义。

至此，我们由远而近，分下西洋为两个半程，分别考详了郑和舰队有无可能涉及"地理发现"，结论颇显明：不论上半程和下半程，下西洋所涉航路均由伊斯兰教徒捷足先登。不过，这属于世界航海层面的审视，而我们有言在先，倘若在中国史自身内部，下西洋对于中国探索未知异域有所拓辟，亦当视为"发现"。那么这方面情形又如何呢？

细说之须"花开两朵，各表一枝"，从"知"和"行"层面逐一来论。人于陌生事物，可"行"而后"知"，亦可"知"而后"行"。就中国人了解西洋的经过而言，属于后者亦即先"知"后"行"——至少从文献记载的情况看如此。

中国人泛洋于西，最早记录为五世纪法显和尚《佛国记》。但一来法显去由陆路、归而浮海，尚非完全航海的旅程，二来所历洋面仅为印度、斯里兰卡至广州间，以西则既未至亦所不知。"二十五史"之方域地理内容，《汉书》有"西域传"，提及四十余国，然概系陆路所通；《后汉书》有"大秦传"亦即罗马帝国及近东之描述，亦属陆路而往；《晋书》地理志只有郡县、无外国内容；《隋书》并同。显著的变化在唐代，域外舆地大增，尤为引人注目的是，海路所通突然大举现于载记。可以明确地讲，虽然中国人亲履其地的文字记录尚俟以后，但去"西洋"的海路及"西洋"诸国概况,唐人多已知之。《新唐书》地理志有《广州通海夷道篇》①,叙述由广州至波斯湾泛海所经之途。此篇来源为贾耽的《皇华四达记》,而贾作据信"得诸阿剌伯之海商"②。中国正史地理志的上述变化,恰与阿拉伯海上崛起相同步,而《广州通海夷道篇》据自《皇华四达记》、《皇华四达记》"得诸阿剌伯之海商"这一番传承关系,更直接标指了唐代对世界舆地知识拓展的由来。因此可以说,到了唐代,虽然中国人亲历西洋仍未形诸记载,但在"知"的层面,西洋于我们已非陌闻。

宋代与此类似。中国人西洋之"行"仍未见载,但"知"的层面则继有进益,标志便是赵汝适的《诸蕃志》。这位曾任提举泉州市舶司的宋朝宗室于序中明言,彼因职任所在需要掌握"通财于中国"的"蛮夷"情形,但苦于无文献可征;为此他实施了一项调查研究,"询诸贾胡,俾列其国名,道其风土,与夫道里之联属,山泽之蓄产"③,稿成镂为《诸蕃志》,"所记国家计五十有八,东自今日本、菲律宾;南止印度尼西亚各群岛;西达非洲,及意大利之西西里岛;北至中亚及小亚细亚"④,内容全部得之于对夷商的采访。此距中唐口岸初开又已数百年,"诸蕃"海贸来华者益众,故而相较《新唐书》《广州通海夷道篇》,《诸蕃志》所述西洋更全更细,例如内中"层拔"国,即今坦桑尼亚之桑给巴尔,后来郑和

---

① 欧阳修、宋祁《新唐书》,卷四十三下,页 1153—1155。
② 桑原骘藏《蒲寿庚考》,页 9。
③ 《赵汝适序》,《诸蕃志校释》,中华书局 1996,页 1。
④ 杨博文《前言》,同上书,页 6。

们所抵非洲最远处大抵就在这一带,《诸蕃志》二百年前已将其著录,由此可见下西洋诸地对于中国并非"未知"。

《诸蕃志》完全表明,截至宋代,中国对西洋业已知之。不过,"知"究竟不同于"行"。纸上之"知"何时转化为切身之"行",其起点目前仍尚难确定。近代以来,南洋至非洲各处发现不少早于明代的中国物件。例如,1827年新加坡掘出中国铜钱,"多数为宋钱";1860年爪哇发现中国铜钱,"亦过半为宋钱";1888年"英人于非洲东岸之桑给巴尔(即赵汝适《诸蕃志》之层拔国)","掘土得宋代铜钱";1898年"德人于同洲东岸索马里滨海","即明费信《星槎胜览》卷四之木骨都束","亦掘得宋代铜钱"。① 又如,东非基尔瓦地方发现有"唐宋时期的越窑瓷和白的瓷"②,"马达加斯加岛东北端的武黑马发现很多元代瓷器"③。这些痕迹,既可由中国人携至,亦可能是他国往返贸易者留下,但至少存在着中国有人抵于以上诸地的可能性。桑原骘藏曾经考证,自唐代起,"往来波斯、印度南洋"的中国海船不少,"蕃商乘者颇多"④。揣其语意,似主要指中国海船及海员为"蕃商"所雇佣,而往来东西洋,尚非以个人身份前去游历,或因货殖、访问等特定目的奔赴西洋。

但是在元代,这样的记录终于出现了,有两份确凿的文献。

一为马可波罗对"马达伽思伽尔"的记载:

---

① 桑原骘藏《蒲寿庚考》,页23—24。
② 周运中《郑和下西洋新考》,页290。
③ 同上书,页303。
④ 桑原骘藏《蒲寿庚考》,页71。

> 大汗曾遣使至此山中采访异闻，往者以其事归报。先是大汗遣使臣往，被久留岛中，此次遣使，亦为救前使归也。①

大汗，即元世祖忽必烈。马可波罗在华数度亲炙之，且为后者命其奉使。故而他所谓忽必烈曾遣使节往马达加斯加，必系亲知，而非得诸道听途说。马达加斯加，也是公认的郑和下西洋航线终端处。依上引，元朝国使二度前来，前使久去不归，忽必烈乃再派使臣相救。换言之，下西洋的头尾整个航程，在百余年前中国已经两次有人往返其间。

二是元朝末年汪大渊所著《岛夷志略》。汪氏奇历有甚于徐霞客，二十岁"两附舶东西洋"，远涉重洋，访其山川风土物产民俗并采于文字，"非亲见不书"。由是诞生中国探问西洋地理的第一份个人记录。就《岛夷志略》涵盖的地理范围，汉学家柔克义概括道：

> 汪氏此书分一百条，其中有九十九条是记其本人所至诸蕃国或其港口。东起澎湖至文老古，西至阿拉伯与东非海岸，所举许多地方皆为其经历之地。②

我们惊讶地注意到，这与郑和舰队的活动范围岂非如出一辙？须

---

① 沙海昂注、冯承钧译《马可波罗行纪》，上海古籍出版社 2015，页 396。
② 汪大渊原著、苏继廎校释《岛夷志略校释》，附录，中华书局 1981，页 394。

知就连下西洋的亲身参与者,对此也明确认可。马欢《瀛涯胜览》序特意提到:"目击而身履之,然后知《岛夷志》之所著不诬。"①此语何啻乎俨然视汪大渊为"下西洋先驱"!"目击而身履之"几个字,似亦透露出郑和们出行前与航程中,曾将《岛夷志略》当作参考借鉴的资料,并认最终结果是对汪氏的证明与致敬。既然如此,永宣间七下西洋,在中国的确就无从谈其"首创"与"发现"了。

马可波罗的报道与汪大渊的亲历,替我们扫清了最后的疑云,即:由唐至元,中国人对西洋不但业已知之,而且达到由"知"到"行"的落实。这样,继先前论证世界范围内下西洋所涉洋面及地区已为伊斯兰教徒遍历之后,眼下又证明了中国自身对涉西洋也早有先行者。看来,郑和故事作为"发现之旅"的意义,是难以为继了。

然而严谨起见,应说明这是就"已知"或"公认"的史料与事实而言,不能排除下西洋或有其未知的一面。我们知道,下西洋有"分艅"环节,即到某要地后以为据点,再遣分队去往各处。这"分艅"后的具体情形,至今鲜能知悉,从而给其他可能性,乃至某些"惊人之语",留有余地。比如,近年下西洋的民间粉丝宣称,郑和舰队足迹远超目前文献上所示的范围——他们曾经抵于并发现了北美大陆!② 果如其说,事情将天翻地覆,笔者亦甚乐见这样的奇迹被证实。可惜观乎目前所据,尚不足鉴。

下西洋话题百年来所以热度攀升,是冀其可与所谓"地理大

---

① 马欢著、万明校注《明本〈瀛涯胜览〉校注》,页1。
② 见李兆良《宣德金牌启示录》。

发现"一争短长，我们也主要围绕于此而考辨如上。续有补充的是，哥、达、麦等所谓"地理大发现"，除了收获地理新知、打开贸易新路，重要成果还在于物种引入与传播，地球物种分布自兹大变，仅人类饮食方面便前后迥然，戴蒙德专讲地理因素对文明影响的《枪炮、细菌与钢铁》颇多生动讲述。反观郑和下西洋，鲜有类似迹象可陈。以往批评者常借郑和舰队满载瑞兽异宝以归，指责下西洋惟餍皇帝奢骄之心、靡费民脂。批评固然不错，而殊不知哥、达、麦之流扬帆同样为着"寻宝"。哥、达、麦带来物种变化，下西洋无此建树，这结果的不同并不取决于动机，而在于所到为"已知"或"未知"。哥、达、麦既履以往隔绝未通之地，于是能得"新"物种；郑和舰队则不幸于数百或上千年间舟楫往来之地穿梭，故仅带回"麒麟"长颈鹿、乳香、胡椒之类，俱系过往已知之物。

如果画蛇添足再作一点小结，我想说：下西洋萌芽于成祖权力之忧，从明朝自身经济角度并非必需，且付出与所获悬殊过大、国与民负担太重，其昙花一现、人亡政息的结局可谓早已注定。成祖方崩，下西洋便作为弊政罢停。仁宗享国甚短，从头到尾不足一年。宣宗继位，慕祖父之风而变父策，下西洋于是回光返照再搞一次。可是宣宗同样遭其子朱祁镇扬弃，后者当上正统皇帝，"复禁"① 下西洋。之后成化间，《殊域周咨录》载"有中贵迎合上意者，举永乐故事以告，诏索郑和出使水程。兵部尚书项忠命吏入库检旧案不得，盖先为车驾郎中刘大夏所匿。忠笞吏，复令入检三日，终莫能得，大夏秘不言"。刘不特拒交下西洋资料，还公

---

① 严从简《殊域周咨录》，页307。

然表示:"三保下西洋费钱粮数十万,军民死且万计,纵得奇宝而回,于国家何益!此特一弊政,大臣所当切谏者也。旧案虽存,亦当毁之以拔其根,尚何追究其无哉!"[①]顾起元《客座赘语》"宝船厂"条同载其事,且明谓刘大夏将下西洋档案"取而焚之"[②]。近年有学者力辨刘大夏并无此举,但无论毁者何人,下西洋档案佚失总是客观事实,否则茅元仪《自宝船厂开船从龙江关出水直抵外国诸番图》亦不至来源成谜。向达先生以"焚琴煮鹤"讥刺刘大夏[③],从史料殒灭论确如此。但另一面,下西洋不受待见,说明以明人自己眼光看,此事于国于民皆属无益,焚既非"琴"、煮亦非"鹤"。

[①] 严从简《殊域周咨录》,页307。
[②] 顾起元《客座赘语》,《庚巳编 客座赘语》合刊本,中华书局1997,页31。
[③] 觉明《关于三宝太监下西洋的几种资料》,《郑和下西洋研究文选》,页154。

王安石变法

南宋以降,怎样评价王安石其人存有争议,对王安石变法如何衡鉴殆无歧见。一言以蔽,皆指为祸基。即有少数回护者,亦止以荆公初衷本良法美意,惜所用非君子终受其累为辩。

此八百年公论反转,盖由梁启超《王荆公》① 启之。1908年,避地日本的梁氏,于戊戌变法失败十周年之际成此稿。②《叙论》云:"以不世出之杰,而蒙天下之诟,易世而未之湔者,在泰西则有克林威尔,而在吾国则荆公。"③ 是其所撰,暗寓物伤其类、托以自见之心。梁氏虽缘己怀亟称王安石变法,至以闻所未闻的"熙宁元丰之治"④ 表彰神宗一朝,赞美王安石变法"必有度越古人,

---

① 上海广智书局原题《中国六大政治家·王荆公》,后由其他出版者易名《王安石评传》、《王安石传》等行世。
② 丁文江、赵丰田《梁启超年谱长编》:"一九〇八年(光绪三十四年戊申)三十六岁","是岁先生著《王荆公》一书成"。
③ 梁启超《王安石评传》,国学整理社1935,页1。
④ 同上书,页104。

予人以心悦诚服者矣"①。然当具体论列新法,仍未避绕弹诘和批评。例如谈市易法,坦言"诸法中,惟此最为厉民"②,惋叹之笔颇可见。就此言,任公固然率先揭竿为王安石变法翻案,而犹未全盘肯定。

十足的肯定,有待六十余年后由"批林批孔"运动引出的"评法批儒"推至顶点。彼时,中国历朝历代显流达人俱以"儒""法"名义归类编队,分予褒表贬斥。王安石即置法家阵营,其变法则被引为宋代法家丰功伟绩。各级报章一时雄文连篇,无不色厉内荏而漠视说理。职是之故,时过境迁则纷纷化作青烟,无影失踪。只有一个例外,即邓广铭先生的《王安石——中国十一世纪时的改革家》。此著应命作于1972—1974年间,由人民出版社1975年付梓,将"三不足论"归诸"反儒、反潮流"精神③,将变法定性为"中国整个封建社会历史时期内,儒法斗争历史上极其激烈也极其重要的一个回合"④,将当时及后世非难者斥作"儒家反动派"⑤。1997年,先生于"垂暮之年"将其重写,换题《北宋政治改革家王安石》仍由人民社出版,已而续见三联、河北教育诸本。序言中,先生承认"批林批孔"运动中"为求书稿能够出版,我自不能传承王安石的'流俗不足恤'的那种精神,而是按照从各处讨论会上收集来的意见,把全书做了一番修改",又苦涩披露"四人帮"

---

① 梁启超《王安石评传》,国学整理社1935,页104。
② 同上书,页58。
③ 邓广铭《王安石——中国十一世纪时的改革家》,人民出版社1975,页29。
④ 同上书,页185。
⑤ 同上书,页209。

粉碎后"出版社要重印此书时，提出要我加以删削和修改的，却正是以前要我补入的有关儒法斗争和批林批孔的'富有时代气息'的那些文句和段落"。观夫是语，对于时代待学术如妾妇的叱呼播弄，先生非不刻骨铭心。然当拈动改写之念，复亦为："随时随地出现在神州大地的'改革是解放生产力'的万千现实事例，更使我受到启发，加深了对王安石发动于11世纪的变法革新事业的理解和认识。"称王安石变法与当代"破除迷信，解放思想"主张若合符节，讴颂王安石"卓越的政治家""当时思想界的先进人物"，对宋及后世的反对批评声音继续视为"倾泻在王安石身上的污泥浊水，以莫须有的罪名来丑化王安石"，谈富弼、司马光等仍以"全都是属于鼠目寸光之类""庸流""阶级斗争意识特别强烈""既无军政韬略，又无施政才能"诸语相诋薄。时距"评法批儒"和"文革"二十余年，先生虽云重写"始终要以一个实事求是的原则自律"，"不要浮夸，也不要溢美"，而措辞如昨，品核史事、裁量人物颇不忘怀旧情。①

总之，关于王安石变法，南宋以迄清末八百年间颇有公论，晚近一百年来看法几至云泥，诚可谓宋史公案。同一事，古今见悬若此而原本是非究竟如何，笔者疑问早生而怀探赜之心久矣。着手辨析前，拟提出历年摸索出的总认识：探问此案宜先认明三点，即宋朝的历史处境、赵氏治国特色及神宗所承局面。三点实为衡鉴王安石变法的前提，于其不明不论而率谈之，难免自陷隔空之地。

---

① 以上引文均自邓广铭《北宋政治改革家王安石》之《序言》，三联书店 2017，页 1—12。

其一，明晰宋朝处境关乎对当时中国历史特征的体认。习惯上，今人将宋代目为一大统朝代之一，此实误甚。大唐解体，版图四裂，传统汉地化作五代十国，边地则或瓯脱或由异族立国。逮赵匡胤取后周代之建宋，至太宗渐次灭并荆湖、后蜀、南汉、南唐、吴越、北汉，汉地大致归一，然边地苦不能复。太宗两度攻辽，失利败绩。嗣后又有西夏浮现，宋、辽颉颃衍为宋、辽、夏周旋。进于北宋之末，徽、钦被掳，淮河以北沦入金人之手，以后宋、金分据南北，直至忽必烈灭宋。这段起自九世纪以迄十三世纪的历史，实历四百年分裂，唐、元头尾之间无任何政权实现对中国之统一，北南两宋终究只是区域性政权而已。

其二，既知"宋时"于其外，复宜知"宋世"于其内，就赵宋治国特色有所把握。宋室所承世运，不处盛势而际衰悴。一般而言，如此"应运而生"的王朝很难振作和有所造就，宋室却将此宿命打破。太祖时，宋朝方兴初升，非不抱有雄心。然当太宗、真宗两朝真刀真枪、硬碰硬与契丹角力之后，终知统一大业谈何容易。难能可贵的是一旦了然情势，宋室懂得择善以从，转于自身致力"太平之世"的造就。"太平"之思，被摆在突出位置。宋初两部皇家御制大型古今文书集成分别题名《太平御览》《太平广记》，此"太平"两字虽取诸太宗年号"太平兴国"，然以"太平"为念和肩任确系宋朝上下的明确意识，横渠名句"为天地立心，为生民立命，为往圣继绝学，为万世开太平"，出诸北宋大儒之口当非偶然，是当时精英人物对时代精神感悟提炼的结果。宋代致力"开太平"的种种治政，这里虽不能详及，然而可以认定：宋虽未成统一大业，乃至半数光阴仅称"偏安"，却无碍它是光芒特著的朝代。这种光芒源出有二,一曰"安定",一曰"繁荣"。论安定,别看两宋在北在西忧患难却,恶邻强敌伺衅,时而忍气吞声,境内详和宁止却史所罕有,即汉、唐亦所不及 汉有武帝扰民、唐则"安史之乱"后情形已非,余者如明代政治清明整体逊甚,元、清两代深受民族矛盾羁绊,总之历来大朝代 更遑论那些乱世短命王朝 中宋之安晏数一数二,王安石变法前宋人每自称"百年无事",洵非虚言。论繁荣,更是宋代标志性特征,至视唐代犹有过之。以科技言,所谓"四大发明"宋成其三——雕版印刷现诸晚唐五代而精于宋,万世俱以宋版书为珪璠,继而又有毕升首创活字;指南针施诸航海从而介入人类历史进化亦当宋时,阿拉伯海商正是自宋人手中习得此法而再传欧洲;火药以及因之发明火器,宋人亦始作其俑复经穆斯林、成吉思汗输往欧陆。再说经济与出产,中国古时三大王牌丝、茶、瓷,后两样俱勃兴于宋,挟此奇货及其他匠造和发达高效的工商组织,彼时寰球东西,宋之丰阜一时无两,决然世界经贸中心。繁荣,不特显现于经济生产,亦于世俗生活领域直观可见。孟元老南渡后撰《东京梦华录》,在作者乃怀旧悼往之作,在后人则属宋代市廛发达已极的绝好史料,无异乎文字版之《清明上河图》。此种书与图,独出宋人之手而不现诸别代,岂曰偶然?简言之,市人社会崛起这所谓"近代"趋向,大宋已在全球捷足先登。顺此谈谈宋代文化,后多以长短句为其文艺翘楚,殊不知宋词虽精,而最足楬橥宋代文化特色的却是小说和戏剧,这两门未来派艺术皆由宋人开其时代,换言之,大众文化跨越文人文化的深远态势,是在宋代抬头的。宋在文化上的新气象比比皆是,又如绘画,论题材的广泛、人性的细腻,彼时举世无出宋画之右，人与自然息息相通，一草一木浑若有灵，悲天悯人，怜心满纸，试取同时期欧画多系单调的宗教题材为对照，立现鲜腐、丰枯、高下之别。我们尚未提及宋代另一更大文化成就——新儒学，普通人或难知其意义，但其于中国影响实属浃髓沦肌。欧洲揖别古代转往近代赖乎"文艺复兴"，宋儒的重建与再构与此相类，其间儒、释、道实现合流，中国伦理焕然一新，如今每个中国人，精神上皆可谓宋学之子……凡此莫不足证宋代已达物质与精神全面繁荣，而探其原委，不外乎两个条件。往远里说，中国在世界最早走的中央集权制道路，至此政经优势显露无遗、臻乎其极。往近里说，必须归功于宋室之明智，开国以来审时度势，有所为有所不为，以政治清明为旨要，打造内部平和，缘安定求繁荣，终得良好回馈，于善政论，帝制二千年如有所谓好时代，鄙意惟推两宋。

其三，自切近角度还须了解神宗践阼时是何情形，以明王安石变法端由。神宗之父英宗本濮王之子，因仁宗无子过继入宫，嘉祐七年 1062 立为皇子，翌年即皇帝位。英宗短寿，四年而崩，长子赵顼登基，是为神宗。所以，神宗承接的主要是仁宗朝局面。说起仁宗，有两个特点。一是在位时间久，起于 1022 年迄乎 1063 年，历四十二载，帝史可排前列。二是他乃中国少有的仁君，其谥以"仁"非谀辞。帝制史衮衮诸众，良劣迥然，内中形象正面的又有"明君""仁君"两类。明君如汉高祖、唐太宗、宋太祖、明太祖、清圣祖等，而堪称仁君者，窃以为仅得三人，汉代以文帝、光武占得其二，之后便是宋仁宗。明朝也有一位仁宗皇帝朱瞻基，惜享国太短，不然观其仅一年之作为亦有望跻此行列。赵祯之仁，体现在多方面，比如奉俭，比如恤民，而最大好处是安静，系念太平，理性治国，多一事不如少一事。王夫之《宋论》对他虽有批评，包括认为后来某些弊病植根于彼，但仍以"仁宗有大德于天下"①论之。专制时代，这样的君主临御日久，亦属国家之福。"百年无事"仁宗贡献独多，王安石亦尝称颂仁宗"仰畏天，俯畏人，宽仁恭俭然"，"升遐之日，天下号恸，如丧考妣"。②然而"人心思变"，亦系常情。不但情形颓坏会如此，安堵平顺日子过久了，也忍不住想变一变，换个样子。神宗甫继位，很有这种心气儿，使非神宗思变，王安石变法无从谈起。笔者常揣一想，倘神宗乃仁宗嫡亲子孙，意态或有不同，朝事政轨兴许别样。当年英宗以旁支祧续，因皇考尊礼问题闹濮议之争，满朝失和。可见英宗一脉于仁宗确有些情怀殊异，若为自家骨血，神宗对仁宗遗泽的阐扬未必不是另一光景。

握此三点，据实以论，本案不难于理清。

话说英宗登基，长子赵顼由郡王晋亲王，封于颍。派在颍邸任记室、专职讲书的韩维，与王安石交笃。赵顼由是屡闻其名，"每讲说见称，辄曰：'此非维之说，维之友王安石之说也。'"③待赵顼立为太子，拟以韩维为太子庶子，韩又提出让贤王安石，"荐自代"。一来二去，赵顼早已思贤若渴。治平四年1067正月，英宗登遐，

---

① 王夫之《宋论》，中华书局 2012，页 79。
② 王安石《本朝百年无事劄子》，王水照主编《王安石全集》第六册，复旦大学出版社 2016，页 801—802。
③ 脱脱等《宋史》，卷三百二十七，中华书局 2011，页 10543。

赵顼继位。时王安石丁母忧方毕,在江宁府今南京闲住,神宗立起其知江宁府。九月,再召为翰林学士兼侍讲,调任中央。王安石并未当即进京,迁延七个月始动身。这倒未必出于作秀。王安石淡视权位是出了名的,以前也曾多次有大臣举荐,朝廷采纳后,"馆阁之命屡下,安石屡辞;士大夫谓其无意于世,恨不识其面,朝廷每欲畀以美官,惟患其不就也。"① 人都说王安石矜高逸世,谁也没想到后来会那样。

"熙宁元年四月,始造朝"②,君臣历史性地会面。神宗问以"治","唐太宗何如?"显以唐太宗为伟人和榜样。不料,王安石言道:

> 陛下当法尧、舜,何以太宗为哉?尧、舜之道,至简而不烦,至要而不迂,至易而不难。但末世学者不能通知,以为高不可及尔。

神宗出乎意表,瞬间犯蒙,不禁有些嗫嚅:

> 卿可谓责难于君,朕自视眇躬,恐无以副卿此意。可悉意辅朕,庶同济此道。③

神宗从王安石言语中感觉到了"责难"。但这责难却是高看自己,

---

① 脱脱等《宋史》,卷三百二十七,中华书局 2011,页 10542。
② 同上书,页 10543。
③ 同上。

蔑视唐太宗的同时,鼓励自己追求更高目标。神宗一时惶顾。"自视眇躬,恐无以副卿此意"。他自觉微不足道,倘有唐太宗的功业已属过望,对方却告以唐太宗不值一提,应向尧、舜看齐。神宗压力着实不小,而对方立意之高又令人无以却之。

不久,一日讲席罢,王安石独对。神宗说:"唐太宗必得魏征,刘备必得诸葛亮,然后可以有为,二子诚不世出之人也。"暗以李世民得魏征、刘备得诸葛亮,来比己得王安石。神宗这么讲,无疑觉得那是很高的赞扬。然而,王安石再次顶撞说:

> 彼二子皆有道者之所羞,何足道哉?以天下之大,人民之众,百年承平,学者不为不多。然常患无人可以助治者,以陛下择术未明,推诚未至,难有皋、夔、稷、离、傅说之贤,亦将为小人所蔽,卷怀而去尔。①

蔑魏征、诸葛亮"皆有道者之所羞"、"何足道",而另外举出一些多半不可考的古贤。话有两层含意,一方面王安石自视高过魏征、诸葛亮,另一方面要求神宗所予倚信,应逾于李世民、刘备之予魏征、诸葛亮者。

这对君臣,自我评价截然不同。神宗"自视眇躬",王安石则向以当世伟人自居。神宗以魏征、诸葛亮比王安石,视为褒扬,显然不知道一件往事。仁宗年间,王安石名犹寂寂,有人将其诗文荐于文坛耆宿欧阳修,获激赏,赠句"翰林风月三千首,吏部

---

① 脱脱等《宋史》,卷三百二十七,中华书局2011,页10543。

文章二百年",暗指王安石如韩愈再世。"然荆公犹以为非知己也,故酬之曰:'他日傥能窥孟子,此身安敢望韩公。'自期以孟子,处公以为韩愈。"① 在王安石看来,自己起码堪比孟子。所以,比为韩愈也好,比作魏征、诸葛亮也罢,与其说令他引荣称幸,不如说像是遭到了贬低。

对此,王船山括以"王安石之入对,首以大言震神宗"②。大言即豪言壮语。复析其用心云:"扬尧、舜以震其君,而诱之以易;揭尧、舜以震廷臣,而示之以不可攻。"③ 忽悠神宗,让他觉得成为尧、舜并不难;反过来,对朝堂异见则用尧、舜为挡箭牌,封别人的嘴。的确,历史上的豪言壮语每每出诸权用。不过,王安石"以大言震神宗"可能并非如此。实际上,操"大言"在他是一种常态,乃至基于性格。王安石论事素喜居高临下,发踔远之言。人目为不切实际,他却以为高屋建瓴。这可由他总挂于嘴边的"流俗"来体会。在执政笔记《熙宁日录》里,此词频频出现,一遇反对与责难,动以"流俗"斥之。"流俗"略即庸人、浑浑噩噩。例如对政敌司马光,王安石虽不薄其德,但断然斥以"流俗",意谓此人见识低陋,与自己不属一个档次。

船山强调"首以大言震神宗",自有其潜指。想神宗皇帝虽贵为天子、四海之尊,然忽遇一人开门见山鄙夷唐太宗、卑视魏征诸葛亮,如此惊人之语,只怕也是平生未闻。神宗慕才思能且正

---

① 王水照主编《王安石全集》第十册,附录王安石轶事,页240。
② 王夫之《宋论》,页114。
③ 同上书,页116。

待有所作为,然年少登基,与王安石见面时甫尔弱冠,辨人识度经验严重不足,易被夸夸之谈打动。朱子谈"荆公之得神祖"谓之"千载之一时"①,亟宜品味。换作阅世老成之君,王安石口无遮拦、大话联翩,正引人警省处,谅应心生惕虑,至少听其言而观其行,神宗却倾心相与,见之恨晚。血气方刚的青年皇帝,遇上言必称尧、舜且以"他日傥能窥孟子"自期之臣,熙宁故事遂由此生。

哲宗年间,晁说之曾用十个字对王安石变法做出精简概括:

> 开财利之途,为富国之术。②

见诸元符三年1100四月十九日上疏。前五字,表的是变法内容;后五字,概括变法目的。

言下之意,宋有"不富"之窘。这里含了宋代一种有趣的情形。我们才说过宋代经济繁荣、物产丰盛、贸易发达,如今任何国家与这些表现联系起来,都将被视为"富国"。就此可参考一现象,今之经济强国因经济地位高分量重,他国都得与之贸易或形成其他依赖关系,而致其货币通行于世,比如美元。亦有弱势币种随该国经济提升而由弱转强,近五十年来日元和人民币便先后如此。一千年前,宋钱所享尊崇堪比美元。此时全球贸易不甚茂盛,依存度远不比今日,然而宋钱之抢手仍使人瞩目。原因就在于其财货出产,丰好过人,往往构成别国刚需。不但周边的辽、夏、金、

---

① 王水照主编《王安石全集》第十册,附录王安石轶事,页144。
② 晁说之《景迂生集》卷一,《文渊阁四库全书》第1118册,页13。

朝鲜、日本、安南今越南，即南洋以至印度洋沿岸远到非洲，都属于对宋贸易圈，故近代以来，宋钱在上述各地屡有出土发现，洵然"宋盛"之证。当时宋钱的吃香，竟然导致"钱禁"，屡予严申，以防流失。这是因为大量钱币流出境外，致使本国出现钱荒。中国以铜制币，而铜之储量、开采和冶炼实有其度，流出太多，本国自然吃紧受累，并非好现象。但我们透此现象，却能觇见大宋之裕饶。既如此，又何来变法度以谋"富国"之谈？这一定程度上，牵及宋朝的"民富国穷"特色。

"民富"非谓宋代社会无贫困之民，好似现今北欧诸国。那是没有的事。中国历朝历代，无一解决了民困问题，宋朝也不例外。然相对而言，赵宋比较倾向藏富于民倒是事实。跟其他朝代比，它不那么酷爱加重民间负担。"太祖躬见五代重敛斯民之困，尝语近臣曰：'更一二年仓廪有储，当放天下三年税赋。'"[①]宋之君主，予民"解散""休息"的意识较为特出，对于己欲则较知抑遏。上下三百年，除了徽宗，没有第二个为饱私欲大扰天下之主。故此多数时间国库并不富余，且就连有限岁入的一大块，实际上也耗于百姓安福——这就是募兵制。

军费于国家支出占以重头，古今不能外，除非像战后日本因国际条约禁止建军而由美国分担其防卫。中国古往的兵制是兵农合一亦即全民皆兵，打仗乃民役务，是"赋"的内容之一，人民农时耕种，农隙训练，战时从军，直到唐代府兵制都如此。此一古制，宋代做出重大变革，从兵农合一、全民皆兵转为国家募兵

---

① 晁说之《景迂生集》卷一，《文渊阁四库全书》第1118册，页10。

供养制。是为中国"养"军之始,我们熟知的"养兵千日,用在一时"其实不很古老,必宋后始有此说。"召募之制,起于府卫之废",马端临论两种制度之别:

> 籍天下良民以讨有罪,三代之兵与府卫是也。收天下犷悍之兵,以卫良民,今召募之兵是也。①

最早,朱温当唐末乱世,因部卒疲于征伐多有亡命,"令诸军悉黥面为字",刺字于面以防逃亡,凡为兵者肉体留下不灭印记,"是为长征之兵"。沿袭下来,到赵匡胤建宋,顺势转化为募兵制。其做法及考量是:

> 或募土人就在所团立,或取营伍子弟听从本军,或乘岁凶募饥民补本城,或以有罪配隶给役,是以天下失职、犷悍之徒,悉收籍之。伉健者迁禁卫,短弱者为厢军,制以队伍,束以法令,帖帖不敢出绳墨,平居食俸廪,养妻子,备征防之用,一有警急,勇者力战斗,弱者给漕挽,则向之天下失职、犷悍之徒,今为良民之卫矣。②

宋室于兹有两大德。其一,农民终于得脱亘古以来的从军宿命,安心务农,再无效死疆场之虞。其二,以往军用负担悉在民身,

---

① 马端临《文献通考》第八册,页 4555。
② 同上。

纳粮之外,且出人出力从征作战而全无报偿,募兵制则一切费用支诸国库,包括战时及日常所耗,也包括士兵俸廪、安家与生老病死,总之,军由国养实际相当于用国家财政付予黎民一项巨大福利。马端临慨言:"国费最钜者,宜无出此","古者寓兵于民,民既出常赋,有事复裹粮而为兵",而今"兵农分,常赋之外,山泽关市之利,悉以养兵","有警则以素所养者捍之,民晏然无预征役也"。① 人民从募兵制所得好处,不只是免兵役;所谓"天下失职、犷悍之徒,悉收籍之"实际是在维稳同时兼具社会救济功能,等于政府出钱收容饥民、游民、罪犯于军中,兼养兼管兼教,从而减抑不安定因素。"逾百年而无犬吠之警"②,宋之承平,募兵制功不可没。我们曾说宋的繁荣源自社会安定,至此应补充,国家长年投放主要岁入于募兵制,是安定的重要保障。然而由此,宋之经济繁荣虽居史之前列,国库则颇陷"不富"之窘。惟此"国穷"背后,却有让人心生敬意处。一个政权纳赋征税,无事靡费恣行,几皆耗于百姓福祉,岂非德政?

神宗御政,事情有了微妙的变化:

> 神宗有不能畅言之隐。当国大臣无能达其意而善谋之者,于是王安石乘之以进。帝初莅位,谓文彦博曰:"养兵备边,府库不可不丰。"此非安石导之也,其志定久矣。③

---

① 马端临《文献通考》第八册,页4556。
② 同上书,页4554。
③ 王夫之《宋论》,页118。

"不能畅言之隐",我以为有其二。一在神宗抱负及志向,隐然有别于列祖列宗尤其是仁宗,治国方略由此生变。二在神宗冀图施展者颇待国库裕饶,而现状却是积蓄不丰,构成尖锐矛盾。神宗倾慕唐太宗,其所欲致功业不难想见。但此亦不尽为情怀所至,客观来言,党项族自李继迁、李元昊后颇成气候,赵宋西部扰攘不断。庆历八年1048其内讧致元昊殒命,西夏趋弱。神宗以为时机难得,颇宜谋之,其初立曾以此微示枢密使文彦博,而作为仁宗老臣的文氏无所响应。于是神宗才另思贤能,引入王安石遂其兴替之志。换言之,熙宁之变起点在神宗那里,非王安石启之,此应讲明。

不久,王安石呈交了政治意见书《本朝百年无事劄子》。顾栋高《王荆国文公年谱》列于熙宁元年"夏四月乙巳"条,即入京当月;蔡上翔《年谱考略》指其奏于同年十二月。劄子系对神宗垂问本朝所以享国百年天下无事的作答,王安石时未即席奏复,退下后专门援文陈述。神宗提问实为试探,因为但言"百年无事",首当其冲的便是仁宗治略,神宗想要知道王安石看法究竟如何。王安石心领神会,劄子先以大段颂扬仁宗德泽,随即话锋一转,论述"本朝累世因循末俗之弊",最终落在"伏惟陛下躬上圣之质,承无穷之绪,知天助之不可常恃,知人事之不可怠终,则大有为之时,正在今日",劝神宗抓住时机、奋发蹈厉,创先朝诸君所无之功业。

此劄既进,君臣心意互明,一拍即合;如胶投漆,如臂使指。熙宁二年二月,神宗任命王安石为参知政事。如依《年谱考略》所考《本朝百年无事劄子》进于元年十二月,则此项任命仅隔一个月,神宗显然因读此劄而下决心重用王安石。以翰林学士兼侍讲召之入京，仅备文书顾问之用，是犹待观察之意，而参知政事即副宰相，一跃为股肱。元丰前，宰相为平章事，副宰相为参知政事；元丰新制称谓有变，此按下不表。之未径拜宰相，是不宜过于逾越。参知政事已跻身政府中枢，可以运用最高权力。二月庚子日发表此任，二十天后又公布一项重大决定，创"制置三司条例司"。这是全新机构，负责拟订改革目标和措施，亦可谓专为王安石而设，整个古代史惟熙宁年有之。神宗诏曰：

> 朕以为欲为天下于治，必先富之而为也。令县官之费不给而民财大屈，虽焦劳乎异日之间，其将何所施哉！特诏辅臣置司于内以革其大弊，而使美利之源通流而不竭。①

回看晁说之寥寥十字概括，确甚精当。

宋代财经部门"三司"，承自唐代判度支运用税收、判户部管赋税和盐铁转运使管赋税以外收入三使司，宋代加以合并称"三司"。② 职能近于现代的财政部。眼下"制置三司条例司"则是于三司外再单独建一机构，"掌经画邦计，议变旧法以通天下之利"③。由知枢密院陈升之、参政知事王安石共同挂帅，而后者握实权。陈升之曾提出："条例者有司事尔，非宰相之职，宜罢之。"④ 意谓政策

---

① 《宋会要辑稿》职官五，中华书局 2012，页 2463。
② 严耕望《中国政治制度史纲》，上海古籍出版社 2014，页 188。
③ 脱脱等《宋史》，卷一百六十一，职官一，页 3792。
④ 同上。

措施规划应是具体部门事务,宰相不该亲自管。由此知条例司直属宰相,规格比三司高一头。彼此关系大致是条例司出规定、出政策,付三司执行落实。此设置从体制上讲确不得"体",但用意正在收权于上,帝、相直接过问经济举措,属于打破常规、新事特办。后新法既成,条例司随罢,悉以其事付司农寺、重归"有司",新党吕惠卿、曾布先后判之。

通过设条例司,神宗赋予王安石以财利制度更创权。后者手操这台他专用的国家机器,开始变法。半年后诸法相继出台,依次为——

> 熙宁二年七月,颁均输法;九月,颁常平给敛法,也即"青苗法";十一月,颁农田水利法。
> 熙宁三年十二月,连颁保甲法和募役法。
> 熙宁五年三月,颁市易法;五月,在保甲法基础上增加保马法;八月,颁方田均税法。

上即王安石八大变法。始于均输,迄乎方田均税,历三载次第揭榜。其中熙宁二年与五年为重头,年内各颁三项新法。八大法仅为影响最广、与所有民众关系均甚直接者,此外尚有其他的变法。如熙宁三年十二月起试改更戍法宋代军队旨在使兵将分离的制度;熙宁四年二月变更科举法,以及熙宁六年三月王安石提举经义局,以其子王雱及吕惠卿为修撰;同年六月用王雱建议,置军器监、推进军械改良;又,同年九月吕惠卿设"免行钱",借免其"祗应"名义向京师百行商户征钱。

短短数年,变故踵续,波及千家万户。以古代生活之悠缓,这何其风急雨骤,况且是"百年无事"、习于安堵的大宋,直搅得人人惶灼。当时,司马光借起草御旨之机书曰:"士夫沸腾,黎民骚动。"① 盖实录也。反对四起,抗议不断,即王安石本人所谈,亦证天下一片哗然。每次入对,他都敦促神宗以有力措施阻断批评,"免纷纷""防异议"。② 朝堂上吕诲首论王安石十过失后,群臣接踵请罢新法。连同至交吕公著在内,旧好几皆反目,甚至在颍邸言必称王安石的韩维绍圣间被打入"元祐党人碑"亦是。神宗或夺职或出贬,一口气罢逐二三十名官员。新法缘何差评若此,孤立无助?右正言李常传达了普遍心声:"今条例司于浮费无所节损,日造罔民之法","剥民以无度"。③ 以"理财"为目标的王安石变法,不从汰除政弊入手,却着眼于百姓腰包。左司谏兼权给事中王岩叟告诫:"安石所为,乃召乱之本","可谓弱王室矣",发出终将危及赵宋江山的预警,"王室之所以安者,以能使百姓有余力而乐其生也,而今也敛于民者烦、督于民者急、夺于民者尽,而人人救死恐不暇,安石可谓危王室矣。"④ 哲宗时翁彦深就王安石像题诗,直书"竟把苍生误"⑤。综而可知,路人为之侧目,

---

① 司马光《赐参知政事王安石不允断来章批答》,《司马光集》,四川大学出版社2014,页1167。
② 王安石《熙宁日录》,《宋代日记丛编》一,上海书店出版社2014,页95—96。
③ 李常《上神宗论王安石》,王水照主编《王安石全集》第十册,附录王安石轶事,页82。
④ 王岩叟《上神宗论王安石》,同上书,页93—94。
⑤ 翁彦深《王荆公画像赞》,同上书,页114。

主要在于变法严重斫伤民生,这是它遭抵制的真正原因,而非当今论者所谓进步与守旧之争。

不过,相较史上诸多祸国殃民之举,王安石变法的情形稍显复杂,非可一口否定了事,有时连批评者亦感踌躇,例如朱熹。一次,门生提出:"王介甫其心本欲救民,后来弄坏者乃过误致然。"朱子打了个比方:"医者治病,其心岂不欲活人?却将砒霜与人吃,及病者死却云我心本欲救其病,死非我之罪,可乎?介甫之心固欲救人,然其术足以杀人,岂可谓非其罪?"①一次谈青苗法,又说:"其立法之本意固未为不善也。"②两次谈及,一方面认为王安石坑害了人民,一方面又说他初心原非如此。朱熹略晚,姿态也更偏学者,既与熙宁、元丰时代保持一定距离,又能努力投以理性目光,所以他的分寸颇可参考。那么,让朱熹力求审慎的因素是什么?逐一检视变法,将发现内涉两种情况:一、所变旧法,有的本来确不合理甚至很坏;二、所立新法,亦有个别包含对百姓有利之可能性。

可能或可以对百姓有利者,主要是青苗法。中国以农立国,千百年来始终有个令人头疼的问题:青黄不接。黄者,夏秋收获之谓;青者,春苗孳生之状。一黄一青间,农夫每有无以济接之困,于是告贷于人渡其难关,久之,或负重债以至破产。立青苗法,正是打着纾解民困、助其度过青黄不接的旗号。国家以常平、广惠仓储为本,借贷于民,"春散秋敛",亦即春天难熬之际出借于民,

---

① 《朱子语类汇校》,上海古籍出版社 2016,页 3101。
② 马端临《文献通考》第一册,页 634。

而待夏秋两季收粮时随赋税缴还。若果真付诸如此目的，此法应该说确系惠民好政策。

本来确实不合理甚至很坏的旧法，是差役法。国家生成政权，政权有各级政府，政府则形成诸多机构和庞大官僚集团，由此带来大量事务与使役之需。这是任何时代统治所不能避免的。宋代为此定差役制，以农民户应差役，主要分四大类：负责保管、看守官物的称"衙前"；负责课督赋税的有里正、户长、乡书手；维持治安、逐捕盗贼有耆长、弓手、壮丁；其他官前供奔走驱使、干杂活或各种临时差事的，称承符、人力、手力等。派差是根据农户家产按贫富分出等级，"各以乡户等第定差"。① 太平兴国三年定户等为九，上四等充役，下五等免役，以后视时再核资产"随所升降"。② 简言之，农户中富民当差，穷人不当差；愈富有，差愈重。"州县生民之苦，无重于里正衙前。"③ "重者衙前，多致破产。"④ 官物如有丢失损坏，任差者须赔偿。辇运官物即属衙前之役，《水浒传》里"生辰纲"，以前便由乡户押运，后才改为军士，一旦遭遇这种事，岂非呼天不应、叫地不灵？司马光曾说差役法造成一种怪现象："置乡户衙前以来，民益困乏，不敢营生，富者反不如贫，贫者不敢求富。臣尝行于村落，见农民生具之微而问其故，皆言不敢为也，今欲多种一桑，多置一牛，蓄二年之粮，藏十匹之帛，

---

① 脱脱等《宋史》，卷一百七十七，食货上五，页 4296。
② 马端临《文献通考》第一册，页 341。
③ 同上书，页 343。
④ 同上书，页 345。

邻里已目为富室,指抉以为衙前矣。"① 谏官吴充亦反映:"乡役之中,衙前为重。被差之日,官吏临门籍记,杯杵匕箸皆计资产,定为分数。"② 民与官之间,犹如鼠猫,一欲逃差,一欲捕以就差,各殚其虑。差役法残民实有公论,自韩琦、司马光起,几乎没有不主张更革的。熙宁二年变法,王安石领导的条例司提出:"考合众论,悉以使民出钱雇役为便。"综合各方意见,认为解决办法是终止派差,改为征钱于民,然后政府用钱雇人任差。不久拿出方案:原"当役人户以等第出钱,名免役钱";原无役户所出钱"名助役钱";另考虑到"水旱欠阙"等意外情形,在以上基础上酌收一定比例的"免役宽剩钱"。③ 此即募役法。募役代差役,本身是善举,是良政,后来元祐间罢新法,独募役法未尽废而"参行差募之法"④,衙前重役用雇的办法,承符以下较轻役"仍复轮差民户而尽蠲六色之钱"。⑤

既有可能造福百姓的新法被创制,又有怨声载道的旧法被裁革——问题来了,这样的变法最终为何千夫所指?

这就非得考核其真情实意不可。"开财利之途,为富国之术",晁说之的十个字我们须逐字认明。虽然变法似有内容指向于惠民除弊,然当具体设计一出来,人们发现这些条款仅有一个目的,就是"搞钱"。创条例司之诏,所谓"必先富之",所谓"使美利之源通流

---

① 马端临《文献通考》第一册,页 345 页。
② 同上书,页 346。
③ 同上书,页 346—347。
④ 同上书,页 371。
⑤ 同上书,页 372。

而不竭"，悉指向充仞国库、增盈国入。梳理变法所起的来龙去脉，本来就是神宗意欲有为有事却苦于帑藏不丰，乃由王安石赞画，想出一系列"理财"点子。国家赋税钱谷定制不可擅更，须另辟新径开源创收，王安石便拿天下苦之已久的事做文章，借口除弊暗事聚敛，青苗、募役二法皆如是。之外的变法如市易法等，索性连包装与幌子亦无，赤裸裸地夺民之食、与民争利、增加民负。其状若何，以下分别、具体看过。

青苗法

借贷于民，加收宽剩钱，半年为期，此青苗法之大概。以备灾异为由所收宽剩钱实为利息，依二分收取，"凡春贷十千，半年之内便令纳利二千，秋再放十千，至岁终又令纳利二千，则是贷万钱者，不问远近，岁令出息四千"[1]，亦即半年利率百分之二十，或月利率百分之三点三，或年利率百分之四十。利率高非唯一特色，马端临指青苗法有三弊："青苗钱所以为民害者三：曰征钱也，取息也，抑配也。"[2] 征钱是指还贷收钱不收物，在商品经济不甚发达的古代，钱乃稀罕物，农民有物无钱，强行征钱，农民须设法将物变钱以还贷，无形中势必造成许多损失。本来，原规定"随租纳斗斛，如以价贵愿纳钱者听"，"未尝专欲纳钱也"[3]，实际执行时变成只收钱不收粮物。收钱好处是官府能从运贮等方面省费用，且官吏得方便、少麻烦，而小农

---

[1] 脱脱等《宋史》，卷一百七十六，食货上四，页4283。
[2] 马端临《文献通考》第一册，页619。
[3] 同上。

非商非贾、强令纳钱所致困扰，则听之任之。关于取息，年利率四成相较当时"兼并乘急以要倍息"①尚不算太高。然而，国家借贷于民本当立足济困之旨，怎可向兼并之家敲剥行径看齐？二分息貌似有让，实仍远高于运作成本而暗中牟利，盖即政府博弈兼并之家，以雄厚资金储备和低于竞争对手的利息，自充高利贷者。不过，征钱和取息为害均不及抑配严重，因抑配之故，征钱、取息危害性又被进一步放大。抑配即强行摊派，假公权以行政手段推行青苗钱。"初，敕旨放青苗并听从便，而提举司务以多散为功。"②提举司"以多散为功"就是行政强推。反过来，鼓励多散足证青苗法意在取利。具体的摊派做法："民富者不愿取，而贫者乃欲得之，即令随户等高下分配，又令贫富相兼，十人为保，以富者为保首。"③其中河北规定，一等户须"请"十五贯，二等户十贯，三等户五贯，四等户一贯五，五等户一贯。④家家户户领任务，政府强买强卖。这还不算最坏，强推的同时，为化解转嫁风险逼富户为贫户担保，"十人为保，以富者为保首"⑤，将来还不上钱唯保首是问。民间高利贷为非作歹，犹属你情我愿，青苗法则公然以强权逼人借贷，若不能偿即以国法治之。还有一件事，更令青苗法敛财实质暴露无遗。神宗接到韩琦反映，

---

① 脱脱等《宋史》，卷一百七十六，食货上四，页 4281。
② 马端临《文献通考》第一册，页 621。
③ 同上。
④ 同上。
⑤ 同上。

问王安石:"朕始谓利民,不意乃害民如此。且坊郭安得有青苗,而使者强与之乎?"王竟"勃然曰:'苟从所欲,虽坊郭何害?'"[1] 坊郭犹言城区。以助农名义得立的青苗钱,居然也向城市居民强征。搞钱若此,殆亦无所不用其极。

募役法

募役法貌似简单,百姓出钱免役,官府以其钱另行雇人应役,而暗藏门道不少。首先,旧差役法规定:一、应役者惟限乡户亦即农村户口;二、乡户以家产分作九等,上四等应役、下五等免役。到募役法,两条标准皆废。变化是:一、征钱免役范围从农户扩至坊郭户城市居民;二、旧差役法中的受照顾免役对象如单丁仅一名男性成员之家庭、女户、僧道、品官等,都被新法纳为征钱免役对象;三、从前下五等乡户亦即穷苦农民免役,"今更使之一概输钱"。[2] 换言之,大批百年从来无役的穷人因新法骤添重负,富人应役、穷人免役的原则被抛弃,底层农民仅有的一项"特权"被剥夺,断可谓倒行逆施。当时,监察御史刘挚痛陈新法"上户以为幸,而下户苦之。优富苦贫,非法之善"。[3] 马端临结论同样是"自行免役法以来,富室差得自宽,而贫者困穷日甚"。[4] 而在邓广铭先生书中,对免役法累害穷人尤甚,

---

[1] 马端临《文献通考》第一册,页622。
[2] 同上书,页367。
[3] 同上书,页349。
[4] 同上书,页367。

竟尔讳谈。募役法另外玄机在"宽剩钱"。所征钱共三大类，原差役户以等第出钱名"免役钱"；旧无色役而出钱者即坊郭、单丁、女户等名"助役钱"；以备水旱欠阙为名，增取二分曰"宽剩钱"。这三种钱，免役钱和助役钱用于雇人应差，宽剩钱储于官府作备用金，故其猫腻也最大。各地政府大敛特敛，普遍将宽剩钱比例由原定二分即百分之二十扩至百分之四五十。哲宗初年苏轼批评说："先帝初行役法，取宽剩钱不得过二分，而有司奉行过当，通计天下乃十四五"，十六七年下来，"常积而不用，至三千余万贯、石"①，狂敛至此。神宗时户部的正式报告也承认："役钱所留宽剩，内有及三四分已以上"。② 御史中丞杨绘言其在某地的调查结果，"有司率务多敛"，"以为取赢而他用之"，"民皆谓供一岁之外，剩数几半，咸谓庭老、靓_{地方长官名}必有升擢"。③ "剩数几半"即留于宽剩之数接近百分之五十。有司如此，实出上级鼓励，故百姓普遍认为官员积极性源于"必有升擢"。有一个利路转运使李瑜的例子，当初朝廷让各地预报拟征钱数，李瑜报利路之额为四十万，而判官鲜于侁认为"利路民贫，二十万足矣"，后经侍御史邓绾核实认定："利路役岁须缗钱九万余，而李瑜率取至三十三万。"④ 考诸王安石最终战

---

① 马端临《文献通考》第一册，页369。
② 同上书，页356。
③ 同上书，页348。
④ 同上书，页351。

略，积巨款目的是备战，多多益善，地方官员竞相滥收显然以此为背景。官员踊跃，邀功之外还受一种诱惑，即可移作他用。宋代小吏"素不赋禄，惟以受赇为生"①，后来朝廷下诏"凡县皆以免役剩钱""添支吏人餐钱"②，许取一部分"以备吏禄"③。上下各有所图，宽剩钱遂一滥再滥。《文献通考》载有元丰七年免役钱征收数目，指出："役钱较熙宁所入多三分之一"④。换言之，前后约十年，在民口及国内生产总值难有较大改变情形下，役钱平白大幅增长。免役钱的问题还包括使用无监督、不如法，"役人未尝支给"或"复他作名色以役之"⑤，百姓缴钱而不免役，"募役"云云名不副实，只是敛剥工具。

均输、市易法

这两种新法有关于市场。约以言，政府挟国资化身商业钜子，垄断市场，尽纳诸利。

均输法诀窍是"徙贵就贱，用近易远"，或低入高出以获利，或就近采购以增赢，并"收轻重敛散之权归之公上"。⑥汉代桑弘羊以平准、均输二法助武帝，"置输官以相给连，而便远方之贡，故曰均输"，"贱即买，贵即卖，是以县官不失实，商贾无所贸利，

---

① 马端临《文献通考》第一册，页351。
② 同上。
③ 同上书，页356。
④ 同上。
⑤ 同上书，页357。
⑥ 同上书，页575。

故曰平准"。① 但王安石曾强调平准"非均输"②,不知其何意。他的均输法似是将桑氏二法合而为一。区别或在于桑弘羊偏重将物价操诸国家之手,王安石更追求国家经垄断获利。但进而发现目的不易达到,政府经商"必先设官置吏,簿书廪禄,为费已厚",成本太高,且以官兼商,不能避免腐败与惰性,"官买之价,比民必贵,及其卖也,弊复如前",这是官商命中注定的缺陷,加上国家当真化身巨商,民商实力再雄厚必"皆疑而不敢动",使市场萧条。③ 多方考虑后,均输法"卒不能行"④。

均输未行,代以市易。市易大抵是阉割后的均输。市易法不谋求全国购销国营化,而选择若干合适地点设置相应机构,以回避全面垄断的高成本问题。初仅施诸京师,后在古渭城、杭州、黔州、成都、广州亦设有市易司,盖视其地商贸发达与否。其法亦由国库出资,收购客商滞销货物,从中扣除二成息,再转手出售;另一方式是听人以田宅金银为抵当,赊请官物与钱,"无抵当者,三人相保则给之",收息二成,"过期不输息,外每月罚钱百分之二"。⑤ 以上乃表面规约,实际操作中,市易化身以官营排斥私营的垄断者。最初拟订市易十三条,曾有"兼并之家,较固取利,有害新法,令市易务觉察,三司按治"⑥条文,赋予自身"市

---

① 王利器《盐铁论校注》,中华书局2015,页4。
② 马端临《文献通考》第一册,页576。
③ 同上。
④ 同上书,页578。
⑤ 同上书,页577—578。
⑥ 同上书,页577。

场宪兵"地位。此条虽经御批删除,然市易司集运动员、裁判员于一身的本质未变。神宗曾谕王安石复奏:"闻市易极苛细,人皆怨谤,如榷货鬻冰则民鬻雪者皆不售,市梳朴则梳朴贵,市脂麻则脂麻贵。"① 简言之,市易法带来三种情形:一、官商独霸;二、物价上涨;三、商品劣质。以京师为例,法行以来,为避其锋,商旅皆不入京,"竞由都城外径过河北、陕西,北客之过东南者亦然",因为入京必"尽数押赴市易司卖",可见所谓收购客商"滞销"货物实际是将私人所贩强聚于官。市易司虽达到了垄断目的,却致东京"商税大亏","市易司息钱所获,盖不足以补商税之亏矣"。② 市易所入难抵商税之亏外,又因欲多取息、滥赊滥贷,形成大量呆坏账,"贪人及无赖子弟,多取官货不能偿,积息罚愈滋,囚系督责,徒存虚数,实不可得"。③《文献通考》载熙宁五年赐内库及京东路钱一百八十七万缗为市易本,至九年连本带息"总收一百三十三万二千缗有奇",亏损逾三成。纵观市易法,付出"物价腾踊,商贾怨谤"的代价,"孳孳五年之间,所得子本盖未尝相称也",竟至血本无归。④

保甲、保马法

是变法有关于军事方面者。"兵马未动,粮草先行",古时军务大抵在此八字,粮以食兵,草以饲马,而保甲、保马法即分别

---

① 马端临《文献通考》第一册,页 577。
② 同上书,页 579。
③ 同上书,页 578。
④ 同上书,页 579。

针对兵、马两端。

先说保马法。此前宋朝军马官养,设群牧司。自兹改民养,国家再从牧者手中采购。行保马法的原因,主要是官养耗费高。奏者称:"两监岁费五十六万缗,所息之马用三万缗可买。"[1] 养不如买,似乎一目了然。而变法既曰理财,弃养改买亦可谓顺理成章。熙宁六年,诏司农寺以保甲为基础立保马法。曾布等上其规条:愿养马民户以监牧现马户给一匹,家底厚而愿养二匹者听之;凡养马户,可相应免科赋和征役,并可以"请地"[2]亦即获得国家牧场原土地之租用权,依当时群牧司所奏"一马占地五十亩"[3]。因上述好处,"法行之初,民皆乐从,初非官府抑逼"[4]。但养者只见眼前利益,未计将来困扰。法令规定"三等以上,十户为一保;四等以下,十户为一社"[5],按家庭实力分为"保户""社户",制订发生马死情况时的赔偿标准:"保户马毙,马户独偿之;社户马毙,社人半偿之"[6]。除马匹死亡需赔偿,马之肥瘠健羸也直接决定养户损得。到头来,保马法"重为民病矣"[7],一面国马难求,一面民户"赔偿不赀"[8]。哲宗嗣位,王岩叟疏言:"昔废监之初,识者皆知十年之后天下当乏马……今若因复置监牧,收地入官,则百姓戴恩

---

[1] 司马光《涑水记闻》,中华书局 1997,页 304。
[2] 马端临《文献通考》第八册,页 4788。
[3] 同上书,页 4782。
[4] 同上书,页 4787。
[5] 同上书,页 4785。
[6] 同上。
[7] 同上书,页 4787。
[8] 同上。

如释重负矣。"①"保马遂罢"②。

　　保甲法事关重大,涉宋军改制问题。神宗即位之初,宋兵额一百十六万二千,单看数目颇可观。然而前面讲宋代募兵制寄含社会维稳之意,以至带福利色彩,重心在乎"养"字。这制度对于内部保平安贡献大,如对外用兵,虚肿之状亦毋须讳言。熙宁元年七月手示一诏,为宋军减肥:"年四十五以下胜甲者,升为大分;五十以上愿为民者,听之。"③"大分"犹言主要、主干、主力,原本军制"兵至六十一始免,犹不即许也"④,眼下神宗宣布四十五岁以下者为主力,以上至五十岁者做后勤,年逾五十皆可自愿转为民籍。诏下,"免为民者甚众,冗兵由是大省"⑤,虽无具体数字,一百十六万二千原额想必汰去不少。纵如此,宋军仍难言精干,盖因募兵本非着眼战斗力,颇事收拢流民罪犯,是花钱泯内患。军费耗于此,对外却难堪一战,所以神宗裁军后,王安石仍"对以减兵最急",神宗无奈表示:"比庆历时,数已甚减矣。"于是王安石拿出了"去数百年募兵之弊"的建议——变募兵而行保甲。⑥曰行保甲将一石三鸟:"消募兵骄志,省养兵财费,事渐可以复古。"⑦其一提高宋军品质,其二从养兵所省钱可转为战争开

---

① 马端临《文献通考》第八册,页4788—4789。
② 同上书,页4788。
③ 同上书,页4574。
④ 同上。
⑤ 同上。
⑥ 同上书,页4576。
⑦ 王安石《熙宁日录》,《宋代日记丛编》一,页116。

支,其三待行保甲大成终可废募兵、重归兵农合一古制。神宗是其议。王安石遂制保甲法,约即"籍乡村之民,二丁取一,以为保甲,皆授以弓弩,教之战阵","无问四时,每五日一教","一丁教阅,一丁供送"。募兵制解脱农民数千年征伐之任,至是走了回头路,农民将再入苦海。而且差役方为募役所代,保甲法则相当于变换名目后将差役还诸民身。再有,保甲法施行中大为扰民,往往保正长以各种借口"日聚之教场,得赂则纵之,不则留之,是三路耕耘收获稼穑之业,几尽废也"①。司马光乞罢保甲时奏说:"国家承平百有余年……戴白之老不识兵革,一旦畎亩之人忽皆戎服执兵,奔驰满野,耆旧叹息以为不祥",至于农民所受之苦,"坐索供给,多责赂遗,小不副意,妄加鞭挞……中下之民,罄家所有,侵肌削骨"。②王岩叟奏保甲法致乡间惨状更细:"有逐养子、出赘婿、再嫁其母、而兄弟析居以求免者,有毒其目、断其指、炙烙其肌肤以自致于残废而求免者,有尽室以逃而不归者,有委老弱于家而保丁自逃者。"③神宗亲自告知王安石,经派人核实民为保甲涂炭确有其事:"上与王安石论保甲事,以为诚有斩指者,中官历十三县探麦苗问得如此。"④对保甲法的质疑集中在两点,一曰无益,一曰有害。"言其无益者,则曰田亩之民,不习战斗,

---

① 司马光《乞罢保甲状》,《司马光集》,页993。
② 同上。
③ 马端临《文献通考》第八册,页4585。
④ 王安石《熙宁日录》,《宋代日记丛编》一,页115。

不可以代募兵"；"言有害者，则曰贪污之吏，并缘渔猎，足以困百姓"。① 总之于国无用，于民添害。《文献通考》载，"王介甫尝言，终始言新法便者曾布也。若保甲事，则其时布判司农寺，条画多出其建谓，然绍圣之时，布独不欲复行。"② 亦即连新党之得力者曾布，后也反对此法。至于行保甲对宋朝军力的影响，不但无改益，反形成削弱。二十年后人们发现，"自元丰而后，民兵日盛，募兵日衰……元祐以降，民兵亦衰。崇宁、大观以来，蔡京用事，兵弊日滋，至于受逃亡、收配隶犹恐不足。"③ 民兵没搞成，正规军也散了架。当年王安石对神宗讲"今养兵虽多，及用则患少"④，似不幸言中，然而无兵之窘，恰恰是盲目搞什么寓兵于农的复古所致。

农田水利、方田均税法

二者俱属田亩之法。

"水利是农业的命脉"，而王安石之农田水利与当代不尽相同，其中虽有筑堤开沟等内容，重心不在治水而在治田，即所谓"水利田"，目的或是增产，或是增扩田数。方式有二，一为"淤田"，一为"湖田"。淤田是导河灌卤瘠之地，利用淤泥改善养分。湖田相反，将湖水放去，"废湖为田"⑤。其实源于同一思路，亦即赖淤泥为肥，得美田或高产。"兴修水利田，起熙宁三年至九年，府界

---

① 马端临《文献通考》第八册，页 4586。
② 同上书，页 4591。
③ 同上书，页 4595。
④ 王安石《熙宁日录》，《宋代日记丛编》一，页 201。
⑤ 同上书，页 148。

及诸路凡一万七百九十三处,为田三十六万一千一百七十八顷有奇。"① 当时,两浙路田数刚好也是三十六万二千四百余顷②,亦即所得水利田约摸等于一个两浙路,可见推行颇广。较其余诸法,农田水利收效相对确切,害民程度稍轻。但若细究,仍不乏乱来。京师附近有官员叫侯叔献的,引黄河淤田,"决清水于畿县、澶州间,坏民田庐冢墓,岁被其患。"③ 宦官程昉业绩最突出,"导滹沱河水淤田,而堤坏水溢,广害民稼"。④ 诸如此类,并非个例,"他州县淤田类如此,朝廷不知也"。⑤ 湖田之任性更甚,"大概今之田,昔之湖。徒知湖中之水可涸以垦田,而不知湖外之田将胥而为水也。"⑥ 司马光记一事,刘攽为人幽默,农田水利法既颁,他造访王安石出主意:"梁山泊决而涸之,可得良田万余顷。"王安石大喜,转念又问:"安得处所贮许多水乎?"刘答:"此甚不难。"王"遽问之",刘谓:"别穿一梁山泊,则足以贮此水矣。"王闻言也只好"大笑"而止。⑦ 湖田不只是闹笑话,还有当时不知的后果。南宋初,臣工反映明州和越州由于废湖为田,"自是两州之民,岁被水旱之患。"⑧ 我们今天知道那是自然生态受到了破坏。其他扰民处,是劳民伤财。当时开垦修堤等,"工役浩大,民力不能给",执政者想

---

① 马端临《文献通考》第一册,页146。
② 同上书,页104。
③ 同上书,页145。
④ 同上。
⑤ 同上。
⑥ 同上书,页149。
⑦ 司马光《涑水记闻》,页300。
⑧ 马端临《文献通考》第一册,页148。

出的办法竟然是"许受利人……借贷支用,仍依青苗钱例,作两限或三限送纳",让百姓借青苗钱作为投入,如果借款过巨青苗钱难予支撑,"亦许州县劝谕物力人出钱借贷,依例出息,官为置簿及催理"。① 搞水利,国家不出钱、命百姓举债为之,且须负担高额利息。

方田均税,是对全国田地重新丈量,评定土地等级与所缴税。方田,丈量土地;均税,重定税则。这本属事务性工作,应无涉乎扰民。问题出在两个层面。一是国家对土地等级的划分,一是官吏玩黩。起初,"诏土色分五等",农民意见大,"诉方田未实"。土地成色千差万别,五等之差如何能尽?其中必有种种不均。于是"疑未尽,下郡县物其土宜,多为等,以期均当,勿拘以五"。而一旦增加弹性、松弛标准,又变成"官验地色,各勒甲头、方户同定",官员串通土豪,红口白牙一口论定,弄权盖不能免,造成"官吏奉行多致骚扰"。未久草草收场,仅三年于熙宁八年"诏罢方田"。②

至此将八大法一一看过,找不出未曾扰民的例子。轻则为扰,重则虐害。盖以居心违仁,"刻核亟疾之意多,惨怛忠利之意少",终而"皆足以病民"。③ 王船山认为"政之不善者,厉民以利国"④,以损害百姓为前提的利国行为,即非善政。青苗、募役、市易、保甲、

---

① 《宋会要辑稿》食货一,页 4815。
② 马端临《文献通考》第一册,页 101—102。
③ 马端临《文献通考》第八册,页 4587。
④ 王夫之《宋论》,页 147。

保马、水利等，问题在此。王安石利国无不可，但选错了立足点。再有，其自我欠缺亦系致败之由。志大才疏，视己过高，以为博古通今足以经国济世，然实践证明很多做法有违理性，以至缺乏常识。刘敛假梁山泊刺之，就是讽其无常识。他想当然、瞎指挥的例子不少，篇幅所限，不能一一。连想护着他的乡党陆九渊都叹息："惜哉，公之学不足以遂斯志，而卒以负斯志。"①虽婉转其辞，意思实即志大才疏四个字。比志大才疏更要不得的是食古不化、本本主义、盲目复古，评法批儒以"革新"赞王安石变法，极为南辕北辙。变法脱离实际、不切当世，方案措施基本抄袭周代，非但无关创新，实则多为复古。质言之，王安石变法与王莽改制大致是同样路数。

被捧作"反潮流"的"三不足"说，"祖宗不足法"之"祖宗"特指宋朝列祖列宗，非谓历史传统。王安石意欲抛别的是本朝治略，不是古代传统，且其弃本朝列祖列宗之政，恰是为着复归"古道"。他心中"足法"对象，乃往古之世。首谒神宗，卑视唐太宗，要求向尧、舜看齐，即此之谓。船山言其以"大言"震神宗，其实，令尧、舜之世复现于今，也是他真心向往的图景。虽然尧、舜之世何样，史既微茫，无以确知，仍无妨王安石引为政治抱负，身体力行一番。盖以自幼饱读圣贤，对经籍中渲染的上古佳话溺之太深，又颇自许孟子再生，一遇明主即必欲亲践"天下号为齐民，未有特富者也。开阖、敛散、轻重之权一出于上，均之田而使之耕，筑之室而使之居，衣食之具，无不毕与"②之思。其实这当中他不

---

① 陆九渊《荆国王文公祠堂记》，王水照主编《王安石全集》第十册，页103。
② 叶适《财计上》，《叶适集》，中华书局1961，页658。

免吃了一点暗亏。秦火之后，古籍里陷阱遍布，赝伪甚多，直到清代考据学大兴才将那些假货渐次揭穿，王安石当时则浑然不知。其中，被他信为古典的《周官》亦即《周礼》，后基本判定为王莽时期伪作参顾颉刚《汉代学术史略》第十七章"经古文的建立"，王安石却援作变法指南。他觉得，凭着这部《周官》，即不能返于尧、舜，至少可以回抵颇传尧、舜衣钵的周公那里。不知《周官》可疑诚非其过，然而迷信、执着于古籍，欲使现实就范于此，却难辞见地狭隘之窘。宋代真正懂经济的学者叶适，尝切论王安石置身宋世而慕周公效《周官》的荒谬：

> 当熙宁之大臣，慕周公之理财，为市易之司以夺商贾之赢，分天下以债而取什二之急，曰："此周公泉府之法也。"天下之为君子者，又从而争之曰："此非周公之法也，周公不为利也。"其人又从而解之曰："此真周公之法也。圣人之意，六经之书，而后世不足以知之。"以此嗤笑其辨者，然而其法行而天下终以大弊。①

他感慨变法者及其反对者只顾就变法所行是否周公之法纠缠不休，却都忽略了物换星移、时世已非，周公之世已成过去，周公之法再好也是明日黄花：

> 居今之世，周公固不行是法。夫学周公之法于数千岁之后，

---

① 叶适《财计上》，《叶适集》，中华书局 1961，页 658。

世异时殊不可行而行之者，固不足以理财也。①

可见在王安石问题上，当代史界把照本宣科的复古者指为革新家，闹了一个大乌龙。我们再具体结合变法，逐一说明其古代"出典"——青苗、均输、市易，出诸《周礼》"泉府"："掌以市之征布，敛市不售、货之滞于民用者，以其贾买之，物楬而书之，以待不时而买者。买者各从其抵，都鄙从其主，国人、郊人从其有司，然后予之。凡赊者，祭祀无过旬日，丧纪无过三月。凡民之贷者，与其有司辨而授之，以国服为之息。"② 荆公照抄而已。保甲法欲将兵制拉回兵农合一的周秦故态，也是不折不扣开历史倒车，兵民分途乃历史大势，自宋改制迄至现代，再未扭转，已证募兵之必行和府兵不可复。方田均税法以等第甄别土地，畀民食之，架构来自《大司徒》《遂人》《小司徒》《王制》诸书所传的周代授田法阅《文献通考》田赋部分。顺带指出，洪秀全《天朝田亩制度》也是如此这般翻周代旧货，北宋"革新家"王安石与清季"革命者"洪秀全思想资源如出一辙。另外王船山讲"神宗有营利之心，安石挟申、商之术"，是诸多论者的一致看法，亦即王安石对先秦法家颇事"偷师"，蹈袭甚多。在此，可体会古人对文法的考究。"挟"有夹杂、夹带与怀藏、隐藏之解，船山假此一字，点破了王安石与法家的关系，分寸精妙。与邓广铭先生径封王安石法家不同，荆公至死坚持自己乃堂堂儒流，所行尧、舜、周公之道，死后还

---

① 叶适《财计上》，《叶适集》，中华书局1961，页659。
② 《十三经注疏》二周礼仪礼，中华书局2013，页1591。

配享孔庙，其爱子王雱亦曾以"光于仲尼"赞其父，定他为法家，无论如何强人所难。但他与申、商之流，确有剪不断理还乱的关系，此似是而非之处，俱被船山以一"挟"字化解。实际上，荆公是自圣人门下私淑申、商，故谓之"挟"，而我言以"偷师"。他尝有诗曰："今人未可非商鞅，商鞅能令政必行。"① 约作于熙宁二年，时方就任参知政事，秉相权，思大作为；"能令政必行"是他特别艳羡的一点。其实，慕鞅不止于铁腕风范，治国思路、经济思路均有所"偷师"。比如商鞅"权者，君之所独制也"、"国去言"、"国之所以兴者，农战也"、"守一则治"、"治国能抟民力而壹民务者强"、"胜法之务，莫急于去奸"等思想，在王安石那里皆可嗅其迹。当时杨绘曾特别提醒神宗留意王安石与商鞅在观念上的联系："今睹其行事，已颇类之矣。"② 这就造成一个问题：评法批儒以恪守儒家观念斥司马光等"守旧"，那么，"偷师"申、商何独能辞"复古"之讥？不也同样是"走回头路"么？而且更是业已被历史明确否定和抛弃的路。

其实，路不在好坏。任何事有其是非之争，皆属正常和必然，关键在于，据理究问，疑义相析，以榷当否。人类总是凭借认真、求实的探讨，最后择善而为。这就叫"理性"。王安石变法非无善因，如青苗法、募役法，甚至保甲法规划得当、以为募兵制一种补充，也可能含正面作用。然而，王安石摒弃协商、群言堂，渴慕"能令政必行"的商鞅式独断，以将反对者清除干净为成败关键——

---

① 王安石《商鞅》，王水照主编《王安石全集》第五册，页645。
② 杨绘《上神宗论王安石之文有异志》，王水照主编《王安石全集》第十册，页91。

这才是变法真正可悲的一面。

本本主义未足铸大错，对经济和理财不在行、一知半解、经验欠缺，亦都有补救余地，只要集思广益、不塞言路、从善如流，即可刮垢磨光。从司马光、朱熹等先后批评者的态度看，对变法原未一古脑否定，而是就不妥处有所指摘，冀其去莠存良。设若荆公宽容兼听，有商有量、求同存异，事情未始不可向好。笔者披阅史料之深刻印象是，人们反弹最烈者不在变法何其非，而在废公议。首位疏攻者吕诲已提出"塞同列、沮公论"①的不满。李常认为，王安石性格痼疾是不能闻过则喜，"悦谄谀，恶诚直"，忘记了"不可以私好废公议"的原则。②陈襄同样疾呼公议不可废，且专论其理、彰申其义：

> 臣窃以为天下之道常存乎公议，公议废，斯道或几乎熄矣。夫人皆有是非可否之心，盖出于理义之性，虽圣人无以异也……己以为是而天下以为非，己以为非而天下以为是，未可也，必待天下之人皆以为非，然后舍焉，是众人舍之也。故其取之于人也，无贵贱戚疏贤愚，惟恐其谋之者不多，论之者不博……无任一人之私言，无废天下之公论，举一事必稽于众，施一政必顺于民，罢去诛求之法以安人心，牵复放斥之臣以开言路，使百工群吏咸得以职事持议箴补王阙，则

---

① 吕诲《论王安石奸诈十事状》，王水照主编《王安石全集》第十册，页78。
② 李常《上神宗论王安石》，同上书，页83—85。

可以无偏系过举之患矣。①

这篇文字表明宋代政治理性发育极好。"无任一人之私言,无废天下之公论,举一事必稽于众,施一政必顺于民",五百年后黄宗羲能谈者无非如此,置诸当代仍不失为至理明言。时代的见识明明已抵这种高度,王安石却与之逆向而行。如果非说他"反潮流",那么反的也只是理性政治风尚。

欲废公议之思在王安石日录里每每可见。熙宁三年三月十六日,当面责备神宗:"陛下遇群臣无术""不能免其纷纷"。②同年五月六日,神宗询问条例司可否并入中书,王安石答不可,理由就是如果并入不能"防异议"。③同年六月十五日,王安石劝神宗"惟辟作威""去邪勿疑",应"赫然独断",对"挠国政"者"罢黜之",批评神宗软弱难成事:"若陛下以谓如此者众,不可胜诛,则臣恐邪说纷纷,无有已时,何有定国事乎?且以尧、舜之明而忧骧兜、畏共工,奈何陛下独欲无所难也!"④同年七月初四日议于御前,曾公亮引真宗语:"且要异论相搅,即各不敢为非。"此语显示,政治群言堂在宋代不只臣工拥护,帝王同样有其意识。王安石驳之曰:"若朝廷人人异论相搅,即治道何由成?臣愚以为朝廷任事之臣,非同心同德、协于克一,即天下事无可为者。"⑤多元和独断

---

① 陈襄《论王安石劄子》,王水照主编《王安石全集》第十册,页88—90。
② 王安石《熙宁日录》,《宋代日记丛编》一,页95。
③ 同上书,页96。
④ 同上书,页98—99。
⑤ 同上书,页99—100。

两种取向，公然挑明了分野。

上面荆公数次面责神宗，语气激烈，在古代君臣间异常罕见。他们的相遇向被目作千古一时之事，君上对臣下倚信至此，一例而已。神宗自己说"自古君臣，如卿与朕相知极少"①，又说"卿，朕师臣也"②，以师视之。荆公敢于责君且不择语气，并非不敬，鲠直使然。但他对神宗确有失望，觉得神宗"刚健不足"③，不能果毅决断，"未免坐于流俗之中"④，"终不足与有为"⑤。有一次，他将不满和盘托出：

> 天锡陛下聪明，非不过人，但陛下用之于丛脞，不用之于帝王大略，此所以未能济大功也。⑥

"丛脞"，语出《尚书·益稷》："元首丛脞哉，股肱惰哉，万事堕哉。"孔颖达疏曰："丛脞，细碎无大略。君如此则臣懈惰，万事堕废，其功不成。"⑦明批神宗非雄才大略，束手束脚，少独裁风。参考他曾经敦请"陛下看商鞅，所以精耕战之法"、"秦孝公所以择术而行，与陛下如何"⑧，可知所谓"不用之于丛脞"之君臣，当如孝公与商

---

① 王安石《熙宁日录》，《宋代日记丛编》一，页199。
② 同上。
③ 同上书，页109。
④ 同上书，页191。
⑤ 同上书，页198。
⑥ 同上书，页195。
⑦ 《十三经注疏》一周易尚书诗经，页304。
⑧ 王安石《熙宁日录》，《宋代日记丛编》一，页191。

鞅。其实,神宗已尽力支持王安石,例如那次曾公亮称引真宗"异论相搅"说,神宗当即表示:"要令异论相搅,即不可。"问题是宋政本有较开明传统,神宗也没法一朝尽废。

神宗怎样做方令王安石满意?说来难免吃惊,令通常以"唐宋八大家"雅致形象留在世人心中的王安石走形变样。但白纸黑字,明载其笔下。

熙宁四年六月,三朝元老、名臣富弼因抵制新法,受降职处分。富态度顽固,降职后"仍以老病昏塞,凡新法文字乞免签书,乞令通判以下施行",拒绝亲自签发与新法有关的文件。王安石大忿:

> 他日,王安石为上言:"弼虽责降,犹不失富贵之利,何由沮奸?"又言:"行弼事,要未尽法。鲧以方命殛,共工以象恭流,弼兼此二罪,止夺使相。"①

抗议神宗仅将富弼降职,处分过轻,认为富弼兼有鲧、共工之罪,当领杀头、流放二刑,且责神宗"人主奉若天道,患所计不当而已"。李焘《续资治通鉴长编》卷二二四熙宁四年六月甲戌,于该条注云:"此段据《日录》。"亦即出诸王安石亲笔。

简而言之,王安石要求神宗为新法开杀戒。

这要求并非唯一一次提出。"不知陛下于欺罔之人,能有所诛杀否?"② 是另一次敦劝。更早,与神宗谈朝中"小人",神宗认为

---

① 王安石《熙宁日录》,《宋代日记丛编》一,页122。
② 同上书,页192。

有"小人"何时皆正常,"虽尧、舜时,岂能无四凶?"王安石则说:"唯能辨四凶而诛之,此乃所以为尧、舜也。"① 又《邵氏闻见录》载,条例司初置,属下程颢过府,其子王雱问"所言何事",王安石答:"以新法数为人沮,与程君议。"雱乃"箕踞以坐,大言曰:'枭韩琦、富弼之头于市,则新法行矣。'"② 李绂、蔡上翔等王安石后世乡党颇指《邵氏闻见录》厚诬,然此一记述必非编造,因为王安石日录里面就载着他确曾要求杀富弼。

太祖得国,勒石锁置殿中,凡嗣君继位入而跪读。其戒有三:"一、保全柴氏子孙;二、不杀士大夫;三、不加农田之赋。"船山评"不杀士大夫"曰:"终宋之世,文臣无欧刀之辟。张邦昌躬篡,而止于自裁;蔡京、贾似道陷国危亡,皆保首领于贬所。"③ 是宋代政治清明的基石之一。王安石欲"有所诛杀",明悖此戒,神宗岂便从之?

为新法开杀戒神宗未允,但大量官员因不附新法被斥逐,甚至遭狱谳,例如郑侠案以及陷害苏轼的乌台诗案。后历经绍圣改元、元祐党人碑、蔡京当政,待及钦宗接过徽宗的烂摊子,"诏谏臣直论得失以求实是"。这时崔鶠进奏,直揭蔡京得以擅权之根由:"历千百年来,无一人立异;虽万世子孙,无人人害己。此蔡京之本谋也,安得实是之言?"政治到这种局面,实事求是只能销声匿迹。

---

① 杜大珪《名臣碑传琬琰集》下卷《王荆公安石传》,王水照主编《王安石全集》第十册,页48。
② 邵伯温《邵氏闻见录》,中华书局1997,页121。
③ 王夫之《宋论》,页6。

继而通过批驳冯澥,还原蔡京一类人生长的温床:

> 且如冯澥近日上章,其言曰:熙宁、元丰之间,士无异论,太学之盛也。此奸言也。昔王安石用事,除异己之人,当时名臣如富弼、韩琦、司马光、吕公著、吕诲、吕大防、范纯仁等,咸以异论斥逐,布衣之士,谁敢为异乎……安石著三经之说,用其说者入官,不用其说者黜落,于是天下靡然雷同,不敢可否,陵夷至于今大乱,此无异论之大效也……自崇宁以来,京贼用事,以学校之法驭士人,如军法之驭卒伍,大小相制,内外相辖,一有异论居其间,则累及上下学官,以黜免废锢之刑待之……则禁士异论,其法亦密矣。①

冯澥将"士无异论"视为"太学之盛"。对此以臭为香的奇谈,崔鶠感到无逞相让,指出国家"陵夷至于今大乱",乃"无异论之大效",正是不同声音一扫而空的恶果。需要注意,这里崔鶠没有具体指摘新法之弊,而是批判其思维方式。"天下靡然雷同,不敢可否"的空气,因王安石孜求所谓"同心同德、协于克一"而生,导致政治和精神思想生态从此恶化。

此见鞭辟入里,触及了变法是非里的最高是非。世上之事不论以何种美名出现,但凡唯我是从就必入邪途,其所施行亦必祸世。崔鶠所论,盖立乎此。可惜他这见解不很为人注意。多少年来,王安石变法的美之者与讦之者,一致斤斤于变法措施之良莠,

---

① 崔鶠《上钦宗论王氏及元祐之学》,王水照主编《王安石全集》第十册,页99—100。

未就其思维方式作深切省思。虽然变法细节亦关是非,不可不辨,然起决定作用者实惟思维方式。思维方式对头,不尽妥善以及出现失误犹可挽救;思维方式不对,却将一意孤行、怙过不悛、错上加错。王安石事与愿违,乃至一定意义上将好事变坏事,教训主要在思维方式。一开始就宣布真理在握,拒绝所有不同意见,镇日以"免纷纷""防异议"为念,贬异议者为"流俗""小人""奸邪",乃至恨不行"诛杀"之事。范纯仁说他"弃公论为流俗之语,异己者指为不肖,合意者即谓才能"①,李常说他"凡异己者,必致之罪而挤去之,同己者,无问能否则进擢之"②;陈襄说他"耆艾不与闻,台谏不得议"③……换个角度看,这些其实是良苦忠告,若肯揽以自鉴,未必于己无益,王安石却以决绝的党伐为回应。其后果,连陆九渊都以为是"小人投机,密赞其决,忠朴屏伏,憸狡得志"④。

元祐党碑与东汉党锢、明末党争,并为古时三大党祸。虽然党人碑乃蔡京所为,但仇视态度及心理却是王安石在世时所培育的。将异见人士打成"奸党",方式蛮横已极,刻碑示众更是一种特别的羞辱明末魏党榘版《东林点将录》的做法应是效仿于此,故而后人目光颇为其所吸引。然而,三大党祸实际上以这一次惨烈程度较轻,另两次都造成了不少血案,党人碑则主要是污人名誉而已。应该说,

---

① 杜大珪《名臣碑传琬琰集》下卷《王荆公安石传》,王水照主编《王安石全集》第十册,页48。
② 李常《上神宗论王安石》,同上书,页83—85。
③ 陈襄《论王安石劄子》,同上书,页89。
④ 陆九渊《荆国王文公祠堂记》,同上书,页104。

在整个打击与禁绝"异端"的行为中,王安石做的另外一件事危害大过党人碑,而知者谈者偏少。《宋史》本传:

> 安石释《诗》、《书》、《周礼》,既成,颁之学官,天下号曰"新义"。晚居金陵,又作《字说》……一时学者,无敢不传习,主司纯用以取士,士莫得自名一说,先儒传注,一切废不用。①

学官即官学,指国家设立和管理的教育机构及学校。"颁之学官",即将王安石个人著作公布和规定为国家法定教材,"主司纯用以取士",是规定国家考试惟以王氏之说为题和标准答案。这一切,是自有科举以来破天荒之事。熙宁六年三月筹划,荆公自任提举经义局,以爱子王雱以及彼时犹未反目的亲信吕惠卿为修撰。②而两年前,就有关联性动作,"更定科举法,罢诗赋及明经诸科,专以经义、论、策试进士"③。罢诗赋,名曰诗赋无关经世致用,实则因为诗赋天然为个性表现,不利于思想统一。罢明经诸科,亦间接出于"先儒传注,一切废不用"的目的。二者都是在为之后进一步嬗变做铺垫。所有这些,实宜视为变法中单独一项,指向于思想文化领域。亦即,"王安石变法"并非历来瞩目的仅涉经济和军事,而也伸展至文教领域,借改变教育和人才选拔制度达成思想一元

---

① 脱脱等《宋史》,卷三百二十七,页10550。
② 詹大和等撰《王安石年谱三种》,中华书局2006,页92。
③ 同上书,页85。

化。熙宁八年,《三经新义》成,诏颁于学官。顾栋高述之:

> 荆公《经义》行,举子专诵王氏章句,而不解义……安石与其子雱、其徒吕惠卿、升卿撰定《诗》、《书》、《周礼》义,模印颁天下,凡士子应试者,自一语以上,非新义不得用。于是学者不复思索经义,亦不复诵正经,惟诵安石、惠卿书,精熟者辄得上第……晚向字学,复以字书取天下士。于是学者不复解经,而专解字,往往辨析字画,说一字至数百言,去经义益远。①

其思路,与李斯为始皇制订"若欲有学法令,以吏为师"之《焚书令》遥相呼应,同样为着扼止和防范"天下散乱,莫之能一"、"人善其所私学,以非上之所建立"等言说多门现象。后来明太祖也有类似举措,删孟子,科举只准依循御制的《孟子节文》。然王安石有一点却为秦、明统治者不及,即公然使国家制度与个人权威相绑缚,逼迫天下士人学子研修、运用某一个人的思想学说。此做法在古代绝无仅有,算得上一种开先河的"创新"。对王安石想出这种点子,苏轼剖析说:

> 患在好使人同而已。自孔子不能使人同,而王氏欲以其学同天下。地之美者,同于生物,不同于所生,惟荒瘠斥卤之地,

---

① 詹大和等撰《王安石年谱三种》,中华书局2006,页104。

弥望皆黄茅白苇，此则王氏之同也。①

"好使人同"，是王安石秉性中最要不得处。天地万物，多姿多彩方显生机，王安石竟不解于此。依其所为，世界必如苏轼形容的"弥望皆黄茅白苇"，化为巨大盐碱地，举目单调荒凉。

探变法导入歧途之由，回避不开荆公的个性缺陷。然而我们言其个性缺陷，并非为着造就一种荆公品质丑陋的印象。个性缺陷严重，不等于品质低劣，这应当分清。苏洵曾作《辨奸论》，以"奸"字论王安石，其言有失。对这篇文章，李绂、蔡上翔都作过专门考证，力主非出老苏之手，是邵伯温杜撰。邓广铭先生觉得很有说服力，信以为据。以我对材料的研读，颇觉李绂、蔡上翔"证伪"并不成功，张方平、苏轼之间往还诗文足证老苏作有《辨奸论》无可疑，只是若要详谈非再辟一文不可，权且按下。重点不在于老苏有未论王安石以"奸"，而在于这种立论的偏颇和不成立。古人喜谈"忠""奸"，遇有不协，动辄互以"奸"字相指斥，老苏实亦如此。我们作为旁观者，不必被这字眼所动，而应通览全体。荆公无论失误多大，综观其为政从未曾谋私利。这才是关键。他要求杀异见人士，汲引亲炙于己者，包括以爱子王雱为羽翼，以及借制度推广个人思想学说，这些行径看似与"私"有染，实则都仅出于"能令政必行"，方便贯彻其路线，并未夹杂私人利益。他身上有一种奇怪的复合现象，既竭力大权独揽，又对权力很淡。佐神宗九载，遇挫折和灰心，数度自请去位，且非虚情假意，是真想撂挑子。

---

① 詹大和等撰《王安石年谱三种》，中华书局2006，页86。

晚年罢相，囊箧甚轻，萧然而去，隐庐金陵，一变超然物外，寄野老间闲以自适，最后近乎悄然地死在钟山。在王安石评价问题上，司马光确是持论至公的君子，"君实"表字以及世人因其封赠所称"温公"与他为人确相表里。他和荆公政治对立那么尖锐，自始至终不肯诟病后者品质。相反，有一次神宗请他品评王安石，当时满朝皆攻王安石"奸邪"，温公却说："人言安石奸邪，则毁之太过，但不晓事又执拗耳，此其实也。"① 很见实事求是精神，增一分则长减一分则短，心平气和且有温度。

王安石品质与"奸"无染，却以其做法打开了一种通道，足以启"奸"之祸。一言堂、唯我独尊这种模式，王安石未曾用以谋私利，然而欲谋私利之人却太容易加以利用，一旦这种人夤缘以进，分分钟就化出荼毒天下的能量。靖康元年，金人兵临城下，徽宗让位太子赵桓，画上了他戕害国家二十五年的句号。此时，杨时上书钦宗论道：

> 臣伏见蔡京用事二十余年，蠹国害民，几危宗社，人所切齿，而论其罪者，曾莫知其所本也。盖京以继述神宗为名，实挟王安石以图身利，故推尊王安石，加以王爵，配享孔子庙廷。而京之所为，自谓得安石之意，使人无得而议，其小有异者，则以不忠不孝之名目之，痛加窜黜，人皆结舌，莫敢为言，而京得以肆意妄为，则致今日之祸者，实安石有以

---

① 司马光《涑水记闻》，页353。

启之也。①

至是,北宋之亡指日可待,杨时是最早将亡国推诸王安石者。他认为王安石责任就在于为蔡京一类人滋生提供了土壤与气候,蔡京为"末",王安石是"本"。这绝非妄加穿凿,往王安石脸上抹黑。绍圣以后,蔡京等一干人皆以维护王安石形象为己任,将他"圣化",船山所谓"尸祝安石、奉为宗主、弹压天下"②。崇宁三年以王安石配享孔庙,于诏书称其"有功于孔子至矣","孟轲以来,一人而已";③王雱曾为其父之像作赞"列圣垂教,参差不齐。集厥大成,光乎仲尼",此时"蔡卞书之,大刻于石,与雱所撰诸书经义并行于世"④;几位徒党"蔡氏、邓氏、薛氏皆塑安石之像,祠于家庙。朝拜而颂之曰:'圣矣!圣矣!'暮拜而颂之曰:'圣矣!圣矣!'"⑤这股将北宋推往亡国境地的力量,正是高举着王安石旗帜得势擅权。

杨时"虽成于蔡京,实酿于安石"的北宋致亡说,影响很大。明代陈汝锜说:"此语既倡,口实翩翩以熙宁为祸败靖康之始基。"⑥南渡后,杨说很快为朝议所接受。建炎二年夏,赵鼎建言:"自绍圣以来,学术政事败坏残酷,祸贻社稷,其源实出于安石。今安

---

① 杨时《上钦宗论王安石学术之谬》,王水照主编《王安石全集》第十册,页96。
② 王夫之《宋论》,页129。
③ 《故荆国公王安石配飨孔子庙廷诏》,《宋大诏令集》卷第一百五十六,中华书局1962,页584。
④ 陈瓘《四明尊尧集序》,王水照主编《王安石全集》第十册,页129。
⑤ 同上书,页132。
⑥ 陈汝锜《论王安石》,同上书,页183。

石之患未除,不足以言政。"于是先罢停其配享神宗庙廷,继而夺谥、诏追所赠王爵。① 这是南宋官方对王安石遥引靖康之耻的认定。后世史家,也几乎都认为北宋致亡端倪应溯于王安石。杨慎主之最力,《升庵集》一再作此指斥。《党籍碑》曰:"宋之南迁,安石为罪之魁。"②《王安石》曰:"宋之乱,不在京、卞,而在王安石。"③《王安石庙祀》曰:"王安石之误国极矣。"④ 偶有人不以为然,例如陈汝锜觉得宋亡归咎于王安石有失公允,他质问蔡京所行蠹国害民事——如大兴土木、剥民脂以乐上——"何者为熙宁之政"⑤,以此怪罪王安石不免生拉硬扯。王夫之也谈到这一点,他的看法是:

> 是安石之法,未足以致宣宣和、政政和之祸;唯其杂引吕惠卿、邓绾、章惇、曾布之群小,以授贼贤罔上之秘计于京,则安石之所以贻败亡于宋者此尔。⑥

安石亡宋,不因新法,因用小人,以及做出诸多有害示范。其实,这也是杨时的本意,"虽成于蔡京,实酿于安石"不是批评变法,而是批评变法的推行方式败坏了政治环境。

---

① 杜大珪《名臣碑传琬琰集》下卷《王荆公安石传》,王水照主编《王安石全集》第十册,页 51。
② 《文渊阁四库全书》第 1270 册,页 410。
③ 同上书,页 439。
④ 同上。
⑤ 陈汝锜《论王安石》,王水照主编《王安石全集》第十册,页 183。
⑥ 王夫之《宋论》,页 148。

直接看，是徽宗与蔡京沆瀣一气、各图所需，联手断送了国家。但北宋之亡与王安石变法绝非只有间接关系。俯察北宋史脉，变法导致国与民陷于对立，明显是其历史一个转折点。宋建国以来，努力调和与民众的关系，之前都保持这种态势。变法立致改观，国与民从调和转向离心。元符三年四月，晁说之上书新君徽宗专门剖陈此一变故，期望新君及时改弦易辙。他说，"开财利之途，为富国之术"的变法，致命错误是以民为敌：

> 民者，国家之民也，非有齐、晋不相输之患。或藏于民或藏于府库，其地异耳，其实一也。惟藏于民，则民富而国亦富，将不胜其利也。惟藏利于府库，则国富而民贫，将不胜其害也。子曰：百姓足，君孰与不足。尚复何言耶！[①]

中央集权体制下四海归一，非战国裂土之世，全无理由行什么管、商之术，财富藏于民与藏于官，只是存放处不同，毫厘未流失他邦，藏于民则民富国亦富，夺于民则国富而民贫，利害截然分明，百姓富足君无忧患，这样的道理还须多言吗？说得极在点子上，击中了变法所以不利国而祸国的要害。驱民生于艰辛，激长民怨，丧失民心，国家终将付出惨痛代价。早在神宗统治中期，新法致民不聊生的迹象已很严重，熙宁七年郑侠案就是一次爆发。郑侠本王安石门徒，变法以来多不以为是。七年春，久旱，饥民遍野，流离失所。郑侠愤言"民所赍物，无细大皆征之。人主居深宫，

---

① 晁说之《景迂生集》卷一，《文渊阁四库全书》第1118册，页13。

或不知之，乃画图并进之"①，"绘所见流民扶老携幼困苦之状"②，这或许是人类最早的民生写实画卷，惜今未存，不过明代周臣也有《流民图》，可为参考。郑侠《流民图》直接导致王安石第一次罢相，威力巨大。但作者亦因之罹祸，吕惠卿先夺其官，复遣舒亶等罗织罪名，"索其箧笥中文书，悉封上之"，"狱成，惠卿奏侠谤国，欲致之大辟"，所幸神宗降旨："侠所言，非为身也，忠诚亦可念，岂宜深罪之。"③否则中国就将出现首位因画作被处死刑者。其实，司马光等多位大臣都曾在奏折里描述新法造成的民间各种悲苦，但文字动人确难比于绘画，神宗一睹《流民图》立觉悚目。假如我们说，图中熙宁七年"流民扶老携幼困苦之状"景状背后，已预埋了几十年后赵宋气数衰竭的伏笔，是否牵强？宋代农民起事成规模者只有方腊、宋江两次，俱都爆发于王安石变法后，岂得谓之巧合？

熙宁七年第一次罢相，神宗眷念未已，翌岁复起其同平章事。然复相亦仅一年，熙宁九年再罢。之后神宗在位续有九载，自熙宁十年至元丰八年，终未再召。

这对"千古一时"的君臣，况味一言难尽。神宗由满怀期望始，以黯然失望终。王安石何尝不如是？神宗失望，在于王安石所行非但未助其成事，反致内外被动。对内，民疲国敝；对外，征安南、收河湟、取灵武、筑永乐，俱大损折，且弃地契丹七百里。王安

---

① 司马光《涑水记闻》，页322。
② 脱脱等《宋史》，卷三百二十七，页10548。
③ 司马光《涑水记闻》，页322—323。

石失望,则在于怨憾神宗"丛脞",无雄主风,不能为他铁腕清障。

熙宁九年一别,彼此再未谋面。神宗崩,王安石只是在遥远金陵自撰两首挽辞。其中有句"城阙宫车转,山林隧路归"[1],暗指自己从宫廷密勿之地放归山林的晚景。尾句"老臣他日泪,湖海想遗衣"[2],"遗衣"不知是否《墨庄漫录》里提到的"旧乌巾"。王安石退隐钟山溺佛,有个学佛的吴姓农家子日供洒扫。一天,王安石让吴氏将"旧乌巾"带回家给他父亲,数日后问其何在,吴答曰父亲留之无用,卖了三百钱。王安石叹了一声,命仆人找到买家原价赎回,复当吴某面"取小刀自于巾脚刮磨,灿然黄金也",并告知此乃"禁中所赐者"。[3]假如"遗衣"即"旧乌巾",在末年虔心向佛的王安石看来,似乎也无非"空即色,色即空"。钟山的王安石出儒入佛,神宗则独自在京城品尝苦涩。元丰五年十月,永乐败闻传至京师,神宗"涕泣悲愤,为之不食。早朝,对辅臣恸哭,莫敢仰视"。待这不掩于人的失态过后,神宗喟然道:"永乐之事,无一言其不可者。"继而又说,身边人几乎从未说过"用兵不是好事"。[4]神宗口吐是言,心中会想到谁呢?"自今更不用兵。"他对宰执宣布。永乐之败的打击是致命的,"帝从此郁郁不乐,以至大渐"[5],不及三载悒结以终,寿止三十有八,令人太息。转年亦即元祐元年,四月,彼之"师臣"亦相随而去。

---

[1] 王安石《神宗皇帝挽辞二首》,王水照主编《王安石全集》第五册,页678。
[2] 同上。
[3] 张邦基《墨庄漫录》卷一,王水照主编《王安石全集》第十册,页298。
[4] 李焘《续资治通鉴长编》卷三百三十,中华书局2004,页7945。
[5] 邵伯温《邵氏闻见录》,页42。

整个来说，此君臣二人皆非不善。他们联袂上演的故事异于常情，是史上少有的非邪非恶而能误国一幕。

神宗天资绝人，虚怀若谷，宵旰求治，英察不昧。他少不更事，是促成王安石变法的原由之一。然而史家以其品质优于诸多同类，多不弃正面评价，"小心谦抑"，敬贤纳直，"不事游幸，厉精图治"。①司马光曾描述所亲见的神宗为人，凡宫室苑囿"无所更造""不加修治"，"饮膳衣服、器皿帷帐，适足供用"。②其品质粹然，尤合古训"过则勿惮"，后期既察变法之弊，颇能有悔知改。蔡上翔《王荆国文公年谱考略序》谓："由元至明中叶，则有若周德恭谓神宗合桀、亥、桓、灵为一人，有若杨用修斥安石合伯鲧、商鞅、莽、操、懿、温为一人。"③蔡氏以乡党为荆公洗诬之情甚殷，此语却徒乱视听。像杨慎那样对王安石断然否定的比比皆是，但将神宗划归昏君行列的，仅周德恭一例而已。

大多数论者所取分寸是，神宗有误而王安石有罪。但即便王安石须担历史之责，也完全不同于历来"奸臣传"里人物。高宗《追废王安石配飨诏》曾明言以"罪"④，追其王爵时又有"王安石之奸"⑤一语，可是后来元修《宋史》，并未将荆公与蔡京辈一起列入"奸臣传"，显然史家反复审忖，认为将"奸"字与王安石相连不妥，他的品节究竟是过硬的。观其一生，淡泊功名，急公报国，

---

① 脱脱等《宋史》，卷十六，页314。
② 司马光《论财利疏》，《司马光集》，页619。
③ 詹大和等撰《王安石年谱三种》，页168。
④ 《追废王安石配飨诏》，王水照主编《王安石全集》第十册，页75。
⑤ 毕沅《续资治通鉴》，卷一百十四，中华书局2016，页3018。

质朴俭素，终生好学。同时代稍晚的名儒刘安世曾对门生言："金陵亦非常人，其操行与老先生略同。"① 金陵即王安石，老先生则谓司马光，刘安世昔从学温公，故如此称。作为司马光弟子而评王安石操行与其师"略同"，足见对王安石操行的佩服。似此高风亮节者而能害世的现象，李卓吾试予解释。他说"但知小人之能误国，不知君子之能误国"一直是世人盲点。这位狂狷强调，"小人误国犹可解救，若君子而误国，则未之何矣"，因为"彼盖自以为君子而本心无愧也。故其胆益壮而志益决，孰能止之？"最后，他以一贯语不惊人死不休的风格得其结论："贪官之害小，而清官之害大。"② 王安石不幸成为"清官误国论"的好典型。

我们平心推求其源，不能附和李贽的愤世之语，倒是觉得刘安世的指论入时近理：

> 至神庙即位……是时见两蕃契丹和西夏不服，及朝廷州县多舒缓，不及汉唐全盛时，每与大臣论议，有怫然不悦之色。

"不及汉唐全盛时"，区区七字，原由尽在其中。有宋以来千般好，在此七字面前总有些黯然失色。作为中国之君、汉家正统王朝肩任者，神宗思复往昔之盛，情理所在，再自然不过。然而他却身不遇时。岂仅神宗，南北两宋上下三百年，没有一位皇帝可抗此宿命。"汉唐全盛时"对于他们，一概是水中月，镜中花。方是时

---

① 马永卿《元城语录》卷上，王水照主编《王安石全集》第十册，页217。
② 李贽《党籍碑》，《焚书·续焚书》，中华书局1975，页217。

也，有心不甘者，亦有明时运者。前者如神宗和曾经征辽的太宗，后者有真宗、仁宗、高宗等。真宗首开"购虏"一途，以财货保土地、换和平。嗣后，仁宗益币、高宗纳帑，俱行此策。鄙之者目为卑躬屈膝，然两宋国祚确由此绵延。其中，真宗于契丹"许以岁遗绢二十万匹，银一十万两"[1]，仁宗"增银绢为五十万两"[2]，高宗议和允女真"岁奉银二十五万两、绢二十五万匹"[3]。考诸北宋二税岁入，熙宁十年"夏税一千六百九十六万二千六百九十五贯、匹等"、"秋税三千五百四万八千三百三十四贯、匹等"[4]，全年合计五千二百一万一千二十九贯、匹等。由于岁币以银交付，此处涉及一个钱银相兑的问题，而宋钱币值前后起伏很大，令兑换率不易确知。真宗曾说"咸平中，银两八百，金五千"[5]，亦即咸平年银每两值钱八百，金每两值钱五贯。到了南宋，则每两银折钱二贯五百[6]，相差三倍。我们姑取其中，按一点五倍折算，则上引熙宁十年两税约合银绢三千四百余万两。以仁宗、高宗纳币五十万两论，约当岁入六十至七十分之一。不必说，此非精确估度，仅以粗知"购虏"成本与负担而已。付出这般代价，宋室所得如何？真宗"散兵为农，罢方镇"[7]、仁宗"解散天下而休息之"[8]，共致近七十年之安。

---

[1] 马端临《文献通考》第十四册，页 9597。

[2] 同上书，页 9604。

[3] 脱脱等《宋史》，卷二十九，页 551。

[4] 马端临《文献通考》第一册，页 103。

[5] 李焘《续资治通鉴长编》卷八十五，页 1956。

[6] 汪圣铎《两宋货币史》，社会科学文献出版社 2003，页 418。

[7] 王夫之《宋论》，页 62。

[8] 同上书，页 118。

南宋则经绍兴、隆兴两次议和,直至"开禧北伐",亦与女真息兵六十载,"时局较为平静,生产恢复,社会秩序恢复正常,经济有所发展",物价亦渐回落,受益的是黎民百姓。[1] 反观太宗、神宗、徽宗和宁宗其时韩侂胄当权,凡兴"征夷"都头破血流。故而复"汉唐全盛"之想,不在对错,实关时势。本文初即指出对宋之世运宜作整体的历史体认。自大唐衰颓,迄乎蒙元灭宋,"合久必分,分久必合"的历史周期再次应验。犹如由周至汉、由汉至唐各约历四五百年乱世,眼下由唐至元亦是。这种诡异的周而复始,在典型形态之古代中国反复上演,使古人倍感神秘,视为命数。"合久必分,分久必合",是对它的谶语式概括;"五百年必有王者出",也俨然是论者不疑的历史整除法。诡异周期的秘密无人能解,我们惟知随着历史元素变异,当中国转往近代方向,上述宿命始离而远去。回论宋运,诸国互制、异族相抗、王者难觅之格局,无论如何是回避不了的。辽不克宋、宋难制夏、金虽灭辽然亦无力亡宋夏。直到蒙古崛起,昔日大唐版图上的反复拉锯,方告终已。"当局者迷"。我们置身后世得睹历史全貌,而知神宗思复汉唐故地壮志难遂,当时则谈何容易。永乐惨败,神宗恚言"用兵不是好事",至此对所承时运或乃有所悟。

---

[1] 汪圣铎《两宋货币史》,页444。

盐铁会议

现代政治决策与变革中,会议乃重要方式,颇有大事赖以发生。中国古代政治人所熟知的多为奏事、谕旨、制诰、票拟、朱批、独对等。然若以为古人对会议这种手段陌生或根本不用,却又不然。《韩非子》"八经":"是以事至而结智,一听而公会。"① 事情发生后,召集会议集思广益,与如今没有分别。具体说到古代因重大会议而导致政策扭转,亦确有其例,前汉中期的盐铁会议便是如此。

《盐铁论》署为"桓宽撰"。"撰"字易致误会,以为是桓宽所创作,那个"论"字亦有类似作用,只闻其名未读其书,或想象成桓宽的一部个人论著。其实《盐铁论》既非桓宽之专著,亦非其论文合集,实际上它是一部会议现场记录。据考证② 盐铁会议后约三十年,桓宽将会议发言加以编辑,按内容分为六十篇,加题《盐铁论》

---

① 《韩非子集解》,中华书局2016,页471。
② 王永《〈盐铁论〉成书时间再考论》,《宁夏师范学院学报(社会科学)》第30卷第1期,2009年2月。

而面世。换言之，桓宽仅为盐铁会议记录的整理者。还有，我们如今称"盐铁会议"也是受了《盐铁论》书名的影响，其实会议议题极广，总摄于"民所疾苦"之下，凡与此相关都是讨论对象，"盐铁"仅为其一。就此而言，称"盐铁会议"实不如称"民生会议"来得恰当。

盐铁会议前前后后，运作相当"现代"。《汉书》载其建议出诸霍光手下杜延年，"数为大将军光言"，"光纳其言"，"举贤良，议罢酒榷盐铁，皆自延年发之"。① 举即选拔、推举，"举贤良"则实即推举民意代表。当时，不同地方推举出来的代表，分"贤良""文学"两种名义。"三辅、太常"亦即近畿之地，所选名为"贤良"。"郡国"亦即一般地方，所选称"文学" "文学"指经学，非今所谓"作家"之类。杜延年提出建议后，昭帝于始元五年前81 六月下诏："其令三辅、太常举贤良各一人，郡国文学高第各一人。"② 这样，从全国征得六十多名代表。征选工作加上别的环节，使会议的筹备持续约半年。翌年二月，"诏有司问郡国所举贤良文学民所疾苦"③，盐铁会议正式举行。会程不是一天半天，亦非一次两次。《盐铁论》凡十卷六十篇，每篇各有相对独立的话题，虽未必一篇对应着一次会议，然从双方发言容量估摸，二三十次会议总少不了。很有可能，会议跨越了春夏两季。"秋七月，罢榷酤官"④，经过了五个月，

---

① 班固《汉书》，卷六十，页 2664。
② 同上书，卷七，页 223。
③ 同上。
④ 同上书，卷七，页 224。

昭帝根据会中讨论宣布以上决定,以此尘埃落定。

六七十人规模的全国性会议,就国家大政群议切磋数月之久,其方式及过程,听上去不像是古代的事情。尤其那种开诚布公、当面论辩以订国是的做法很堪注目,依稀可见前一世纪初期,"百家争鸣"风范在我国犹未尽泯。

会议背景以及讨论对象,是武帝之政。刘彻前141年即位,前87年崩殂,在位逾半个世纪,创了自有"皇帝"以来的纪录。之前汉朝君主,景帝十六年,文帝二十三年,吕后和惠帝十五年,高祖十二年,加起来总共六十六年,武帝独自享国差不多接近前面所有人,十六岁践阼,七十一岁登遐,五十五年光阴发生了太多的事情。待他终于龙驭上宾,年甫八岁的少子刘弗陵嗣统,是为昭帝。昭帝乃钩弋夫人赵婕妤所生,巫蛊之祸戾太子案过后,武帝心许于彼,病重临死前两天立为太子。中国帝位父以子继,颇寄政德不息之意,而实际每相反。武帝自己对景帝如此,他死后昭帝对他亦复如是。昭帝初登基,朝政无大异。那时他年龄太小,辅政大臣霍光则虽"政自己出",但"资性端正"[①],谨守武帝遗命,不擅更。不过,昭帝颇早慧,短短几年后,已能明睿治事。有旁证表明,杜延年建言转化为盐铁会议应系昭帝自主拍板。这旁证是与盐铁会议同一年,有政敌捏造证据构陷霍光,帝即诏霍光入见:

> 光入,免冠顿首谢,上曰:"将军冠,朕知是书诈也,将军亡罪。"光曰:"陛下何以知之?"

---

① 班固《汉书》,卷六十八,页2933。

昭帝不慌不忙历数陷害者之所诈，对此班固加重语气写道："是时帝年十四，尚书左右皆惊。"过后，反霍光势力的中伤之举犹不收敛，"上辄怒曰：'大将军忠臣，先帝所属以辅朕身，敢有毁者坐之。'"①小小少年，心如镜悬。藉是观之，盐铁会议召开以及会后"罢榷酤官"、渐弃武帝旧政，当由昭帝亲裁。

盐铁会议采取了最高规格，由民意代表们与中央政府直接对话，政府方面正副丞相亲自出马。西汉相位，高祖时称相国，一员；惠帝及吕后置左、右丞相；文帝起"复置一丞相"；至哀帝"更名大司寇"。其副丞相，缘秦制称御史大夫，"位上卿，银印青绶，掌副丞相"。此时，丞相乃车千秋，担任御史大夫亦即副丞相的是桑弘羊，《盐铁论》中按照当时习惯对之简称"大夫"。车、桑全程出席盐铁会议，且桑弘羊作为政府方面主要发言者与民意代表答辩。除这两位最高长官，全程与会的还有他们手下的属官，即《盐铁论》记作"丞相史"和"御史"者。当时丞相府和御史大夫府并称二府，依《汉书》"百官公卿表"，丞相府"有两长史"，御史大夫府则"有两丞，秩千石。一曰中丞，在殿中兰台，掌图籍秘书，外督部刺史，内领侍御史员十五人"。②这些属官到会具体人数不详，估计政府方面自正副丞相至其属官，相加可有十人左右。霍光并未与会，亦无迹象显示会议期间他施加过任何影响。这是体制上的原因。霍光的大司马、大将军之职，属于所谓"内朝"或"中朝"。

---

① 班固《汉书》，卷六十八，页 2936。
② 以上官制，俱见《汉书》卷十九上，页 724—725。

严耕望先生说:"秦及汉初,无所谓'内朝'、'外朝',有之自武帝始。自大司马、大将军、左右前后等将军、侍中、给事中、左右曹、(中)常侍、散骑、诸吏,皆为'中朝',即'内朝'","丞相以下诸卿、诸令丞皆为'外朝'","内朝系统形成后,汉代中央行政制度大变,内朝主决策,外朝主执行"。① 总之,"内朝"或"中朝"与天子更近,大将军权位亦高于丞相,然而内外有别,盐铁会议属"外朝"之事,霍光作为大将军不应参与。

由桑弘羊担纲政府政策主要辩护人,一来或系副丞相职任所在,其次则与他作为武帝旧政的长期当事人密不可分。车千秋虽位居其上,而与武帝时代的关系实不如之,彼蒙重用颇出偶然,原因即武帝末年有名的《轮台诏》事件。《汉书》本传:"数月,遂代刘屈氂为丞相,封富民侯。千秋无他材能术学,又无伐阅功劳,特以一言寤意,旬月取宰相封侯,世未尝有也。"当时,匈奴单于听闻此事曾表示轻蔑:"苟如是,汉置丞相,非用贤也,妄一男子上书即得之矣。"② 桑弘羊则不然,他是武帝全程的亲信与重臣,甚至可说是武帝统治的一个象征。对桑氏而言,在会议现场与全国六十余名民意代表激辩,不仅仅是维护先帝声望,更是为己而战,对一生所为加以守护和捍卫。

我们不清楚桓宽编《盐铁论》是否谨依会议原貌,而未改变当时论辩展开的过程。就现在书中呈现的次序看,第一回合辩论是这样开始的:文学代表首先发言,提出"愿罢盐、铁、酒榷、

---

① 严耕望《中国政治制度史纲》,页69。
② 班固《汉书》,卷六十六,页2884。

均输,所以进本退末,广利农业,便也"。① 要求罢停的四项政策,皆于武帝时期开启,未见诸从高祖到景帝的六七十年间,纯属武帝之政。文学就应予罢停所提理由为"进本退末",是指这些政策将治国重心置诸商业牟利,而非发展农业生产。自周以来,中国走上以农立国道路,农为本商为末,武帝时期则大用兴利之臣,以至均输、平准径直以国营商,严重"本末倒置",穷兵黩武更是抽调大量人力于边事,而重挫农业。故《盐铁论》将这回合辩论概括为"本议",置于首篇。文学言罢,"大夫"桑弘羊即席回应:

> 匈奴背叛不臣,数为寇暴于边鄙,备之则劳中国之士;不备则侵盗不止。先帝哀边人之久患,苦为虏所系获也,故修障塞,饬烽燧,屯戍以备之。边用度不足,故兴盐、铁,设酒榷,置均输,蓄货长财,以佐助边费。今议者欲罢之,内空府库之藏,外乏执备之用,使备塞乘城之士饥寒于边,将何以赡之?罢之,不便也。②

对于"本末倒置"的责难未作正面交锋,而是将武帝政策的前因后果一一讲明。盐铁也罢,酒榷均输也罢,它们创设都是出于一个原因:对付匈奴。匈奴威胁巨大,国家为抗击之,产生巨额费用,为此制订和执行盐铁、酒榷、均输诸策,"蓄货长财"以充实国库。并断言,匈奴威胁一日不除,上述政策便一日不可罢停。

---

① 王利器校注《盐铁论校注》,本议第一,页1。
② 同上书,页2。

桑弘羊辩才出众。他侃侃而谈，条理清晰，很有说服力，读者阅此，对武帝政策之必要当印象深刻。然而在井然陈述背后，桑弘羊对史实其实颇有隐埋。如果我们以为顺其话语能够去往武帝政策起点，恐怕不免缘木求鱼。

武帝政策起于匈奴问题，这是桑弘羊向我们指点的历史关节。单就其本身，这句话也算是历史的事实。问题在于，匈奴问题又是如何而起，桑弘羊却避而不谈。之所以回避，是因一旦追溯，必对先帝不利。

匈奴民族起源，司马迁《匈奴列传》有最早的叙述，"其先祖夏后氏之苗裔也"，原亦夏代一部落，"居于北蛮"，后循不同发展渐与"中国"显现如下差异："随畜牧而转移"，"毋城郭"没有城市，"毋文书"没有文字，"宽则随畜"以牧自奉，"急则人习战攻"以侵夺掠敌，"利则进，不利则退，不羞遁走"唯利是依而无廉耻之念，"咸食畜肉，衣其皮革"，"壮者食肥美，老者食其余，贵壮健，贱老弱"崇尚自然法则，"父死，妻其后母"注意只是"后母"，"兄弟死，皆取其妻妻之"兄弟间于彼此配偶互享继承权，"有名不讳，而无姓字"有名无姓，也无表字。①

前774年，周幽王为了褒姒，废申后及太子宜臼后为平王，烽火戏诸侯，惹得申侯怒而攻杀幽王于骊山，所引援手就是匈奴。接着秦襄公救周、平王东迁，亦以伐匈奴建功"始列诸侯"。再过一百年，周襄王为了伐郑，向匈奴借兵，竟迎匈奴女为后，已而黜之。这位狄后，遂和襄王的后妈惠后联手，欲立惠后之子子带，

---

① 司马迁《史记》，卷一百十，页2183。

延匈奴骑兵径入王都洛邑,致襄王出奔。战国间,又有秦昭王之宣太后,与义渠匈奴王私通,先是生有二子,继而上演螳螂弑"夫"一幕,杀义渠王并其地入秦,中国筑长城拒匈奴,就始于这位宣太后。待始皇灭六国,遣蒙恬统军十万北击匈奴,将其逐出今内蒙古黄河以南,而至阴山以北。不久秦末乱起,匈奴"复稍度河南与中国界于故塞"①,双方重回长城为界。

综上可知,中原与匈奴自古你中有我、我中有你,交集不断,故事屡生,全非刚刚出现的新问题。

汉兴,以韩王信任边防,"都马邑"②。马邑,即今山西朔州朔城区。韩王信既都于此,标识了西汉初年中原与匈奴各自控制范围。高祖七年,匈奴王冒顿侵马邑,韩王信降,匈奴顺势南下,攻太原。高祖亲征,冒顿佯败,诱汉兵深入,在平城今大同市以四十万骑将高祖包围,"高帝乃使使厚遗阏氏"讲和,冒顿纳其言解围去,"汉亦引兵而罢,使刘敬结和亲之约"。③

这是汉匈首次正面冲突,而以和亲之约具结。之后概要《汉书》叙述较简明,以下依之。

和约内容是,"岁奉匈奴絮缯酒食物各有数,约为兄弟以和亲",与一千年后宋辽之盟很相似,惟多一项和亲条款。缔约后,边境虽仍有局部扰攘,但"终高祖世"此格局得以保持。高祖登遐,冒顿遣使致书吕后:"陛下独立,两主不乐,无以自虞,愿以所有,

---

① 司马迁《史记》,卷一百十,页2189。
② 同上书,页2193。
③ 同上。

易其所无。"竟欲迎娶吕后。吕后大怒。鸿门宴上生啖彘肩的猛将樊哙，奋臂吼道："臣愿得十万众，横行匈奴中。"一旁，季布立止之，说："哙可斩也！"季布请吕后重温高祖平城之困，"今歌唫之声未绝，伤痍者甫起，而哙欲动摇天下，妄言以十万众横行"，更以如下一语解消了吕后羞恼："且夷狄譬如禽兽，得其善意不足喜，恶言不足怒也。"为何此语一出，吕后称"善"？我们勿忘《史记》所书匈奴习俗，"兄弟死，皆取其妻妻之"，冒顿以为他有资格迎娶吕后无非出此，盖以和约曾有汉匈"约为兄弟"之语也。经季布微讽，吕后恍明其故，乃报书冒顿："年老气衰，发齿堕落，行步失度，单于过听，不足以自污。"婉转却之同时，献赠车马，以礼相谢。冒顿得书，大概经过身边人指点，也自感粗鲁，派人前来致歉："未尝闻中国礼义，陛下幸而赦之。"同样献马回赠。一场文化与风俗差异带来的误解就此弭宁，"遂和亲"，汉匈续以和亲之好不变。文帝时期，匈奴屡因君主亡故而遭易位之事。先是冒顿老死，其子稽粥立，号"老上单于"。老上单于又死，再立军臣单于。这当中，边境动荡，相继出现三次较大武装冲突。第一次在孝文三年，匈奴右贤王"往来入塞，捕杀吏卒"；第二次在十四年，"十四万骑入朝那萧关，杀北地都尉卬，虏人民畜产甚多"；第三次约在二十一年，"匈奴复绝和亲，大入上郡、云中各三万骑，所杀略甚众。"不过，冲突最终都经外交方式抑止，未升级加剧。第一次冲突后，冒顿主动致书，声称边衅系"汉边吏侵侮右贤王"而起，但右贤王"不请"自作主张，致"绝二主之约，离昆弟之情"，已受责罚，表示"愿寝兵休士养马，除前事，复故约，以安边民。""汉许之"，事遂了。第二次，文帝遣使遗书匈奴责其背约，重申条约所规定的"长城以北引弓之国受令单于,长城以内冠带之室朕亦制之",敦促"朕与单于皆捐细故,俱蹈大道,堕坏前恶,以图长久,使两国之民若一家子",匈奴接受建议,续订和约,文帝随亦制诏告诫国人:"匈奴无入塞,汉无出塞,犯今约者杀之"。第三次冲突后不久,文帝崩景帝立,"景帝复与匈奴和亲,通关市",和亲格局修复。在这之后,"终景帝世,时时小入盗边,无大寇",整个景帝时期,汉匈没有大的冲突。①

以上乃高祖平城之困以还六十余年态势。括之即是:汉匈订和亲之约,划长城为界;中间出现过三次真正的危机,而均得化解;除此以外边境总体稳定,相安局面维系未坠。

而后武帝继立。起初,《汉书》载:"武帝即位,明和亲约束,厚遇关市,饶给之。匈奴自单于以下皆亲汉,往来长城下。"②汉朝特饬臣民恪守条约,同时对匈奴所仰赖的与汉贸易,着意扶持。由此汉匈仍相安,长城内外续有其和平景象。之如此,并非武帝前后政策生变,而是早期局面与武帝关系不大。当时朝事仍奏太皇太后窦氏以决自建元二年赵绾请"毋奏事太皇太后"③可知,而窦氏"好黄帝、老子言"④,仍行清静无为之政。迨至窦氏亡故,政务一决于武帝,情形立改,旋生"马邑之变"。

前有交代马邑为汉朝边防中心,当年韩王信在此降匈。时隔

---

① 班固《汉书》,卷九十四上,页3754—3765。
② 同上书,页3765。
③ 同上书,卷六,页157。
④ 同上书,卷九十七上,页3945。

六十七年，马邑再次成为新的历史转折点。元光二年前133：

> 春，诏问公卿曰："朕饰子女以配单于，金币文绣赂之甚厚，单于待命加嫚，侵盗亡已。边境被害，朕甚闵之。今欲举兵攻之，何如？"大行王恢建议宜击。夏六月，御史大夫韩安国为护军将军，卫尉李广为骁骑将军，太仆公孙贺为轻车将军，大行王恢为将屯将军，太中大夫李息为材官将军，将三十万众屯马邑中。①

武帝决心，毁和亲之约、对匈奴"举兵攻之"。对这场"马邑之变"，史家经常论到的有两点。一是就汉朝自身言，标志着"弃六世之业"②的转折；"六世"，即高祖、惠帝、高后、文帝、景帝至武帝本人，汉家共历六代君主，而一直以来因以和平为重所采取的对匈和亲长期政策，至此一朝弃之。二是就汉匈关系言，一如文帝当年致单于书指出的"背约离兄弟之亲者，常在匈奴"③，过往冲突多由匈奴挑起，这次则纯属武帝采取主动，论者谓之"设谋马邑，挑匈奴"④，整个过程，是武帝经过蓄意且周密的预谋，自春二月至夏六月足足准备了四个月，最终诱启战端，此亦"马邑之变"的全新历史特色。

---

① 班固《汉书》，卷六，页162—163。
② 吕祖谦《考古论》，《十先生奥论注》续集卷六，《文渊阁四库全书》第1362册，页243。
③ 班固《汉书》，卷九十四上，页3758。
④ 黄震《黄氏日抄》，卷四十六，《文渊阁四库全书》第708册，页258。

如何"设谋",且看《汉书》"匈奴传":

> 汉使马邑人聂翁壹间阑出物与匈奴交易,阳为卖马邑城以诱单于。单于信之,而贪马邑财物,乃以十万骑入武州塞。

阴遣一个名叫聂翁壹的马邑人为间谍,假扮走私者与匈奴贸易,待时机成熟,利用匈奴劫掠为生之习性,诈称能当内应、助匈奴赚开马邑城,入内夺财,而由所伏汉军一举歼灭。单于丝毫未疑为圈套,点起十万骑越境扑来,汉军则在副丞相韩安国、大将王恢等率领下,"伏兵三十余万马邑旁",守株待兔。既入汉境,走了百余里,"见畜布野而无人牧者",单于这才嗅出异样气息,"怪之",幸好此时抓获当地一名尉史,此人了解汉军为诱敌所设陷阱,"具告单于",后者"大惊","乃引兵还。出曰:'吾得尉史,天也。'"最终,武帝四个月密谋,功败于垂成之际;一怒之下,"以恢本建造兵谋而不进,诛恢",让这位"建议宜击"的仁兄做替死鬼。"马邑之变"彻底葬送了汉匈互信,"自是后,匈奴绝和亲,攻当路塞,往往入盗于边,不可胜数",双方开启仇伐模式,六十年兄弟相称局面遂尔作古。①

征其端绪,目光当聚于两年前。建元六年前135五月,窦老太后崩,武帝绳索脱卸。窦氏虽未如吕后一般正式"临朝称制",但她干预朝政史有明载。武帝惮老祖母之威,未便明加拂逆。窦氏既崩,翌岁改元"元光",五月帝下一诏,首度畅抒抱负、宣示群臣:

---

① 班固《汉书》,卷九十四上,页3765。

>德及鸟兽，教通四海。海外肃眘，北发渠搜，氐羌徕服。星辰不孛，日月不蚀，山陵不崩，川谷不塞；麟凤在郊薮，河洛出图书。呜嘑，何施而臻此与！①

此诏，应为以后约五十年一切变故的起点。元代作者陈仁子曾归纳武帝所好凡五：好边功、好封禅、好祥瑞、好神仙、好财利。②这道诏旨，突出显现了其中的"好祥瑞"。武帝于兹吐其南面为君的理想，所谈俱系瑞相吉兆。换言之，以美谈和神迹为夙求。这是典型的武帝思维，也是他种种所为的根由。应该说，他的"五好"皆非孤立，而互相勾连、扣合、生发。好封禅、好神仙无疑与好祥瑞同出一源，"好边功"也可以在此找到落脚点。之所以欲令"氐羌徕服"，是因为这将使他收获"德及鸟兽，教通四海"的无尚荣光。在他眼里匈奴无异乎"鸟兽"，若将这些野物收伏抚戢，他当然便成就了"教通四海"的伟业，从而以"德及鸟兽"的圣主得不朽。"呜嘑，何施而臻此与！"诏书向臣工们提出这个命题，责令他们去思索、想对策。而未等臣工赞画，转年他就自出机杼，迈开"何施而臻此与"的第一步，也就是"马邑之变"。

开弓无有回头箭。《老子》云："见小曰明。"③"合抱之木，生

---

① 班固《汉书》，卷六，页160。
② 陈仁子《武帝论（下）》，《牧莱脞语》卷八，《续修四库全书》第1320册，页315。
③ 楼宇烈校释《老子道德经校释》，中华书局2012，页140。

于毫末。"①可惜此等之"明",世间难致。"马邑之变"发生在前133年,而武帝死于前87年,这么漫长的区间,任何人都不可能立于"马邑之变",瞻见未来数十年事态滚雪球般难以停歇,越滚越大。实际上即便武帝本人,也无从预见自己对匈奴"举兵攻之"一念所生,会导致汉家之政纷披而变,整个国势天翻地覆。

好在我们已经处于后世观察者位置,可以悉睹事情全貌。事后看,虽曰沧海桑田,头绪却并不繁乱,以至实际可浓缩于一个字:钱。自前133年"马邑之变"至前89年《轮台诏》,共四十四年,武帝以兴兵始,至罢征终,其间种种抑扬顿挫,都无非是一首"钱"字变奏曲。大概呈现为三段曲式:第一段,国家由极富滑往捉襟见肘;第二段,打出聚敛组合拳,力挽困顿而再度财大气粗;第三段,终因挥霍无度、海内虚耗,而力所不支、黯然收场。

清人黄式三将以上眉目及其开合张翕,梳理得比较清楚:

> 三代下积贮之富,莫如汉之文帝,而武帝尽耗之。既耗之矣,而利术乃兴。既兴利矣,而弊窦乃启。武帝之所以耗财者,征伐也,置郡也,纳降也,封禅也,出巡也,河之决也,渠之穿也,宫室之丽也。武帝之所以兴利者,榷酤也,榷盐铁也,算船也,算轺车也,告缗钱也,更造钱币也,郡国置均输也,京师置平准也,入物以补官也,出货以除皋也。②

---

① 楼宇烈校释《老子道德经校释》,中华书局2012,页165。
② 黄式三《儆居集》,卷三读通考一读征榷考,《清代诗文集汇编》第563册,上海古籍出版社2011,页565。

推求其因,武帝横空出世,彼父祖二人颇不脱干系。文景二帝御宇先后几四十载,与民休息的决心坚定不移,结果正应了"百姓足,君孰与不足"之一语,国家因而大富,殷实异常。黄式三说"三代下积贮之富,莫如汉之文帝",其实"三代"到底如何,除周以外可考知者甚少,故而文景两朝所致富足在中国恐怕可说史无前例。《史记》述此,饱含眷思,感恩戴德:

> 汉兴七十余年之间,国家无事,非遇水旱之灾,民则人给家足,都鄙廪庾皆满,而府库余货财。京师之钱累巨万,贯朽而不可校。太仓之粟陈陈相因,充溢露积于外,至腐败不可食。①

积钱至朽,积粟至腐,这当是有史以来对社会富庶景象最著名的描述了。司马迁未将这番描写放在文帝景帝本纪,而是置诸《平准书》。此一处理,连同上述引文前一句"至今上即位数岁"②,和略后一句"自是之后……萧然烦费矣"③,系文法所在,是暗嵌于历史叙述的蒙太奇语言,"至今上即位数岁"几个字,明确标出一个分水岭,亦即窦太后亡故和武帝的政自己出,至此,西汉前后政治一分为二,划然呈显完全不同的状态。关于武帝作为,《史记》

---

① 司马迁《史记》,卷三十,页1158。
② 同上。
③ 同上。

不专自本纪揭载,而分墨于《平准》《封禅》诸书,后者实宜视为"孝武本纪"外篇。尤其《平准书》,不仅为武帝而写,且专借财利政策透视其统治,故欲知武帝之世,读《平准书》的意义甚至大过本纪。而《平准书》开篇辄以文景之治的描写为铺垫,对此,凡有心读者都不难领会其寓意。此亦为何黄式三以"三代下积贮之富,莫如汉之文帝",为武帝之史发根觅芽;另如黄恩彤《两汉史断》所谓"其初因府库之积,忿蛮夷之害"①,吴承志《书桓宽盐铁论本议篇后》所谓"汉文、景二帝富庶之业,败坏于武帝"②——这些评论,实际都来自《平准书》。

俗云万事开头难。其实,有时事情开头不难,开了头反而难在后面,"势成骑虎"就是这种情形。《平准书》于"自是以后"之后,历述武帝种种"有为",每述一笔,俱间以"财赂衰耗而不赡"③、"府库益虚"④、"于是大农陈藏钱经耗,赋税既竭,犹不足以奉战士"⑤、"是岁费凡百余巨万"⑥、"费不可胜计"⑦、"其费以亿计,不可胜数"⑧之语,为"廪庾皆满"如何耗尽作注。等武帝醒过神,发现有些入不敷出,局面已不容收手后退。况且,他的超强自信未变,作为广有四海的大汉天子,千金散尽亦非穷途末路,动动脑子,余

---

① 黄恩彤《两汉史断》,《四库未收书辑刊》贰辑第三十册,北京出版社1997,页274。
② 吴承志《逊斋文集》,卷六,光绪求恕斋刊本。
③ 司马迁《史记》,卷三十,页1158。
④ 同上书,页1159。
⑤ 同上书,页1159—1160。
⑥ 同上书,页1161。
⑦ 同上。
⑧ 同上书,页1162。

地总有。于是,武帝开始由一名散财童子蜕形为创意选出的理财家,史迁所称"竭天下之资财以奉其上,犹自以为不足"①的一段历史,随之而至。

《平准书》述武帝理财史甚细,必须逐字以读。这是史实所决定的,数十年间武帝及其"兴利之臣"挖空心思,巧设名目,不断翻新花样以充宫室。我初读《平准书》,如对一般史籍,扫而过之,虽亦得其概略,然思以细节辄难言精切,不得不一个字一个字重读,边读边对每一情节编号标记,终将《平准书》所叙武帝理财术,整理出来一份清单。确言之,共涉十二种之多。

一、"入物者补官,出货者除罪",即献出财物者或可得官或可抵罪。这是最早出现的创收手段,司马迁特意指出:"兴利之臣自此始也。"

二、"募豪民田南夷,入粟县官,而内受钱于都内。"因征西南夷而行之。当时西南事既开,数年不能定,一边所耗甚钜,一边巴蜀租赋几乎无收,遂出此策。"募豪民田南夷"即征遣富户到巴蜀种田,但这其实是幌子,实质在于附加的规定,也就是"募"字之所指。"募"并非国家掏钱雇人去西南种地,而是允许被征"豪民"出粮出钱,换取免征。如此收缴之物,粮食送当地政府贮管,金钱则汇于大农的属官都内令丞处。

三、"募民能入奴婢得以终身复,为郎增秩,及入羊为郎。"这是筑卫朔方郡今内蒙境内时出台的政策。朔方卫很遥远,转漕所需人力物力,都有如无底洞。当时社会上蓄奴仍然普遍约二百年后光

---

① 司马迁《史记》,卷三十,页1174。

武帝数下"放奴令"始渐废除,奴婢乃是一种合法财富,故此处鼓励献奴。"复"是免除之意,"终身复"即终身得豁免,至于豁免内容此处不明,总之就是如果献出奴婢者将获某种特权。至于献出的奴婢,应该是有助于补充筑朔方卫所需的劳力。郎,小官;"为郎增秩"指有"郎"之身份者,献奴可提高其俸禄等级。"入羊为郎",则指献羊可被授为"郎"。献奴也罢,献羊也罢,想必有其数额标准,今已不详。

四、"请置赏官,命曰武功爵。级十七万,凡值三十余万。"元朔六年前123宣布。汉代武功爵分十一级,这里规定十七万起售,每高一级售价增二万,最高至十一级则作价三十七万。武功爵乃是空衔,不实授,但是遇有"补吏"机会,买爵者得"先除",享受授职优先权。此外还规定,买爵者"有罪又减二等"。

以上是"马邑之变"之后头十年出台的兴利举措,虽结合着不同时间和事件,思路实则单一,无非买官和赎罪而已。这是武帝理财的初级阶段,收效好像不很理想,因为接着《平准书》即书"县官大空",买赎之策完全不够补上财政窟窿,而被迫去想另外更具技术含量的点子。

五、"于是天子与公卿议,更造钱币以赡用。"直接打起货币的主意,相较鬻爵卖法,这思路比较深入和专业了。但最初做法很是简单粗暴,"以白鹿皮方尺,缘以藻缋,为皮币,直四十万。王侯宗室朝觐聘享,必以皮币荐璧,然后得行。"禁苑养有白鹿,取其皮,一尺见方,红口白牙生生指为货币,且硬性规定每张皮币面值四十万。那时有朝觐制度,贵族定期来宫中拜见问候。依礼,这时有"聘"有"享",亦即贵族与皇帝你献我赐,礼尚往来。眼下武帝既制皮币,乃于贵族朝觐时纳其拱璧而还以皮币,否则不放人家走,简直形同剪径。后来又以银锡配比制币数种,同样任意定其面值以取暴利。再后来,总算摸着正路,从地方和民间收回铸币权,以中央所铸五铢钱行世。五铢钱的投放,令货币改革真正成功,从而得到巨大收入。

六、"以东郭咸阳、孔仅为大农丞,领盐铁事。"百尺竿头,更进一步,继货币之后,武帝理财目光又盯上盐铁专营。这更是财源滚滚的途径。动盐铁生产与经营垄断之念,最早是元狩三年前120的事情。首先由郑当时负责物色合适的人选,他向武帝举荐了两个人。一个名叫东郭咸阳,一个名叫孔仅。前者乃山东盐业巨子,后者是南阳铁业富豪。桑弘羊也在名单中,"以计算用事",特长是精于财计。东郭咸阳和孔仅被任命为大农属下的盐铁丞,他们用三年时间来研究新的盐铁制度,最后提出这样的方案:禁止民间铸铁煮盐,违者"钛左趾,没入其器物",盐铁从生产到经营完全国有化,置官至县,由官府雇用工人,使用发予的"官器"从事生产,产品全归国家并由国家售卖。盐是生民日日必需之物,铁业则关乎一切器具尤其是农业工具的制造。如此重要的两大资源被国家垄断,利孔自然洞开。

七、"算缗钱"、"算轺车"。算即核算,这里指核资收税。其中,"算缗钱"对家庭一般财产征税,"算轺车"是对家庭财产特定项目车与船单独征税,可谓中国最早的车船税。两种都属于财产税,"算轺车"值得特别说一下。算车算船,主要不是以消费品对民间征税,而着眼于车船乃重要运输工具,民商殖利之所赖,征税目的在于从民营经济分其利。总之,两算是盯上了百姓的钱袋子。

八、树卜式为典型。卜式是河南大畜牧主,边事兴起后,主动上书提出捐一半家产助边。武帝派人问他想不想做官?答不想。又问是否家里有冤想赎罪?也答不是。来人困惑了:"苟如此,子何欲而然?"卜式表示:"天子诛匈奴,愚以为贤者宜死节于边,有财者宜输委,如此而匈奴可灭也。"这样的人和事,当时闻所未闻。武帝决定抓这个典型,"尊显以风百姓",给他官职,希望更多的人效仿,做捐献者,成为国家财力的一种补充。卜式一直做到大农令、副丞相御史大夫,但后来他对武帝其他政策也不苟同,是另一个故事。

九、"告缗钱"。告即检举揭发。此事部分因卜式而引起。"天子既下缗钱令而尊卜式,百姓终莫分财于县官,于是告缗钱纵矣"。六七十年"无为而治",殷实民家不少,却没有什么人追随卜式,武帝很生气。当时民产登记和统计难予详切,以缗钱和车船论,后者在明处征税不难实现,前者在暗处,故缗钱令行之很不如人意。"算"既不利,于是由"算"改"告"。派一个叫杨可的人全权调查和检举,"分遣御史廷尉正监分曹往,即治郡国缗钱",故又称"杨可告缗"。杨可检举后,由杜周治狱,而"狱少反者"。这个"反"字,注家解释是"反谓反使从轻也",亦即一经检举绝少有从轻发落的例子。这里关键是"告"的起点极低,远不限于富豪级别。《平准书》载,"中家以上大抵皆遇告","于是商贾中家以上大率破"。范围非常广,仅下等户未受波及以其赀产少盖无可"告",而中等以上人家多致破产。告缗令既颁,"民偷甘食好衣,不事畜藏之产业",百姓争相把钱用掉花光,不敢积蓄,也无心留作殖产之资。武帝斩获甚丰,"得民财物以亿计"。因告缗被充公的民财从田地、房产到奴婢，天下为之大夺，是西汉社会财富的一次大洗牌。司马迁以告缗与盐铁并称，"县官有盐铁缗钱之故，用益饶矣"，足见是一株大摇钱树。

十、置均输。元鼎二年前115"桑弘羊为大农丞，筦诸会计事，稍稍置均输以通货物矣"。"稍稍置"即试行之意，犹未全面铺开也。何谓均输，盐铁会议上桑弘羊亲自解释："往者，郡国诸侯各以其方物贡输，往来烦杂，物多苦恶，或不偿其费。故郡国置输官以相给运，而便远方之贡，故曰均输。"① 古代主要以粮食布帛为赋税，在此之外各地还须缴纳其他所产之物，称"方物"，这部分产品不作为赋税而作为贡品，其中不少是商品价值高、交易活跃的品种。以前，方物由地方和诸侯收取后输诸国库，中间存在两大问题，一是货色差、"苦恶"，二是运费贵以至超出物品本值。均输法的改变是，中央派均输官直驻郡国，一来验收贡品，防止以次充好，保证方物俱为高品质这有利于后面要谈的转卖出售，二来负责"以相给运"，亦即运输环节不复由郡国担任，变为郡国纳贡物时附缴相应运费，之后由均输官运至中央。表面看这减省了郡国事务，桑弘羊谓之"便远方之贡"，其实暗藏牟利之机。"令输其土地所饶，平其所在时价，官更于他处卖之，输者既便而官有利。"② 亦即均输官并非单纯的运输官，而将运输与贸易两种功能集于一身。所纳方物视其情形，有的输送中央，有些却于他处转卖。"平其所在时价"即以甲地所收平价物，拿到产地外高价售出，故曰"官有利"。

---

① 王利器校注《盐铁论校注》，本议第一，页4。
② 裴骃《史记集解》，卷三十，《文渊阁四库全书》第245册，页348。

如此，均输法一面全部按运往中央的运程收了运费，一面部分货物并不运往中央而异地出售。这首先已从运费里赚取不少，其次，从不运而售的物品中通过将原先平价的物品提价销售，再入一笔暴利。后来在盐铁会议上，桑弘羊避重就轻，只谈"而便远方之贡"不谈牟利问题时，民意代表们立即指出："盖古之均输，所以齐劳逸而便贡输，非以为利而贾万物也。"戳穿了桑氏均输法的本质。

十一、置平准。均输行之五载，出现新情况。"诸官各自市，相与争，物故腾跃，而天下赋输或不偿其僦费。"以官营商、权钱相媾，二者的狼狈为奸，最难避免。长安既指望于均输官输血，而均输官则为着"政绩"漂亮，无底线地搜刮市场。他们在不同的郡国利用各自手中权力，展开敛财竞争，想方设法"做大""做强"自己的均输业绩，导致物价飞涨。又有其他腐败情形，借权力羼入经营过程，例如"不偿其僦费""僦载云僦，言所输物不足偿其雇载之费也。"等现象。为治理这些乱象，元封元年前110桑弘羊施以改良。"置平准于京师，都受天下委输"，在京师设立全国官营商业总管机构，统辖先前各自为政的郡国均输。这个机构隶属大农令，"大农之诸官尽笼天下之货物，贵即卖之，贱则买之"，尽收定价权，使全国贸易在国营化基础上推行价格的国家指令，"万物不得腾踊，故抑天下物，名曰'平准'。"平准法原为抑制均输法带来的物价飞涨而推出，但它最大的成功在别处，即凭借市场垄断重挫民商，令后者处于绝对弱势地位，从而将贸利齐汇国库。获利之巨，司马迁在介绍平准法后，有这样的叙述："于是天子北至朔方，东到太山，巡海上，并北边以归，所过赏赐，用帛百余万匹，钱金以巨万计，皆取足大农。"

十二、武帝最后用到的敛财法也出诸桑弘羊:"入粟补官,及罪人赎罪"。前知此乃旧花样,且效果不显著。桑弘羊做了一个关键改进,使与告缗挂钩,"令民能入粟甘泉各有差,以复终身,不告缗",顿收奇效。告缗牵连极广,有如今天中产阶级以上家庭俱为究治对象,那真是千家万户;眼下忽然网开一面,规定凡入粟有差均可终身免受告缗。可以想象,一闻此讯,所有为告缗令惴惴不安而祸尚未及延于自身的家庭,将如何踊跃入粟"以复终身"。《史记》说,政策宣布后,仅山东一地"漕益岁六百万石",而国家两大粮库太仓、甘泉,亦于短短一年内"仓满"。司马迁还写有一语,来描述入粟免告缗的巨大成功:"民不益赋而天下用饶。"后世有人例如苏轼颇为此怪罪史迁,认为是替武帝、桑弘羊涂脂抹粉。然司马光独曰:"此乃桑弘羊欺汉武帝之言,司马迁书之以讥武帝之不明耳。"① 苏东坡到底只是诗文之豪,读史眼光没法跟大史家司马光比。其实,《平准书》前面明明写到了"益赋"。算缗钱、算轺车,新增两项财产税,宁非"益赋"乎?此处忽冒出一句"民不益赋而天下用饶",乃特针对入粟免告缗而言。因为这项政策,实已超出国家正当征赋纳税范围。我们知道,赋税为国家依法所取,即有所增,亦当披着合法的外衣;然而,利用告缗胁民入粟却是恐吓,是栽祸于民,这不属于"益赋",且比之"益赋"奚啻且陋百倍。其次,"天下用饶"四个字,司马迁亦以上下文表明绝非肯定、赞赏,而是批判乃至讽刺,以下"天子北至朔方,东到太山,巡海上,并北边以归,所过赏赐⋯⋯"皆武帝一人所耗,惟武帝享之,

---

① 司马光《迩英奏对》,《传家集》卷四十二,《文渊阁四库全书》第1094册,页395。

明明非"天下用饶"而只是"武帝用饶"。司马光就中拎出一个"讥"字,确是深知史笔文法之人,也真正读懂了司马迁。①

吕思勉先生有过两段论述。一论"武帝用兵得失":

> 武帝轻举寡虑,喜怒任情,用人以私,使中国之国力,为之大耗,实功不掩其罪也。②

一论"武帝刻剥之政":

> 武帝所事既广,其费用,自非经常岁入所能供,故其时言利之事甚多。虽其初意,抑或在摧抑豪强,然终诛求刻剥之意多,哀多益寡之意少,故终弊余于利,至于民愁盗起也。③

武帝五十余年统治的剪影,大致如此。

武帝死前,于一生所为忽生悔意,标志即《轮台诏》。时在征和四年前89。是岁,搜粟都尉桑弘羊与正副丞相联名奏请,在西域轮台今属新疆一带遣卒屯田。出乎意料,他们接奉这样一道诏旨:

> 前有司奏,欲益民赋三十助边用,是重困老弱孤独也。而今又请遣卒屯田轮台……乃者贰师败,军士死略离散,悲

---

① 以上所引除另注明者外,悉见《史记》卷三十平准书第八,页1158—1173。
② 吕思勉《秦汉史》,天津社会科学院出版社2016,页81。
③ 同上书,页86。

痛常在朕心。今请远田轮台，欲起亭隧，是扰劳天下，非所以优民也。今朕不忍闻……当今务在禁苛暴，止擅赋，力本农，修马复令，以补缺，毋乏武备而已。①

《汉书》云："由是不复出军。而封丞相车千秋为富民侯，以明休息，思富养民也。"② 此诏虽为否决轮台屯田而降，而又不限于此，进而对多年政策露出改弃之意，故班固论为"深陈既往之悔"③。值得注意的是，武帝头一句便批评有司"欲益民赋三十助边用"的建议。益赋三十，指民间每口加增赋税三十钱。稍后又提到，今后改弦更张的对象中包括"止擅赋"。必曾有之，始可言"止"。《盐铁论》"未通"篇文学发言曰：

> 往者，军阵数起，用度不足，以訾征赋，常取给见民，田家又被其劳，故不齐出于南亩也。④

"訾"同资，"见民"即现在的人民。这里讲到"军阵数起，用度不足"后人民两种主要负担，一是按资产征税亦即算缗钱，一是抽调劳动力为战争服务从而严重影响农业生产。对于前者文学径称为"征赋"，其实后者亦应视为增赋，因为古代征夫是包含在赋的内容中

---

① 班固《汉书》，卷九十六下，页 3913—3914。
② 同上书，页 3914。
③ 同上书，页 3912。
④ 王利器校注《盐铁论校注》，未通第十二，页 211。

的。凡此，皆证《平准书》"民不益赋而天下用饶"一语纯属讥刺，非谓武帝之世未尝益赋，更不必说武帝《轮台诏》也明确承认了问题的存在。《轮台诏》坦言过往数十年的失政，体现于"重困"生民、"扰劳天下"、政策"苛暴"等情形。而回顾决策失误原因，武帝归咎于大臣谋士，说他们以星占蓍龟误导视听，纷言"虏不祥甚哉"、"皆以为吉，匈奴必破，时不可再得也"，而结果却"计谋卦兆皆反缪"。①

罢田轮台乃武帝最后一项重大决策，此距其去世不足两年。似乎从征和二年起，武帝即已健康欠佳，迹象是那时他开始考虑后事，对少子弗陵"欲以为嗣，命大臣辅之"，"使黄门画者画周公以负成王朝诸侯以赐光"，心态迥异。② 所谓"人之将死，其言也善"，轮台之悔，抑有由也。可是，此诏也造成相当大的模糊空间。一方面，对田轮台及其所象征的拓边政策给予否定，是明确的，对过往失政的惜悔也表达较为强烈，又以"禁苛暴，止擅赋，力本农"九个字指明以后的治政方向。可以肯定，无《轮台诏》将无盐铁会议。昭帝于其父所为兴重估之思，准许就国家大政公开辩论，实由此来。但另一方面，武帝虽亲自罢止田轮台，又说出"悲痛常在朕心"那种话，可是以他所剩精力，死前终究不曾就除旧布新拿出进一步具体行动，盐铁、均输、平准等仍作为国家现行政策而保持。故当盐铁会议举行时，汉朝实际面临着颇为矛盾的情形。在贤良、文学而言，敢于臧否武帝遗政，依据的是"深陈既往之悔"的《轮台诏》和诏

---

① 班固《汉书》，卷九十六下，页3913。
② 同上书，卷六十八，页2932。

中"当今务在禁苛暴,止擅赋,力本农"这样的明确表态,《盐铁论》"地广"篇文学发言曾直引此语,指出"公卿宜承意"①,要求桑弘羊服从武帝遗愿。而在桑弘羊,彼为既往辩护、坚持凡先帝所定即不可变,也不妨说是依武帝本人行止为绳墨——武帝未做决定或所亲践之行都不许妄改——不但桑弘羊,车千秋及两府属官都是这态度,盖从政府官员角度说,不对现行政策唱反调实亦宜然。

以上还只是浅层次的问题。武帝统治的根本症结,不仅仅是政策偏差,亦非政策稍作调整而可解消者,而在于政治立足点选错站位。《轮台诏》虽于失政露其悔意,却并未由外而内就失政之由做出检讨和反思。这显然是盐铁会议需要完成的任务,当昭帝以"民所疾苦"定调召开此会,允许与会者就此自由讨论,盖子终于揭开。

从《盐铁论》看,辩论层次由浅入深。大致到第五篇"禁耕",双方仍是就武帝具体政策的利弊相权论,各言所是,互驳其非,亦俱言而有据、自成其理,论辩情势颇胶着,胜负天平未倾。而自第六篇"复古"起,以下"非鞅""论儒""园池""轻重""毁学"……诸篇,论旨明显越出具体或个别政策层面,向政见背后的价值观与历史走向延伸。自此,桑弘羊节节失利。不光他本人思想面目充分暴露,盐铁会议也开始真正凸显其问题核心是汉朝应当选择何种政治道路。

桑弘羊思想面目即,他乃始皇及商鞅、李斯们的忠实拥趸。我们得说,当年"评法批儒"将盐铁会议归诸"儒法斗争"完全属实。

---

① 王利器校注《盐铁论校注》,地广第十六,页230。

这与以同样字眼冠诸王安石变法有些张冠李戴是不同的。汉代的一大历史贡献，是对秦政的清算以及使儒家路线渐获国家层面的承认。十九世纪末，中国因西方文明东至而有"千年变局"。其实，儒家于汉代开始确立文化领导权，也堪称另一个"千年变局"，影响千秋万代。但非一蹴而就，是经过尖锐斗争和相当长的时间才达成其结果。孔子以来，儒家思想虽在社会文化精英阶层拥获广泛人心，战国时已成显学，但各国政治却没有加以认真采纳和实施，在此层面儒家始终处于碰壁状态，直到汉代才真正时来运转。但汉代这一"转"，少说用去一百年左右。在桑弘羊那时，秦政流毒远未肃清，崇儒也谈不上是普遍风气。《盐铁论》通篇，桑氏毫不掩其颂秦美秦、崇法蔑儒的立场。再过一百年，来到后汉，蔑儒心态才亡其踪影，即便桑弘羊彼时可以复生，也难以像盐铁会议上那样大放厥辞。所以，盐铁会议是观察汉代"千年变局"的很好的凭藉，时代的将变而未变，在此留下了生动场景。

但仅以"儒法斗争"视之，也会模糊一些事实。尽管桑弘羊诋毁孔孟不遗余力，孔孟却并非他唯一敌视对象。准确讲他是"独尊法家"，对以外思想理路，从儒到墨以至黄老，一概排斥。反观贤良、文学亦是，贤良、文学多诵儒经，但他们认可的理念不限于儒家，间或亦采老墨。"本议"篇文学发言即引老子："老子曰：'贫国若有余，非多财也，嗜欲众而民躁也。'是以王者崇本退末……"①以老子为思想的同调。桑弘羊在"晁错"篇里，却曾讲过这样一段话："淮南、衡山修文学，招四方游士，山东儒墨咸聚于江、淮之间，

---

① 王利器校注《盐铁论校注》，本文第一，页3。

讲议集论，著书数十篇。然卒于背义不臣，使谋叛逆……"①淮南、衡山即淮南王刘安和衡山王刘赐，武帝元朔间此二人因为谋逆先后自尽。刘安主持编纂有著名的宗奉老庄的《淮南子》，桑氏所谓"修文学"即指此也（"文学"于兹乃经籍之意，非后世骚赋之谓），还说刘赐亦有"修文学"之举，然成果我们不知。桑弘羊将"修文学"与谋反挂钩，称"修文学"导致"招四方游士"、聚山东儒墨于江淮、"讲议集论"等的情形，总之是一些思想放任、言论自由现象。显然，他主张和想要的局面，是除开统治性思想文化，将一切扫荡一空的局面。因此，盐铁会议上的交锋，表面集中于"儒法斗争"，背后其实是截然相反两种精神秩序的对立。桑弘羊的思路，与《焚书令》"天下敢有藏《诗》《书》、百家语者，悉诣守、尉杂烧之"②一脉相承，所以他倾慕秦政以及商鞅、李斯一类人，实属必然。"非鞅"篇双方就商鞅其人激辩，桑氏大赞"秦任商君，国以富强，其后卒并六国而成帝业"，狡称"赵高之亡秦而非商鞅"，讴歌商鞅"功如丘山，名传后世"。③谈及李斯，竟然不掩艳羡之情："昔李斯与包丘子俱事荀卿，既而李斯入秦，遂取三公，据万乘之权以制海内，功侔伊、望，名巨泰山。"④更有甚者，直接赞美"焚书坑儒"："是孔丘斥逐于鲁君，曾不用于世也。何者？以其首摄多端，迂时而不要也。故秦王燔去其术而不行，坑之渭中而不用。乃安得鼓口舌，

---

① 王利器校注《盐铁论校注》，晁错第八，页124。
② 司马迁《史记》，卷六，页173。
③ 王利器校注《盐铁论校注》，非鞅第七，页103—104。
④ 同上书，毁学第十八，页253—254。

申颜眉,预前论议,是非国家之事也?"①

总之,盐铁会议终极是非不在盐铁,而在国家社会走何道路。是时,摆在汉朝面前有两条路,古人谓之"霸道"和"王道"。前者是嬴秦法家所走的路,后者则为法家之外诸家表述或侧重不同但却一致推崇的路。

百二十年前嬴秦亡于暴政后,此问题尚未真正解决。始皇既殄斯文,加之汉室起自草莽,都造成了当时文化认知的低陋。高祖初恃豪杰之气,于文治甚轻蔑,陆贾时时为说《诗》《书》,高祖骂之曰我于马上得天下"安事诗、书",陆子乃出一语:"居马上得之,宁可以马上治之乎?"高祖于是"有惭色",命陆子"试为我著秦所以失天下,吾所以得之者何,及古成败之国"。陆子遂撰《新语》十二篇。② 这是汉室反思秦政的开端。《新语》中,陆子杂糅老儒,熔于一炉,力陈"治世"之美与真谛:

> 道莫大于无为,行莫大于谨敬。何以言之?昔舜治天下也,弹五弦之琴,歌南风之诗,寂若无治国之意,漠若无忧天下之心,然而天下大治。周公制作礼乐,郊天地,望山川,师旅不设,刑格法悬,而四海之内,奉供来臻,越裳之君,重译来朝。故无为者乃有为也。③

---

① 王利器校注《盐铁论校注》,利议第二十七,页358—359。
② 司马迁《史记》,卷九十七,页2056。
③ 王利器《新语校注》,无为第四,中华书局2017,页68。

而以始皇之世为反面教材：

> 秦始皇设刑爵，为车裂之诛，以敛奸邪，筑长城于戎境，以备胡越，征大吞小，威震天下……事逾烦天下逾乱，法逾滋而天下愈炽，兵马益设而敌人逾多。秦非不欲治也，然失之者，乃举措太众，刑罚太极故也。①

陆贾后继有贾谊，作《过秦论》检秦之失，名句曰：

> 一夫作难而七庙隳，身死人手，为天下笑者，何也？仁义不施，攻守之势异也。②

从陆子而贾子，记取秦政教训并指于一点：与民为敌，失民心而失天下。惟汉接文荒之末，律仍秦旧，史唯秦志，荜路蓝缕，百废待兴，反思的深入还有待很多条件。文景之时，图籍稍复，古典渐习，文帝始立二经《诗》《书》博士，景帝增以《春秋》而有三经博士，武帝又补上《礼》和《易》终于有了五经博士。③这样，秦政批判才有更好的思想基础，而由董仲舒提炼出一个秦"用商鞅之法，改帝王之制"④的命题，使一段历史的要害得以揭显。这

---

① 王利器《新语校注》，无为第四，中华书局2017，页71。
② 贾谊撰，阎振益、钟夏校注《新书校注》，过秦上，中华书局2017，页3。
③ 顾颉刚《汉代学术史略》，人民出版社2008，页45。
④ 班固《汉书》，卷二十四上，页1137。

就是,国家治政必须就应合于"帝王之制"还是不必合"帝王之制"做出回答,使制度不跑偏、不违正义。以后证明,汉代所提的这个问题,也是整个中国古代绕不开的主题。

1989年,王利器先生于几番润色后的《盐铁论校注》前言中说,自己三十年前称盐铁会议是儒法斗争,"把问题简单化了",而改口桑弘羊"儒家气氛很浓厚"。这令人难以苟同。《盐铁论》中桑弘羊每句话都说明他不单是法家,且是较极端的法家。不过,前言对于西汉武、宣诸帝治略的辨析却很中肯。武帝以"罢黜百家,独尊儒术"著名,王利器先生特就此辨析,而突出一个"杂"字,指为"问题关键之所在"。这个"杂"字,出于宣帝"汉家自有制度,本以霸王道杂之"一语。王先生认为武帝的完整统治术也当用此字概括,而不应过于看重"罢黜百家,独尊儒术"八个字;他还引用汲黯对武帝的评论"内多欲而外施仁义",来强调武帝"'杂'字交战于胸中"的真实内心。①

外儒内法或王霸杂之,假王道之表而行霸道之实,也许与个人心性有关,但更主要无疑在于历史力量自身的搏斗与消长。嬴秦以霸道并天下的成就,有强大示范作用,从而也构成一股很浑厚的历史能量,想要消化它或走出其笼罩,绝非轻而易举。整个前汉都在这种跋涉中摇摆。上引陆贾对于始皇之世的论述,我们发现几可一字不易用诸武帝。须知陆贾比武帝早约八十年,他死后约二十余年武帝始降生,而以《新语》所论与武帝之世作对照,却好像是原封不动地预述了陆贾所未曾亲见之事。历史的重演,

---

① 王利器《前言》,《盐铁论校注》,页1—2。

竟至如斯。我们如果只从个人角度追究其原因，意义并不大，远不如将武帝视为沉重历史因袭的产物，以及历史善恶能量激烈争夺的牺牲品，才能领悟更多的启迪。对武帝一生一定要看到矛盾性，看到两种历史矢量对他的争夺或他在两种矢量间的依违徘徊。始皇故事对他的诱惑固然强烈，然而秦朝二世而亡所彰显的历史趋势，他也回避不了，即便"独尊儒术"只是做做表面文章，却已意味深长；至少，嬴政完全无须做这种文章，刘彻则不得不做，这就是历史之殊。

武帝以五十余年始皇翻版和最末两年向王道悔皈的方式，替自己画上句号。这有如留下一个严峻考题，盐铁会议就面临这样的节点，不得不就王霸两途艰难抉择。自结果看，中华国运长远实非无由，实有善根。她虽每为迷离所扰，而理智之光终不能掩；比之古代世界别的地方，非理性冲动较不持久，理智态度则相对恒常。昭帝"承武帝奢侈余敝师旅之后"，毅然转身，"轻繇薄赋，与民休息，至始元、元凤之间，匈奴和亲，百姓充实"，在位止十四载，对未来影响却不可小觑，故《汉书》本纪《赞》末书之："尊号曰'昭'，不亦宜乎！"① 这个"昭"字，昭在历史认知。尽管他的继任者宣帝重提"以王霸道杂之"，包括历史将王道确立为基石之后，历代帝王也不时有人希望品鉴霸道之威，但是真正能如武帝一般逞其"为所欲为"之性的例子，却一个也找不到。相反，皇帝们的手脚总的来说是越来越受拘束了。

盐铁会议上，桑弘羊起初盛气凌人，不可一世，一副先帝红

---

① 班固《汉书》，卷七，页233。

人架势，待中段双方就"霸道""王道"交锋过后则颓势难挽。王利器先生夸他"舌战群儒，辩才无碍"①，这只适用于前几个回合。彼出身商贾之家，对经济理财问题确较贤良、文学这些民意代表当行，加之久居中枢，于武帝诸事来龙去脉知根知柢，因而往往握有对方预想不到的论据。例如谈国家盐铁垄断专营，他提到"鼓铸煮盐，其势必深居幽谷，而人民所罕至。奸滑交通山海之际，恐生大奸"②，披露此事并非仅为助边而设，也有除内患、防民众秘密聚结谋反的考量。这些使他在辩论具体财利措施时，占有优势。然当辩题转向社会正义和历史大势，其阿喀琉斯之踵就露了出来，不仅疲于招架，还渐渐有些失态。最大的失态，是恼羞成怒之中，先诋毁儒者不通时务而自矜有功，继由自矜有功而炫耀权焰和富有：

> 余结发束脩，年十三，幸得宿卫，给事辇毂之下，以至卿大夫之位，获禄受赐，六十有余年矣……积浸以致富成业。③

讥侮儒者贫与不达：

> 道悬于天，物布于地，智者以衍，愚者以困……原宪、孔伋，当世被饥寒之患，颜回屡空于穷巷，当此之时，迫于窟穴，

---

① 王利器《前言》，《盐铁论校注》，页8。
② 王利器校注《盐铁论校注》，刺权第九，页132。
③ 同上书，贫富第十七，页243。

拘于缊袍,虽欲假财信奸佞,亦不能也。①

包丘子与李斯同出荀子门下,二人品节截然不同。桑弘羊对李斯的羡美已引如前,谈到包丘子时则尽情奚落,耻笑他一辈子"贫贱而好义",最终"卒死于沟壑而已"。②这且不说,对儒家二圣孔子和孟子也是一脸不屑,肆意嘲讽:

> 孟轲守旧术,不知世务,故困于梁宋。孔子能方不能圆,故饥于黎丘。③

笑贫不笑娼、自居低浊尚在其次,关键是说这些话时,桑弘羊明显有一种气急败坏、恼羞成怒的情绪,辩论之初那种从容不迫,已经无影无踪。眼见对方公开羞辱自己的祖师爷,贤良、文学也彻底撕破了脸,会上火药味达到顶点:

> 夫贱不害智,贫不妨行。颜渊屡空,不为不贤。孔子不容,不为不圣……古之君子,守道以立名,修身以俟时,不为穷变节,不为贱易志,惟仁之处,惟义之行。临财苟得,见利反义,不义而富,无名而贵,仁者不为也。④

---

① 王利器校注《盐铁论校注》,贫富第十七,页244。
② 同上书,毁学第十八,页254。
③ 同上书,论儒第十一,页165。
④ 同上书,地广第十六,页231。

"临财苟得,见利反义,不义而富",是对桑弘羊人格的彻底否定。话说到这个份上,桑氏也骑虎难下,不肯示弱,继续口出谰言。于是,贤良、文学将攻击的火力再度提高:

> 今之在位者,见利不虞害,贪得不顾耻,以利易身,以财易死。无仁义之德,而有富贵之禄,若蹈坎阱,食于悬门之下,此李斯之所以伏五刑也。①

"今之在位者"就差指名道姓,而借李斯提出的暗示,非常直白。首先,桑弘羊一再引李斯为同调,不掩倾慕;其次,李斯任职丞相,桑弘羊官拜御史大夫即副丞相,"在位"相当。"若蹈坎阱,食于悬门之下",指李斯最后获罪处死。明摆着以李斯为前车之鉴,发出警告。桑弘羊充耳不闻,反说自己官高爵显,乃是以"贤"致之。贤良、文学以为此人脸皮之厚,实超想象,非得彻底揭露他不可了:

> 夫泰山鸱啄腐鼠于穷泽幽谷之中,非有害于人也。今之有司,盗主财而食之于刑法之旁,不知机之是发。②

之前"以利易身,以财易死。无仁义之德,而有富贵之禄",说法尚虚泛,而"盗主财"里的"盗"字,是明载于律条的犯罪行为,

---

① 王利器校注《盐铁论校注》,毁学第十八,页254。
② 同上书,页255。

所以紧随其后有"食之于刑法之旁"几个字。贤良、文学将桑弘羊明确定性为"犯罪",而具体罪状便是"盗主财",亦即侵吞国资、中饱私囊——他们正式指控桑弘羊的巨额财产来自贪污。桑弘羊的确非常富有,盐铁会议中他屡次亲口炫富,为"积浸以致富成业"洋洋得意。然其财富来源,却是不解之谜。虽然桑家世业商贾,但桑弘羊本人年幼即已入宫,伴在武帝左右,自己并无商海阅历,其所谓"积浸"不可能从经商来。能想见的正当来源大概有两个,一为俸禄,一为武帝赏赐。其俸禄所入,御史大夫二千石①,但桑弘羊任此职较晚,时间不长,他先前所任大司农、搜粟都尉等俸禄不详,相较位列"三公"的御史大夫,宜当减半。武帝的确喜欢赏赐,桑弘羊又是其亲幸之臣,受赐应该不少。仅靠这两种来源,桑弘羊能否"积浸"到可以矜富的地步,不能不说的确成疑。其实,贤良、文学正是专门针对他的"积浸所致"论,揭露彼之豪富乃"盗主财而食之于刑法之旁"所致。这是否握有铁证,《盐铁论》里看不出来,其他史料亦乏明确线索。可是贤良、文学既然敢在正式场合并当着桑氏本人之面作此指控,多半是有备而来。我在司马迁《酷吏列传》里好像看到一丝影子,即杜周"逐盗,捕治桑弘羊、卫皇后昆弟子刻深"②。这件事大约发生在天汉三年前98,桑弘羊家属犯法被杜周鞫治,武帝认为案件办得很好,杜周"尽力无私,迁为御史大夫"③,而桑弘羊受此牵累,于

---

① 徐天麟《西汉会要》,上海古籍出版社 2012,页 333。
② 司马迁《史记》,卷一百二十二,页 2378。
③ 同上。

天汉四年由大司农贬为搜粟都尉①。需要注意,此案以"逐盗"立案,而贤良、文学的指控同是一个"盗"字,会不会当年旧案便跟贪墨有关,换言之,其"昆弟子"所为实际上正是桑弘羊的一项"前科"? 回到盐铁会议现场,面对这样直接的指控,桑弘羊的反应很奇怪,全无否认之意:

> "天下穰穰,皆为利往。"赵女不择丑好,郑姬不择远近,商人不愧耻辱,戎士不爱死力,士不在亲,事君不避其难,皆为利禄也……席天下之权,御宇内之众,后车百乘,食禄万钟。而拘儒布褐不完,糟糠不饱,非甘菽藿而卑广厦,亦不能得已。②

"皆为利往"承认己有逐利之心,"事君不避其难,皆为利禄也"、"席天下之权"诸语,竟是摆出一副有恃无恐的模样,明言自己追逐权力正以"利禄"为目的。他的回答,怎么看都令人觉得贤良、文学所言不是空穴来风。

关键在于他有恃无恐,并非虚张声势。

直到盐铁会议当时,桑弘羊之位高权重可以说无人能撼。武帝死前两天,立太子的同时,任命了五位顾命大臣。按荀悦《前汉记》里的排序,依次为霍光、金日䃅、上官桀、桑弘羊、车千秋。

---

① 班固《汉书》,卷十九下,页785。
② 王利器校注《盐铁论校注》,毁学第十八,页132。

桑弘羊以副丞相，排名竟在丞相车千秋前头。① 这使我们对他的有恃无恐，可悟一二。虽然武帝死后，桑氏不能像从前那样呼风唤雨，但作为先帝托孤老臣，从霍光到昭帝谁也无意动他。即便盐铁会议后武帝旧政有所汰弃，他本人仍旧毫发无伤。

又过一年元凤元年，前80才终于出事。下落见于《汉书》食货志、杜延年传等：

> 弘羊自以为国兴大利，伐其功，欲为子弟得官，怨望大将军霍光，遂与上官桀等谋反，诛灭。②

直接原因是谋反，间接原因就是栽在"有恃无恐"上。昭帝明明在拗补父政之失，桑弘羊却仍恃昔年助先帝兴利为"有功"，本已不明智，而他居然还躺在这样的"功劳簿"上继续伸手，从为子弟争官开始，直至与人结盟跨出谋反的一步。他们目标不只是要把霍光拉下马，最终打算废黜昭帝、拥立燕王刘旦。

盐铁会议上的贪黩指控没有下文，不了了之。但到头来，"若蹈坎阱，食于悬门之下，此李斯之所以伏五刑也"，"不知机之是发"的警告，还是应验了。

司马迁和班固都不曾给桑弘羊立传。以其官爵地位，其实不应该。《史记》未立传，非因司马迁去世早。虽然死在武帝之前，司马迁仍坚持写成《武帝本纪》。以此为参考，如果认为值得立传，

---

① 荀悦、袁宏撰，张烈点校《两汉记》，中华书局2018，页270。
② 班固《汉书》，卷二十四下，页1176。

《史记》本可给桑弘羊留个位置。当然,《史记》"列传"的确择人较严,桑弘羊无传或可这样解释。但《汉书》不肯畀以一传,无论如何是出于有意拒绝。《汉书》为断代史,篇幅和入传尺度都较《史记》为宽。武帝时代比桑弘羊显要的人物没几个,卫青和霍去病于武臣中居何地位,桑弘羊在文臣中绝不逊之。《汉书》入传者,地位和分量均不及桑弘羊的人物比比皆是,偏偏他被排除在外。

《盐铁论》末篇"杂论",相当于"编后记"。桓宽用一句话来总结整个会议:"余睹盐、铁之义,观乎公卿、文学、贤良之论,意指殊路,各有所出,或上仁义,或务权利。"① 努力持中,但也暗寓褒贬。逮于"悲夫!公卿知任武可以辟地,而不知广德可以附远;知权利可以广用,而不知稼穑可以富国"② 语出,则完全亮明了倾向性。接着,称道贤良、文学发言者的出色表现,留下其中数人姓名供历史铭记,并捎带批评了车千秋:"车丞相即周、吕之列,当轴处中,括囊不言,容身而去,彼哉!彼哉!"③ 訾议此公在大是大非面前明哲保身,"彼哉彼哉"犹白话"他这人啊,他这人啊",摇头叹息状跃然纸上。最后,对丞相和御史两府属官概予贬诮:"不能正议,以辅宰相,成同类,长同行,阿意苟合,以说其上,斗筲之人,道谀之徒,何足算哉。"④ 实则这些属官在其位谋其政,不与长官唱反调,并无可厚非。

---

① 王利器校注《盐铁论校注》,杂论第六十,页 681。
② 同上。
③ 同上书,页 682。
④ 同上。

《老子》辨

老子，既是人名也是书名，而无论其人其书，俱皆成疑。

自《史记》首立传，老子之存在已疑点遍布。其姓氏虽云"李氏"，然"春秋二百四十年间无姓李者"①，李是晚出于战国的姓氏。至于"名耳，字聃"，后人谓"名耳之说始自汉代……先秦典籍中皆称老子或老聃，没有一处称'李耳'"②，有关"聃"钱穆先生认为照《说文》之释来推想，"其实'老聃'只是寿者的通称"③。而作者问题，清至民国歧见颇纷纷，顺带使年代问题扑朔迷离。有说是老聃所著，后经战国时人增益；有说根本非老聃著，乃其弟子后学援其说发挥所成；更有说《老子》晚出于秦汉之间，"是战国末年

---

① 高亨《〈老子正诂〉前记》，顾颉刚编著《古史辨》第四册，上海古籍出版社1982，页351。
② 陈鼓应、白奚《老子评传》，南京大学出版社2001，页7。
③ 钱穆《中国古代传说中的博大真人——老聃》，《庄老通辨》，九州出版社2019，页14。

或是西汉初年的著作"①。1993年,湖北荆门郭店楚墓出土有三种《老子》竹书片断,经判定下葬期在战国中期偏晚,如此,起码战国中期《老子》已然存世是没有问题了。此外,书名亦有不明。称《老子》易解,系因作者而名之,在当时乃通例,如《庄子》《墨子》《列子》《韩非子》等。至于《道德经》一名,何时有之则未详。惟王国维《经学概论讲义》间接有所论:"孔子以前,有《易》、《书》、《诗》、《礼》、《乐》、《春秋》诸书。而未有经名。《礼记》有《经解篇》。所举之经凡六……其所谓之经者,常也,谓可为后世常法也。故诸子百家目其先师之书,亦谓之经。如墨家有《墨经》,道家谓老子之书为《道德经》。"②看来,不但老子之书称"经"是比照于儒家,而且凡书籍冠以"经"名都不会太早,《史记》只说"著书上下篇,言道德之意五千余言",未提《道德经》之名,可能是个参考。其次,"道德"二字由来本来颇明了:五千言分上下篇,各称"道经""德经",合之即"道德经"。然而1973年出土的《老子》甲乙帛书,篇次却都是"《德经》在前,《道经》在后"③,按此就不应称《道德经》,而应称《德道经》。这也证明"道德经"之名正式固定下来,当晚于马王堆墓葬的年代大致在吕后至文帝之间。另据马王堆帛书整理小组的报告,帛书甲乙本"皆分二篇",虽相一致,但是惟"乙本篇尾标有《德》、《道》篇题",甲本则无。④结合甲

---

① 顾颉刚《从〈吕氏春秋〉推测〈老子〉之成书年代》,顾颉刚编著《古史辨》第四册,页488。
② 王国维《经学概论讲义》,《王国维文存》,页724—725。
③ 高明《勘校说明》,《帛书老子校注》,中华书局2016,页1。
④ 马王堆汉墓帛书整理小组《凡例》,《马王堆汉墓帛书·老子》,文物出版社1976,页2。

本"用篆书抄写"、乙本"用隶书抄写"①的特点，前者应写于始皇末年废古文之前，较后者相对早，似乎以"德""道"分篇也是后有的情形。总之，在最终定型的数百年间，从文字、篇次到篇名、书名，五千言随时在变化。

以上尚非老子其人其书疑云的全部。作为备考的传闻，《老子列传》曾引述老子可能是老莱子或周太史儋这两人当中的一位。郭沫若提出"《老子》是作成于环渊"，"现存老子《道德经》是环渊所著录"。环渊约与孟子同时，楚人。郭氏说他是老子"再传弟子或三传弟子"，认为由他将"老子的语录"著为《上下篇》，犹如孔氏门徒整理《论语》那样。② 钱穆先生辨老犹为不遗余力，先后著文二十篇，终聚为《庄老通辨》一书，主要观点如书名所示，将史上通识颠倒：庄子在前、老子在后，老子乃庄子后学。环绕老子的疑争繁不胜数，多是清代考据学兴起后疑古证伪之风所致，先前的唯古是崇一变而为逢古必疑。这些疑古文章，一般都做得颇为严密，头头是道，看上去铁案如山。比如顾颉刚先生考《老子》系秦汉间作品的那篇《从〈吕氏春秋〉推测〈老子〉之成书年代》，就写得有根有据、条理井然。但郭店简本一出土，其说无疾而终。

综上可言以三：第一，老子诸多谜团，有志且有能力者仍无妨试加探赜，然而正果终将有待考古发现以及建立其上的研究。第二，以外之人，对于过往诸说作为老子研究的情况加以了解非

---

① 高明《帛书老子校注序》，《帛书老子校注》，中华书局2016，页3。
② 郭沫若《青铜时代》，老聃、关尹、环渊，《郭沫若全集》历史编第一卷，页540—542。

无必要。第三，了解有必要，认识受此纷沓所扰并无必要，老子其人云何、《老子》成书早迟，均无改中国历史、思想、文化深受这种学说影响的事实。

简略交代过后，转而来谈本文的写作。我们标题虽挪自钱穆先生1932年的同名旧著，旨义实已远之，无意使已经令人目不暇给的考据文章再添新篇，而惟于"辨"之一字仍觉重要，继续视作探究老子的当务之急。但是，以往的用力处我们不拟重复，前人急于"辨"的方面我们不急。我们眼中非"辨"不可的问题别有所在，切言之乃是老子的思想内涵。

陈鼓应、白奚著《老子评传》，谈《老子》三章"虚其心，实其腹，弱其志，强其骨，常使民无知无欲"，提及"常见有人把这段话说成是老子主张愚民政策"。[①]此"常见"之中，便包括往日笔者。1996年的拙著《袖手清谈》有《重逢老子》一文，中言："原来我是很憎视老子的，他的绝圣弃智观点，在我看来简直十恶不赦。"[②]反感之意，初读《老子》时已生，后来保持许久，且屡屡发现得到呼应和印证。例如郭沫若用"否认一切文化的效用而大开倒车"一语裁定老子，指责他"很露骨地在主张着愚民政策"。[③]若以为类似评说自现当代始，则又不然，宋儒以下实已普遍。举王安石、苏轼和朱熹为例，他们政见分歧很大，然涉老子却一致表示否弃。王安石注《老子》，于"虚其心，弱其志"和"实其腹，强其骨"

---

① 陈鼓应、白奚《老子评传》，页36。
② 李洁非《重逢老子》，《袖手清谈》，中央编译出版社1996，页74—75。
③ 郭沫若《十批判书》，稷下黄老学派的批判，《郭沫若全集》历史编第二卷，页185。

评曰:"使民无知也","使民无欲也"①;复就十一章"三十辐共一毂"数语,驳以圣人"不能无言也,无为也",而斥"无之为用"说"近于愚"。②苏轼对于《老子》全书,以"纷纭颠倒,而卒归于无有"③一语括之。朱熹厌薄尤甚,曾斥"老子心最毒"④,又将其思想特质归诸"少恩"⑤二字。

涉嫌"愚民",已令老子为人诟病,而却还有一个更大的悬案,即老子与法家的关系。徐梵澄先生《老子臆解》,解至三章亦即"虚其心"那段,说:"老氏于此径曰'不上贤',此老子与韩非之所可以同传也。"⑥"同传"云云,系指《史记》"申不害韩非列传第三"。在那里面,申韩渊源被溯诸老子。司马迁于传末结语写道:

> 太史公曰:老子所贵道,虚无,因应变化于无为,故著书辞称微妙难识。庄子散道德,放论,要亦归之自然。申子卑卑,施之于名实。韩子引绳墨,切事情,明是非,其极惨礉少恩,皆原于道德之意,而老子深远矣。⑦

苏轼曾对此谈其"读而思之"的体会,得出"庄、老之后,其祸为申、

---

① 罗家湘辑校《王安石老子注辑佚会钞》,华东师范大学出版社2013,页22。
② 同上书,页35—36。
③ 苏轼《韩非论》,《苏轼文集》第一册,中华书局2016,页102。
④ 《朱子语类汇校》,卷第一百三十七,页3233。
⑤ 同上书,页3220。
⑥ 徐梵澄《老子臆解》,中华书局1988,页5。
⑦ 司马迁《史记》,申不害韩非列传第三,页1673。

韩"①的结论,且进而具体指出法家从老子所获启发,在于"得其所以轻天下而齐万物之术,是以敢为残忍而无疑"。②后来朱熹门生以此请师教,朱熹明确表示是。③法家源头在老子的说法,司马迁之前未见,但《史记》既作此解后,人无疑者。原因是司马迁握有一个铁证,即《韩非子》中"解老""喻老"两篇文章,前者是对老子思想的解说,后者复在此基础上自行发挥。

老子思想之污点,自"愚民"话语始,于遭逢"庄、老之后,其祸为申、韩"之论至其巅。前者犹可存疑处之,后者则令人芒刺在背。法家的历史角色千秋共鉴,设若果由老子肇其初,是必牵及整个中国文化的根基与脉络。如此重要抑且严重的指陈,史迁开先河后却无人辨其究竟,包括清与民国虽然辨老之风极盛,却都只作真伪考证,而对老子的思想内涵及思想史关系浑若无视。

进予究索,则发现二千多年来五千言思想面目已极模糊。它究竟是怎样一本书,似乎难有答案。其传于后世,盖以三途。其一宗教,战国时神仙家由此而来,以后发展为道教,老子被尊教主。其二哲学,学界所重《老子》价值主要在此,以其极富辩证思维,且是中国最早包含宇宙论的著作,并提出、创建或发展了许多重要概念与命题,如道、自然、天地、物、化、一、大、有无、阴阳、象、法、名、静、朴、常等等。④以外还有一种接受与解读亦甚普

---

① 苏轼《韩非论》,《苏轼文集》第一册,页103。
② 同上书,页102。
③ 《朱子语类汇校》,卷第一百三十七,页3220。
④ 参阅钱穆《关于老子成书年代之一种考察》《再论老子成书年代》《三论老子成书年代》《庄老的宇宙论》诸文,均见《庄老通辨》。

遍。李泽厚提到"传言十年前毛泽东同志说过,《老子》是一部兵书",对此李泽厚一面表示同意,一面顺以延伸,认为由《老子》是兵书的线索,"其后更直接衍化为政治统治的权谋策略"。① 循之则岂止"政治统治的权谋策略",中国举凡商海、职场以至日常处世、与人交接,种种韬略遁避和所谓"人情练达",皆可觅根于《老子》。

以上俱系后人眼中的《老子》,而彼此驳舛。这种多义多向、杂流旁出的情形,先秦百家书唯《老子》有之。对于《论语》,或《墨子》《庄子》《商君书》……人们颇易求得一致。惟《老子》见仁见智,划然有别。

顾颉刚先生的古史"被层累地造成"说,用于《老子》最为贴切。一方面,《老子》究竟是怎样一本书,既无界定也无辨析;另一方面,与本义欠明同时,解读却异常活跃,歧见横出,堆积了巨大的解读史。此二者关系颇为奇妙,既彼此抵触又互相促进,本义不辨恰是歧见横出的温床。

鉴此种种,爰有本文。不过,"本义"之词在怀疑论者看来很不足取,任何学说无所谓"客观"面貌,不应借口"本义"束缚人们的自由解读。因此,我们将"辨"的内容略作修限,设定为《老子》究竟是怎样一本书,惟以文本为据,明其缘何写以及写了什么。这样或可避开口舌之争。

先由背景入手。《老子列传》首句记曰:"周守藏室之史也。"② 这是司马迁所审定的老子身份。司马贞《史记索隐》按:"藏室史,

---

① 李泽厚《中国古代思想史论》,人民出版社 1985,页 77—78。
② 司马迁《史记》,老子伯夷列传第一,页 1650。

周藏书室之史也。又《张苍传》'老子为柱下史',盖即藏室之柱下,因以为官名。"① 用今天话讲,周室中央图书档案馆名"柱下",老子是其掌管者,职务属于史官一种。随后司马迁又提及"周太史儋"这个人,"或曰儋即老子,或曰非也,世莫知其然否。"② 汉初还有一说,老子即"太史儋",也有人不认可,司马迁录以备考并未采信——他正式给出的老子身份,就是"周守藏室之史"或"柱下史"。

《文献通考》"经籍考"引《周官》:"太史掌建邦之六典,以逆邦国之治……"其次,有"小史""内史""外史""御史"诸名,皆周之史官。马端临于按语中写:"成周之时,自太史以至小行人,皆掌官府之典籍者也,其名数亦多。"③ 亦即周代历史机构设置极全,有很细的分工。其实鸿蒙初开中国便极重史学,制度缘史而订,诸般创作滥觞于史。比如文学,过去讲"文史不分家",即因文学在我国非独立造物,是从史学分出的支流,故也被称"正史之余"。有关中国史学之早熟,《汉书·艺文志》说:"古之王者世有史官,君举必书,所以慎言行,昭法式也……帝王靡不同之。"④《隋书·经籍志》说:"古者天子诸侯,必有国史,以纪言行。后世多务,其道弥繁。夏殷已上,左史记言,右史记事。周则太史、小史、内史、外史、御史,分掌其事。"⑤ 相对应的历史谓之"三代",时间约当前二十至前七世纪。此时世界上实有更早乃至更发达的文明,但

---

① 司马迁《史记》,老子伯夷列传第一,页1651。
② 同上书,页1653。
③ 马端临《文献通考》第九册,页5184。
④ 班固《汉书》,卷三十,页1715。
⑤ 魏征等《隋书》,卷三十三,中华书局2014,页956。

史学如此完备的,除了中国别无他家。

中国特重史学,是因有一种思维既早且强,即"逆邦国之治"中的那个"治"。"逆"于兹作反溯讲。推崇"治"、以"治"为旨归,是中国在各早期文明中特有的认识,史学意识因此而大张。《易·系辞下》:"上古结绳而治,后世圣人易之以书契。"① 此语讲清了中华文明生长的脉络。结绳乃文明之始,亦为治之始;"后世圣人易之以书契",书契即史乘典章。中华文明自结绳而书契,一路缘以史济治的意识而来。

史与治关,是要格外记住的。如今,史学无妨作为学术与研究的对象,或仅关知识涉猎。但在我国古代,史学明确、从不例外地隶属政治范畴,正如编年通史《资治通鉴》标题所示,史撰的价值即在于"治"有所资。"治"字含"规矩""严整"之意,与"乱"相对。《庄子》:"始乎治,常卒乎乱。"②《孙子》:"以治待乱。"③治即秩序。然而"秩序"在此并不应理解为单方面以及强迫性的约束和制驭。"治"所侧重的,乃平靖、和顺、安宁诸义;上下相协、内外咸和始为治,小治即小安,大治则大顺。中国往古之人已认识到,"治"非偶然、意外可致,有规律可循,有恒通的经验可记取,而史籍的意义就在于此。在中国,"有国必有史"远非出于叙事兴趣。"所以慎言行,昭法式也",史撰关乎规则、准绳的载备,当时名之曰"礼"。史乘既是"礼"的组成,也是它主要的容器。孔

---

① 《十三经注疏》一周易正义,页181。
② 《诸子集成》三,《庄子集释》内篇人间世第四,中华书局2015,页七三。
③ 《诸子集成》六,《孙子十家注》卷七,页一二一。

子谓：“夏礼吾能言之，杞不足征也；殷礼吾能言之，宋不足征也。”①其中"夏礼"无妨置换为"夏史"，"殷礼"无妨置换为"殷史"。史、礼相通，盖已明矣。又，《老子列传》："孔子适周，将问礼于老子。"②老子乃周守藏室之史，而孔子访以问礼，亦证史通礼、礼通史。

孔子适周，具体年月不详。"是时也，晋平公淫，六卿擅权。"③晋平公死在前532年，六卿擅权发生于其晚年。据以推算，孔子适周年约二十上下。时届春秋晚期，周室气数每况愈下。之后，老子"见周之衰，乃遂去"。"去"，即遁世、归隐。人惟知其路线向西而行，究竟落脚何处，则"莫知其所终"。途经一处关隘—一说散关，一说函谷关，为关令所滞留。《史记》原文"关令尹喜曰"，鲁迅《出关》读作姓尹名喜，也有读为"关令尹高兴地说"，无关紧要。总之，后者对老子说："子将隐矣，强为我著书。"此请应与孔子"问礼"相仿，系出对老子学识的膜拜。"于是老子乃著书上下篇，言道德之意五千言。"④此即《老子》诞生的经过。

老子"见周之衰"而决意归隐，从中看出三种心情。一、对当世深感厌嫌。在这点上，他与晚学孔子当有共同语言。惟孔子心迹较明，亟为周室哀，老子则不明朗，五千言当中没有眷恋周室的直接表达。"见周之衰"可解释为悲周，也可能单纯出于对凌乱世态的排拒。二、对现实老子不只是失望，还明显做出一个判

---

① 班固《汉书》，卷三十，页1715。
② 司马迁《史记》，老子伯夷列传第一，页1651。
③ 同上书，孔子世家第十七，页1496。
④ 同上书，老子伯夷列传第一，页1652。

断,亦即世之颓势无可挽回,这是"乃遂去"的合理解释,必"去"乃能与浊乱切割。三、出关前著五千言虽系关尹所"强",然终肯操觚,恐不尽出无奈而未必心无所寄;"去"是了断,以毕生所研所思留一绝笔之作,可能是深思之后的更好的了断。

守藏室,应即周室簿书典藏处。老子既为其史,终身浸淫于周诰殷盘、断烂朝报,"寻坠绪之茫茫,独旁搜而远绍"大抵是他生命流光的全部。所谓"上古结绳而治,后世圣人易之以书契",老子日复一日寓目之物俱因"以逆邦国之治"被收集和藏存,则老子之学必关治道无疑矣。朝夕研问在于是,积年心得亦莫非系乎此。作为弃隐前的绝笔,老子想要或可以留下怎样一本书并非不可推知。

续予分辨,任何文本产生虽自于"写",实亦暗嵌于"读"。除非作者秘之私箧不拟示人,否则对读者的预想乃是必有之考量。但这一考量较为隐性,作者极少亲自出面有所指点。另一方面,对读者问题的察觉与重视,普遍来讲是一种晚近的意识。所以《老子》读者问题,以前从未提出。此种缺失,设若仅关语义浅明的文本,尚不至造成太大问题,但在古奥简省如《老子》者面前或许是致命的。千百年来读老者三教九流,人人皆从自己眼光径予读之,自取所需,偏偏未就老子原本的读者预期有所设问。这无意之疏忽,考于实际极可能正是《老子》真面目渐失的原点。

所谓"实际",指一条可靠的线索。我们知道,老子与孔子的时代为我国私人撰著之始。中国有书虽早,先前则俱系官撰。私撰所以未现,种种原因中读者的关系实居其首。简单来讲,在特殊阶级以外,阅读无任何社会文化层面的支撑,私人撰著简直可谓无的之矢、无源之水。这情形被明确改变，始自孔子。孔子一面自称"述而不作"，一面仍亲笔写有《春秋》；余如删《诗》、编《书》、传《易》等，虽不尽为原创亲作，广义上也可视为撰著。既"述而不作"亦有所撰著，皆其独特身份所致。作为"至圣先师"或中国私学之祖，"述"是其工作基本内容，日后门徒整理的《论语》便反映着这种情况；但是，既有三千弟子从以受教，适当预备教材亦自不免，《春秋》以及删《诗》、编《书》、传《易》，实际就是作为施教读本而来的制作。所以孔子之为私撰第一人，在于破天荒地拥有一个三千弟子的读者群。这是坚实的着落。老子年代与孔子相近而略早，借孔子以观，我们却只会茫然。虽然后世研究者声称老子颇有后学——从环渊以至庄子——却无一亲传，史载老子出关惟欲弃隐，未及后有收徒讲学之事。故五千言为谁而作，始终是个悬念。我们惟知写成后授诸关尹，却总不至于认为是专为这么一个人而写。

也许可参借史上相类的作品，来破此悬疑。相隔大约二千二百年，海氛澌灭、复国无望之际，黄宗羲避地深山作《明夷待访录》。《题辞》曰：

> 余常疑孟子一治一乱之言，何三代而下之有乱无治也？乃观胡翰所谓十二运者，起周敬王甲子以至于今，皆在一乱之运、向后二十年交入"大壮"，始得一治，则三代之盛犹未绝望也。前年壬寅夏，条具为治大法，未卒数章，遇火而止。今年自蓝水返于故居，整理残帙，此卷犹未失落于担头舱底，儿子某某请完之。冬十月，雨窗削笔，喟然而叹曰：昔王冕仿《周

礼》，著书一卷，自谓"吾未即死，持此以遇明主，伊、吕事业不难致也"，终不得少试以死。冕之书未得见，其可致治与否，固未可知。然乱运未终，亦何能为"大壮"之交！吾虽老矣，如箕子之见访，或庶几焉。岂因"夷之初旦，明而未融"，遂秘其言也！①

古之智识者，求治胸襟卒不能弃。梨洲此时痛绝无望而心犹未甘身死，怅惘中"条具为治大法"，遗之以待"明主"，来与"夷之初旦，明而未融"的现实相抗。梨洲援王冕为先例，其实他还有一位更有力的前驱——加以比较，五千言实可谓老氏之"待访录"，心绪无不同，初衷无不同，性质也如出一辙。

若五千言乃老氏之"待访录"的解释成立，则其读者悬念便迎刃而解。此类写作，其读者不但有待于后，且所"待"之人必非普通人无疑。反观关尹索文而老子撰五千言以付，益见入情合理。关尹，士大夫，有官在身。非这种人索请，五千言必不作；既已作之，亦非这种人不授也。换言之，《老子》根本是为少数人所写。更明确讲，老子仍是作为"周守藏室之史"命笔，犹如司马迁以"太史公"撰《史记》，虽然当时老子自去其位，五千言却是其职务写作的延续，所含读者实惟仕者、贵族、侯王之流，故无须像《春秋》那样因"受业者甚众"而后作。中国私撰的起点，确在孔子不在老子。五千言的性质，应视为非正式的官书而非私撰。

既辨读者，再辨文体。文体也是《老子》读解中一个关键因素。

---

① 《黄宗羲全集》第一册，浙江古籍出版社2005，第1页。

五千言取散言样貌，古朴简省并且有韵，形态迥乎后世文章，不易捕其逻辑。而文法实与读法相关，读法与文法不合，牴牾必生。依后世文法读《老子》，很难避免为横斜逸出的虬枝所迷而失主干。反过来，既知文法已殊，则应主动俯视《老子》全文作逆向之构，知散求整，梳其脉络，于纷披之言稽索潜隐逻辑。有无这种重构的意识，或将使《老子》显现为截然不同的书。无之，多半读为只言片语，虽句句精妙却似云无心而出岫；有之则幡然相迥，立知五千言外"散"内"敛"，天花乱坠的表象下，旨义深笃，一贯到底。

　　有关于读法的觉悟，郭店三种竹书和马王堆帛书甲乙本，对我们是有力的提醒。迄今《老子》文本没有比它们更古的，而其面貌全非后来通行本那样。帛书除德经在前、道经在后的编次相反，还有一个重要区别，即高明先生《勘校说明》所讲"帛书老子甲、乙本皆不分章"[①]。郭店竹书虽为残简，亦能看出有上述特点。易言之，古本连续而不相割裂，通行本八十一的分章实出后人所为。由此知阅读《老子》实可以更自由，大胆跳出通行本的制约，以全局而不拘滞的目光，通求其旨义及精神。《老子》确以语语出彩、通篇几皆格言警句的特色著称，读者应接不暇，极易为其锦心绣口、思玄语隽所诱。此虽为《老子》迷人处，同时也是文法相殊暗藏的陷阱。如果欠缺知散求整的重构意识，势必读得支离破碎，惟见树木不见森林，这是笔者以往读不得法的切身体会。迨至悟出应越过孤立辞句，俯视"上下文"搜求反复呈现、缕述不弃的语义，以此法重新再读，始知截然不同。

---

① 高明《勘校说明》，《帛书老子校注》，页2。

《老子》是怎样一本书,辨识途径略如上。一在老子的职务与所学,二在写作缘起与情境,三在隐含的读者预期,四在对于文体和读法的省问。合四者以辨,《老子》所承载与指述者,或今所谓思想内涵,并非不可知悉。

具体先看这一段:

> 有物混成,先天地生,周行而不殆,可以为天下母。吾不知其名,字之曰道,强为之名曰大。大曰逝,逝曰远,远曰反。故道大,天大,地大,王亦大。域中有四大,而王居其一焉。人法地,地法天,天法道,道法自然。①

此节通行本标为二十五章,通览全文,实总其纲。"人法地,地法天,天法道,道法自然。"五千言立论,无非在此十三字。法,绳准之谓,而迭言以四,次第揭橥宇宙逐级存在与归属。此秩序中,"自然"居其巅,人为其末,但言筌所归恰恰在人。次第为法的关系,标指了人世趋往美善的可由之路。《老子》通篇宗尚"自然",置为宇宙之本,但"自然"却非论说目标,而起一种比兴作用,以最终引出"人法自然"的主旨。及论人世,"王"的字眼赫然入目。"故道大,天大,地大,王亦大。域中有四大,而王居其一焉。"此字眼在,足证"人法自然"的落脚点断然是政治,五千言所论核心断然是政治。其政治表达,时而为"王"容乃公,公乃王,王乃天,天乃道,道乃久,时而为"圣人"圣人无常心,以百姓心为心,时而为"上"

---

① 楼宇烈《老子道德经校释》,中华书局 2012,页 63—64。

民之饥,以其上食税之多,时而为"人主"以道佐人主者,不以兵强天下"天子"故立天子,置三公,而以"圣人"最常用。所谓"上下文"间反复呈现、缕述不弃的语义,于兹已明且凿然可验。

楬之益确:《老子》是政治书,是中国最早的立足历史经验讨论和探究理想国家、理想社会、理想政府图景与模式的归于个人名下的著作。

《老子》一书,惟自言治角度读之始能达诂,否则或致割裂或入歧途。姑举数例:

> 五色令人目盲,五音令人耳聋,五味令人口爽。①

径解,极易仅视为玄妙哲言,启人性状之思。然若移目于随后的"驰骋畋猎令人心发狂",立知是政治批判劝诫,"五色"、"五音"、"五味"与"驰骋畋猎"并列,皆侯王辈为之有之,"盲"、"聋"、"爽"亦与"心发狂"相对,是对侯王辈奢欲而害己的后果描述。

> 载营魄抱一,能无离乎?专气致柔,能婴儿乎?涤除玄览,能无疵乎?②

养生家见此,易生采炼之想,孜孜于气习陶冶。而原文则继以言曰:"爱民治国,能无知乎?"遂知以上诸语都是针对有"治国"之任者,

---

① 楼宇烈《老子道德经校释》,中华书局 2012,页 27。
② 同上书,页 22—23。

敦其省思执政心态能否与民"抱一"、"无离",能否以"柔"怀之。尤其"婴儿",在《老子》一贯用作政治意象,寓指天籁浑然、旷放豁达的统治情形,"如婴儿之未孩"①,"为天下谿,常德不离,复归于婴儿"②,皆是此意。

> 生而不有,为而不恃,长而不宰,是谓玄德。③

上天抑或所谓"大自然",孳生万物而不据以私有,哺育之而不恃为己功,放任它们生长而不加诸斧斨 "宰"有杀戮之意——老子以为其中有最高最大之德。但这自非止乎赞美自然,《老子》以"人法自然"为鹄的,故"玄德"切解,实即圣人之德,是"圣人之治"应具的德度。

> 兵强则不胜,木强则兵。强大处下,柔弱处上。④

兵家阅而揣之用于谋,颇为自然。实则老子在此何尝言以兵法,他原本想说的是兵不可恃,以及去兵、省兵。他从自然界借得比喻:"木强则兵",树木最结实部位,被人取以制为兵器,然而原本在树木,强干处其下,柔弱枝条反处其上。以此启人心窦,"强

---

① 楼宇烈《老子道德经校释》,中华书局 2012,页 46。
② 同上书,页 73。
③ 同上书,页 137。
④ 同上书,页 185。

兵"不美、非上选。观《老子》全篇，"兵"及其象征的武力暴力，根本是被否定的对象。"以道佐人主者，不以兵强天下，其事好还。师之所处，荆棘生焉。大军之后，必有凶年。"①"兵者，不祥之器，非君子之器。不得已而用之，恬淡为上，胜而不美。而美之者，是乐杀人。夫乐杀人者，则不可以得志于天下矣。"②而理想之国，"虽有甲兵，无所陈之"③。《老子》对武力暴力实则弃之惟恐不及。读《老子》但不失"上下文"，本不该对它强烈的和平主义精神视而不见，其于不争、众生自由、怀柔顺天、载物无禁的论述俯拾即是。

《老子》原本是怎样一本书，至此可鉴。上引诸句，以往要么视为玄言妙理，要么视为箓籍仙法，要么视为伐战之谋，然考《老子》"上下文"，原意则都是"言治"，以阐"圣人之治"。

笔者深为所扰的"愚民"问题，亦自明了以言治之书读《老子》后，畅然了结。这当中，厘清话语指向是关键：

> 不尚贤，使民不争；不贵难得之货，使民不为盗；不见可欲，使民心不乱。是以圣人之治，虚其心，实其腹；弱其志，强其骨。常使民无知无欲，使夫智者不敢为也。为无为，则无不治。

这是涉嫌愚民反智的著名片段。泛泛视之，字字其心可诛，似乎

---

① 楼宇烈《老子道德经校释》，中华书局 2012，页 77—78。
② 同上书，页 80。
③ 同上书，页 190。

公然主张人民浑浑噩噩、蠢如豕犬。然当转换言说对象,转译后应是这样:

> 治国者应毋事以贤举能,引导民众为权名奔竞;毋事炫耀奇珍异宝,刺激民众贪念;毋事逞纵自身各种欲望,诱使民众效尤。圣人对社会的治理,无令民众心魄嚣扰而保其饱暖裕足,无令民众贪功名逐利禄而保其健强安康。在真正的治世,民众通常不觉有何欠缺,或急于达致的念想欲求;所谓才智之士亦无措其手足、失去用武之地。当所有人都无须特别而奋力做着什么、表现什么、攘取什么,那便是无人不自在、不平和的治世。

将主语定为"治国者"细读理应如此语义即明显如上,此与愚民反智又有何干?复观所绘"圣人之治"风貌,"民众通常不觉有何欠缺,或急于达致的念想欲求","所有人都无须特别而奋力做着什么、表现什么、攘取什么","无人不自在、不平和"……人人自如,处处恬熙,岂是愚民统治所能致?真正的愚民统治会怎样,取《商君书》以读,是很好鉴辨的。

另有一段话,更为指老子持愚民立场者所必提:

> 古之善为道者,非以明民,将以愚之。民之难治,以其智多。故以智治国,国之贼;不以智治国,国之福。[①]

[①] 楼宇烈《老子道德经校释》,中华书局 2012,页 167—168。

明，聪明；愚，愚昧。毋令人民聪明，而应使之保持愚昧。老子公然这么说，其愚民主张显然是板上钉钉，不容抵赖。

然而，读《老子》不能如对后世文章。后世文章读得粗一点，乃至囫囵吞枣，问题不大。都知道后世文章越写越长，文言时代长文不过几百字，而今二千字却算很短的文章。用"博大精深"形容《老子》，应无人反对，然而这样的《老子》，总共只有区区五千言。今天若以此为限，让人写成一本书，神仙也做不到。为什么？行文意识与方式天悬地殊。没有印刷术以前，文章著作及其传播全靠手写笔抄，自然心存节俭之念。而在没有纸张之前，不但手写，通常都书诸简策，写得长了，存放取阅全是负担。这意味着，文章愈古愈以简约为特质，对任何意思的表达都不会像后世那样袒露至尽、一览无余。反过来说，文章愈古读者愈宜谨慎，哪怕似乎豁然可解的文字，亦勿匆忙论之，而应细细审辨之后再作鉴断为妥。

我们于如上引文所须辨的，是老子在此究竟有无表达愚民的主张。大家首先应知道，愚民并非目的，只是手段。没有人为愚民而愚民，如不能从中获取好处利益，谁都不至于吃饱了撑的搞什么愚民政治。以《商君书》为例，我们判它主张愚民，绝不只因为它出现了这样的字眼，更因为它把缘由和目的讲得明明白白："民弱，国强；国强，民弱。故有道之国务在弱民。"[①] 民因愚而能弱，民弱则有利于国强，这是商君劝孝公行愚民之术时所讲的道

---

① 《商君书锥指》卷五弱民第二十，页122。

理。在这种道理中,国与民是对立的关系,形同水火,彼弱此强、此强彼弱。为何是这种关系,商君也直言不讳,他所谓的"国"乃独夫之国,"权者,君之所独制也"①,君权至上、唯大,独占独享,而完全排斥分享的概念,这样的"国"当然不能给"民"留余地,"国"是刀俎、"民"为鱼肉——所以,结论自然是"有道之国务在弱民"、"民愚则易治也"②。商君愚民主张的逻辑十分清晰和完整,人们读了,都很明白他为何要搞这种东西。然而老子呢?虽然"民之难治,以其智多"与"民愚则易治也",两句话貌似难分彼此,但我们转而搜求老子的愚民理由,却丝毫也找不出。不但如此,甚至相反,《老子》通篇所谈,全是统治者应该与民和光同尘,以至于要求他们"无心""无欲",而以百姓之心为常心……岂不是很奇怪?

逻辑上无着落,我们更应细审字义,看是否这方面出了问题。汉字不以精切见长,弹性较足,审美性强过科学性,又兼历史悠久,古今字义变化极大。"愚"字本身便是很好的例子,现代用法基本已偏贬义,愚昧、愚蠢、愚笨等;《说文解字》解释为"戆也",对"戆"则解为"愚也",可见当时两字同义,而"戆"则不能说是贬词,多指迂直、不知变通,有时也指心地憨诚甚至刚直。《仲尼弟子列传》:"师也辟,参也鲁,柴也愚,由也喭,回也屡空。"③描述了孔子五位弟子的特点。其中,柴指高柴,字

---

① 《商君书锥指》,卷三修极第十四,页 82。
② 同上书,卷五定分第二十六,页 145。
③ 司马迁《史记》,仲尼弟子列传第七,页 1694。

子羔，他"受业孔子，孔子以为愚"①。此处，"愚"明显不是指愚昧、愚蠢、愚笨，何晏释为"愚直之愚"②，亦即接近"戆"的含义。另外，《论语·阳货》还记有孔子专门就"愚"的不同性质所讲一句话："古之愚也直，今之愚也诈。"③ 在较古的意义上，"愚"至少不一定是坏字眼。《康熙字典》就单独列出一种后来已经不用的含义："一曰愚之言寓也，无所为若寄寓然。"④ 无所谓、浑不介意或与物无忤，谓之愚。

考诸《老子》全文，窃以为"非以明民，将以愚之"中"愚"的用法，最近于"无所为若寄寓然"，尤其是当它与"明"相对而提出时。王弼就此句注曰："明，谓多智巧诈，蔽其朴也。愚，谓无知守真，顺自然也。"⑤ 古之学者胸无杂念，治学专注。王弼这句解释，字字显出了对《老子》全文的通透把握，绝非如今天很多人那样，出于己意而把原文强解成另外的样子。"顺自然"，即守真葆朴，即"无所为若寄寓然"。而"明"则"多智巧诈"，将会环环相扣带来无尽的恶果，"以智术动民，邪心既动，复以巧术防民之伪，民知其术，随防而避之。思惟密巧，奸伪益滋，故曰'以智治国，国之贼'也。"⑥ 老子视朴实为幸福之本，一旦失之，不惟个人不幸，社会亦必沦丧，美善无从谈起。曾国藩建湘军有个原

---

① 司马迁《史记》，仲尼弟子列传第七，页1712。
② 同上书，页1694。
③ 朱熹《四书章句集注》，论语集注卷九，阳货第十七，页180。
④ 《康熙字典》，上海辞书出版社2014，页340。
⑤ 楼宇烈《老子道德经校释》，页167。
⑥ 同上书，页168。

则,只选"朴实而有农气者","其有市井衙门气者不用。"① 因为浸染市井衙门气的人心眼多、浮滑、圆融、奸伪、势利,见风使舵、投机取巧,曾国藩目为军中大忌,"一遇危险之际,其神情之飞动,足以摇惑军心,其言语之圆滑,足以淆乱是非"②,"军营宜多用朴实少心窍的人,则风气易于纯正"③。老子谓"民之难治,以其智多"显然就是此意,与商君"民愚则易治"的险恶用心,岂可混为一谈?我们甚至应该说,老子所讲的"愚",孔子也会于心有戚戚然。在《论语·阳货》"古之愚也直,今之愚也诈"那句话后面,孔子紧接着便说"巧言令色鲜矣仁"——能言善道、神色活泛之辈去"仁"必远;某种意义上,"愚也直"或许更易接近"仁"。

至此,"古之善为道者,非以明民,将以愚之"一段是否主张人民愚昧化,想来已有答案,顺而发现所谓"绝圣弃智""绝仁弃义"的真正含义也能由此解开。关键仍在"上下文",其前一句"大道废,有仁义;慧智出,有大伪。"④ 明言仁义、慧智之宜绝宜弃,在于它们乃社会已然隳坏的表征。续读后句"六亲不和,有孝慈;国家昏乱,有忠臣"⑤,其意益明。在老子看来,这些貌似嘉言懿行的现象,是恶化现实的伴生物,倘社会未失恬真,对此类品质的推重原是不必的。

老子一派偏爱逆向思维,看问题往往绕到背后或反面。庄子《齐

---

① 王定安《湘军记》,岳麓书社 1983,页 340。
② 曾国藩《与姚秋浦》,《曾文正公全集·七》,中国城市出版社 2014,页 104。
③ 曾国藩《复李次青》,《曾文正公全集·六》,页 277。
④ 楼宇烈《老子道德经校释》,页 43。
⑤ 同上。

物论》:"以指喻指之非指,不若以非指喻指之非指也。以马喻马之非马,不若以非马喻马之非马也。"① 这话就有点绕。大意是,想要说明一件事,与其用"是什么"的正面方式论述之,不如用"不是什么"的反向方式论述之。这是他们喜欢的思维方式。儒家言说只从正面切入,直奔主题,不善于也不知道拐弯,是极普通的思维。道家则不然,不肯走直线,总是设法迂回甚至颠倒,以便认识更深透。《齐物论》这番话,便是他们思维方式的自我陈述。

总揽以观,"弃智""绝仁"之谈很明显是想表达独特的现实批判。彼时五百年乱世既显,老子痛心疾首,厉言以指其危。这与正面高举"仁"字大旗奔走呼号的孔子相映成趣。孔子隆"仁"而老子斥"仁",表面看针尖对麦芒,但冷静一想,毋如说孔子适足为老子证。颜渊问仁,孔子答以"克己复礼为仁"②。礼已失,于是孔子欲以"仁"复之,岂不恰是应了"大道废,有仁义"一语?时有贤者往见孔子,出而叹道:"天下之无道也久矣,天将以夫子为木铎。"③ 木铎者,"施政教时所振,以警众者也"④。可见儒以仁义礼智信救世,正乃"六亲不和,有孝慈;国家昏乱,有忠臣"之验。就实质论,老子愤世与孔子救世,对于现实的体认是一致的,并不矛盾。所不同者,孔子欲以救世者,老子断然认为不能救。在此,老子显出了思想的跳脱性,非但不信仁义慧智可以抑暴制暴,而

---

① 《诸子集成》三,《庄子集释》内篇齐物论第二,页三三。
② 朱熹《四书章句集注》,论语集注卷六,页132。
③ 同上书,论语集注卷二,页68。
④ 同上。

且站在更远的前端,预言各种漂亮辞藻恐将化作假仁假义,反过来骗世祸民。而历史果然证明"慧智出,有大伪"的警示入木三分,其情形代代不绝、愈演愈烈,甚至儒家纲常本身后亦不逃此命运。"绝圣弃智""绝仁弃义"真正质疑的是,社会究竟是把自己托付于那些救赎,还是使之置诸压根儿无须其匡扶之地?

老子所见一骑绝尘,冷僻谈锋更足惊世骇俗,不少地方实已超出时代的理解力,遂使"言治之书"的价值有如明珠投暗。其真相勘破,竟然一直要等到清末。陈柱先生1927年感叹说:

> 呜呼!老子之学,盖一极端自由平等之学也!知此者,其唯清之严又陵乎?①

将严复的认识,推为史上第一人。严说见其1905年所作《〈老子〉评语》:

> 夫黄、老之道,民主之国之所用也。故能长而不宰,无为而无不为;君主之国,未有能用黄、老者也。②

> 夫甘食美服,安居乐俗,邻国相望,鸡犬相闻,民老死不相往来,如是之世,正孟德斯鸠《法意》篇中所指为民主之真相也。世有善读二书者,必将以我为知言矣。呜呼!老

---

① 陈柱《老学八篇》,商务印书馆1934,页1。
② 严复《〈老子〉评语》,《严复集》,中华书局1986,页1079。

子者,民主之治之所用也。①

认为老子之义,惟民主时代能明。时人慨言:

> 余独有慨于老子之说,既蒙昧两千余岁,得严氏而后发其真,严氏一人之力不足以发之,犹必藉泰西往哲之说以发之,则东西道术之有待于疏通证明之亟也。②

亦以《老子》一书"蒙昧两千余岁,得严氏而后发其真"。

"故知《道德经》是言治之书。"③严复此语当属二千余年来有关五千言的最重要论断。二千余年无人能道而严复言于1905年,确是时代使然。帝制时代,老子所言"治",盖如鸡同鸭讲,终淹没于种种误读曲解。而当近代人类政治有所突破,"言治之书"的正解终于浮出。不过,严复观点当时虽得夏曾佑等人响应,二十年后亦有陈柱先生称引,总的来说影响仍很有限。我们从郭沫若以至李泽厚等日后主流作者那里看见,"《道德经》是言治之书"的认知未获接续,更遑言有所深入。

之如此,主要有两点。

一是严复等的新解,系"藉泰西往哲之说以发之"。他山之石可以攻玉,诚有是言;老子学说超古迈今,近人假时代启发而有

---

① 严复《〈老子〉评语》,《严复集》,中华书局1986,页1091—1092。
② 同上书,曾克耑序,页1103。
③ 同上书,页1091。

所悟也在情理之中。但借以为镜的同时，往往不免受其拘泥。百年迄今，中国新说新见每落入比附欧美的窠臼，以"彼所有我古亦有之"收场乃是普遍情形。"《道德经》是言治之书"深中肯綮，但对"言治"解释不离"民主"字样，包括陈柱先生"极端自由平等之学"的表述，比附西方语义的痕迹明显，而于老子原旨是否相吻并未细审。

其次，"藉泰西往哲之说以发之"已属未尝深辨，且所"发"亦局蹐一隅。严复对"言治之书"的阐扬仅见于极少段落，所用的评点方式，本身有欠系统，故而除以上引录数句涉及老子"言治"，更多议论作哲学、物理、德性之谈，颇为斑驳。陈柱《老学八篇》，斥以往释老"大抵言养生者则视为修养之书；言兵者则视为阴谋之言；言佛者则视为虚无之旨；言仙者则视为学仙之诀"，"其说多怪妄不经"，很是正确；但他自己谈《老子》，又将其一分为三：

> 就哲学而论，则为主张天演物竞之说；就政治而论，则为打倒专制政府，反对复古之学说；其对于社会生活，则主张损有余，补不足，抑奢侈，尚俭朴，使贫富阶级，不甚相悬，人之欲望，不致太奢，以求社会秩序之安宁。①

有刻意之感。"使贫富阶级，不甚相悬"，"求社会秩序之安宁"，何以不是政治课题，非以"社会生活"名目另外言之？考其衷曲，陈柱先生其实是放不下老子的哲学，必欲单独留一位置而已。

---

① 陈柱《老学八篇》，页26。

将哲学从《老子》中孤立出来，予以突出，正是辨老不足的表现。《老子》可以作为包括哲学在内的诸多学问的研究材料，此无疑问。但哲学在《老子》中居何位置，则应辨审。以形而上学视之，希望藉以证明中国古代非无形而上学，是很多研究者放不下的情怀。然而哲学并非都从抽象角度发生，不少哲学思考专注特定领域求其特定本质，比如艺术哲学、历史哲学、法哲学等，政治也不例外，而有政治哲学。《老子》哲学从未脱离"言治"之旨，始终围绕何为"治"、何以"治"以及"治"之境界，追本溯源、探赜钩沉，明显是政治理论的有机成分。将哲学与《老子》主旨相剥离作抽象诠解则非，视为政治思考和论证则是。举通行本置为首章的开篇一语为例：

> 道可道，非常道；名可名，非常名。无名天地之始，有名万物之母。故常无欲，以观其妙；常有欲，以观其徼。①

孤立看抽象悬邈，首句即易诱人形而上之想。陈柱先生以为"人将问我以何谓道，我亦竟不能答也"②，王力先生亦指"老子固自承道常道之难能，无怪乎其言及本体，则闪烁其辞也"③，是皆以玄学视之，指为不可知论。然通读上下文，由"无名天地之始，有名万物之母"一句立知"可道，非常道""可名，非常名"，并非"白

---

① 楼宇烈《老子道德经校释》，页1。
② 陈柱选注《老子》，商务印书馆1937，页1。
③ 王力《老子研究》，商务印书馆1928，页6。

马非马"那种抽象名实思辨,而要引出"无名""有名"状态的区分。对此王弼注曰:"凡有皆始于无,故未形无名之时,则为万物之始。及其有形有名之时,则长之、育之、亭之、毒之,为其母也。"① 老子欲将一切存在标定为两种。一种"无名",其间万物等一、无差、自在。一种"有名",事物已寓隶属关系,本来无禁之天地悄然被赋予所生、所育、所长、所宰诸义。他称"无名"曰"始","有名"曰"母";"始""母"之别,即在前者纯任生衍自适放恣,后者则有意志介入、以始自居。进而,老子以"欲"字为"始""母"的界限,"始"无欲而"母"有欲,从而引出"无欲""有欲"之辨。综览《老子》,是以"无名"说自然而以"有名"论人世。到了"故常无欲,以观其妙;常有欲,以观其徼"这一句,收束更见具体;王注:"妙者,微之极也。万物始于微而后成,始于无而后生。""徼,归终也……可以观其终物之徼也。"② 盖谓察究人类政治宜当知"无欲"观"有欲"。一面,万物本自然之子,生命源于自然,故而应返自然之"始"以观"无欲"之微;另一面,人既有灵、从"无欲"变"有欲",社会与自然因现差异,故于"有欲"也不可不省,应密予察视以觇其归。知"无欲"审"有欲",二者并通"道"乃"可道"。整句话明显是老子对其政治学的一番发明,就此徐梵澄先生解以"用世道也"四个字,最切原旨:

> 老氏之道,用世道也。将以说侯王、化天下。欲者,侯

---

① 楼宇烈《老子道德经校释》,页1。
② 同上。

王之志欲、愿欲也。有欲、无欲异其度,于微、于窍观其通,将以通此道之精微也。①

看来,以"言治之书"称《老子》,与真正以此视之尚有距离;意识到其为"言治之书",也不等于已悉《老子》究竟以何为治。一切仍须进一步辨析。

人类因有国家而有政治。以何为治,实即对于国家持何主张,或所谓国家观如何。中国早期思想中,提出过完整的国家观并给出其形态者盖有三家,即老子、孟子与商子。

孟子体系构筑于"民本"内核,已含"天赋民权"意识。商子国家观,缘极权与专制思想以立。此二者各与人类两大主流国家观相吻,背后理念分别是"善"与"恶"。认"人之初,性本善",故认国家宜奉大同、调和之思趋以进之则至于共和、民主。认"性本恶",乃主国家崇尚专政、暴力并信不如此即不能保国安固。以善、恶为国家观底层思维,逻辑简明可靠,古往今来认识率皆出此。

《老子》的国家思考则殊异奇特,从本原和逻辑上另有根基。其立论,明显无关善恶抑且超越之。"天地不仁,以万物为刍狗;圣人不仁,以百姓为刍狗"②,特示宇宙不以善有所生,不以恶有所灭,所本在"自然",而"自然"则不因尧存不为桀亡。"顺其自然"的认识居于善恶之外,颇为显明。但此一"自然"与科学上独立于主观的客观"自然",并不等量齐观。自"有物混成,先天地生""独

---

① 徐梵澄《老子臆解》,页3。
② 楼宇烈《老子道德经校释》,页13—14。

立不改,周行而不殆"①论,老子"自然"有物理的一面;然终不尽为"物",还沛然洋溢生命情态,不塞其源、万类自由、众生平等。故老子所谓"自然"是主客观相协相融相通的和谐体,从而提出"人法地,地法天,天法道,道法自然"的秩序。故知老子眼中正确的国家,是无悖上述"自然"之理的国家。

这样的国家,当然不取专制样态,而它是否如严复先生所说含"民主"之思,则尚须分辨。寻章摘句,《老子》确有一些近似"以民为本"的表达,诸如"爱民治国"②,"民不畏死,奈何以死惧之"③,"民之饥,以其上食税之多,是以饥。民之难治,以其上之有为,是以难治"④,"有余者损之,不足者补之。天之道,损有余而补不足"⑤……单独引出,令人恍如读孟子。但我们知道,"民主"与"专政"虽相扞格,而实为一枚硬币的两面。商鞅说"权者,君之所独制也","权制独断于君则威"⑥,孟轲则说"天视自我民视,天听自我民听"⑦,俱从权由谁制的角度构其政治秩序,或以少数人统治多数人,或以多数人压迫少数人,貌离而神合。察诸五千言,则没有权为谁"主"的观念,既不讲"君之所独制",也不讲"自我民视""自我民听"。老子主张的政治,盖即"和其光,

---

① 楼宇烈《老子道德经校释》,页62—63。
② 同上书,页23。
③ 同上书,页183。
④ 同上书,页184。
⑤ 同上书,页186。
⑥ 《商君书锥指》卷三修极第十四,页82。
⑦ 《孟子集注》卷九万章章句上,《四书章句集注》,页313。

同其尘"[1]一语所示,社会若琴瑟和鸣,有天行之顺,无人不自在。

既不专制也不民主,听上去匪夷所思。仅仅五十年前,地球上仍难以想见其事。而考近来动向,相较专制遭唾弃更堪注目的是,民主或多数人对于少数人之威权也开始被超越。1971年,罗尔斯于《正义论》中论道:"每个人都拥有一种基于正义的不可侵犯性,这种不可侵犯性即使以社会整体利益之名也不能逾越。"[2] 正义"不承认许多人享受的较大利益能绰绰有余地补偿强加于少数人的牺牲"。[3] 此认识形成以来五十年间,"民主"概念预置的少数服从多数原则,其天然正当性已经动摇,弱势和非主流的人群、文化、价值取向及生存方式,平权势头日形强劲,虽也衍生出新问题,但社会多元趋向甚是明朗。不得不说这新的趋向颇合"无人不自在"之旨,人类已开始为这样的社会而努力,老子既不专制也不民主之设想正变得易于理解。

《老子》于其"理想之国",是做出过具体描绘的:

> 小国寡民,使有什伯之器什伯即十百,指军队而不用,使民重死而不远徙。虽有舟舆,无所乘之;虽有甲兵,无所陈之;使人复结绳而用之。甘其食,美其服,安其居,乐其俗。邻国相望,鸡犬之声相闻,民至老死不相往来。[4]

---

[1] 楼宇烈《老子道德经校释》,页148。
[2] 罗尔斯《正义论》,中国社会科学出版社1988,页1。
[3] 同上书,页2。
[4] 楼宇烈《老子道德经校释》,页192。

此段知名度很高，然以往理解甚偏。误会每自"小国寡民"四字已生。例如，世传为老子弟子的文子解作："故小国寡民，虽有什伯之器而勿用。"①当真以为老子心许国小民少。王安石将此说照单全收，注曰："夫民之寡，则吾之用亦狭矣。故小国寡民，虽有什佰之器不用矣。"②直到严复先生仍然认为："此古小国民主之治也，而非所论于今矣。"③他们时代各隔以千年上下，却蹈袭了同样的见解，认为老子以国"小"为佳。此句以外的误解也不少。如对"复结绳而用之""鸡犬之声相闻，民至老死不相往来"望文生义，视为复古之调、隐者之言。所以，把这一段读为春秋版《桃花源记》，目为乌托邦式表达的人，相当不少。

原意如何，仍当回到"上下文"，通求其义。五千言思系"天下"的证据，比比皆是。粗予统计此词出现六十余次，为全文频率最高之用词，而岂得谓老子心许"小"国、志在于隐？"小国寡民"不可从字面直解，明矣。咀嚼其义，"小"与"寡"明显当作简单、简易、简化、简约、简俭讲，是指政治宜简不宜繁、宜减不宜增、宜省不宜费，愈能删繁就简愈有望达于治。老子又讲"治大国若烹小鲜"④，言大于小之意益明，专门强调虽大国亦当以"小"治之。王弼注为"不扰也。躁则多害，静则全真。故其国弥大，而其主弥静，

---

① 《文子缵义》，《二十二子》，上海古籍出版社2012，页841。
② 罗家湘辑校《王安石老子注辑佚会钞》，页94。
③ 严复《〈老子〉评语》，《严复集》，页1099。
④ 楼宇烈《老子道德经校释》，页157。

然后乃能广得众心"①，极切。总之"小国"非谓国小、"寡民"非谓民少，无论国家何其大、生民何其庶，统治者皆应以"小""寡"为念，简政省务，清心寡欲，无事膨胀。这就叫"治大国若烹小鲜"。

就此顺带提出钱穆先生观点之不妥。他曾言"余夙主后说"②，即"《老子》书当出《庄子》内篇七篇之后"③。然而从对待"天下"问题的态度看，庄子在前、老子在后的说法，明显不合逻辑。《庄子》"内七篇"中的《应帝王》有段故事：

> 天根游于殷阳，至蓼水之上，适遭无名人而问焉，曰："请问为天下。"无名人曰："去！汝鄙人也。何问之不豫也！予方将与造物者为人，厌则又乘夫莽眇之鸟，以出六极之外，而游无何有之乡，以处圹埌之野，汝又何帠以治天下感予之心为？"④

"无名人"，实即庄子自己；而名叫"天根"者则是他眼中的"俗人"鄙人。这位俗人遇见庄子，竟以如何"为天下"问，遭到一通训斥，说：你怎能提出如此讨厌的问题，我正待循造物者启示做人，如飞鸟般乘清虚之气，出乎六合之外，游无有之地，置身放任自由的世界，你却拿什么"治天下"的话来坏我心境！我们已知"天下"在《老

---

① 楼宇烈《老子道德经校释》，页157。
② 钱穆《三论老子成书年代》，《庄老通辨》，页79。
③ 钱穆《关于老子成书年代之一种考察》，《庄老通辨》，页16。
④ 《诸子集成》三，《庄子集释》内篇应帝王第七，页一三二。

子》中不但是正面题目,且念念不忘,摆在中心位置,反复论述和强调;但到庄子那里却变得令人不悦,避之惟恐不及。这段故事,将"治天下"与自我解放对立起来,认为后者价值远远高于前者,这无疑标识着个人主义的觉醒。而从通常的思想发展逻辑论,个人主义觉醒必是相对晚近的情形。次由《应帝王》自身话语看,也明显是天根的"天下"意识早于无名人对它的嫌厌,后者视前者为拒绝和挣脱对象,而自居反对者或修正者——其思想关系既如是,则二者孰前孰后,一目了然。其实道家思想的演变上,庄子之于老子的一番"修正主义"本是一大关节,经庄子将"圣人之治"讲求淡化,转以个人"独善"为重,道家才更移其宗旨,去往养生全性的方向。

既知"小国寡民"在于极简政治,则"使有什伯之器而不用""虽有舟舆,无所乘之;虽有甲兵,无所陈之""使人复结绳而用之"诸语都顺而得正解。治国以简,武力之需自将裁抑,止乎毋乏武备,是谓"有什伯之器而不用"。舟舆不乘、甲兵不陈常被误为主张社会退还原始状态,然稍细心些,即知这番话纯属针对统治阶级而言,促彼免民繁苛、去奢从俭——毕竟只有他们才有舟舆可乘、甲兵可陈。况且老子原也讲得明白,舟舆甲兵,非不可以"有",惟勿"乘"勿"陈"而已。但质疑者会觉得"复结绳而用之"一句,还是难逃"大开倒车"的指责。幸而我们反复讲过,解读《老子》必考其"上下文"。"复结绳而用之",明显应与"大道废,有仁义;慧智出,有大伪;六亲不和,有孝慈""绝圣弃智,民利百倍;绝仁弃义,民复孝慈"等联读。正如尼采曾以"人性的,太人性的"疾厉之辞对文明弹其反调,老子也很喜欢讲意在现实批判的愤世语。"复结绳而用之"

与其说主张"开倒车",不如说是呼唤社会回归自如单纯。

老子"理想之国",重点在"甘其食,美其服,安其居,乐其俗。邻国相望,鸡犬之声相闻,民至老死不相往来"数语。甘、美、安、乐四字,以意动用法具体描述了这种国家的民众体验。食甘、服美乃基础生活品质,一个好社会自能将此保障予其人民,而接下来"安其居,乐其俗"却非轻易可致,必以极高的文明程度为前提。"居"的含义实广,包括但绝不仅限于屋室宅舍,"危邦不入,乱邦不居",国家宜居与否既看物质文明也看精神文明,而最终看精神文明,"安其居"重心在"安"字,人人心定气闲、免于恐惧始可谓"安"。到"乐其俗"三个字,老子进一步强调了其"理想之国"的精神特质,"俗"即今所谓"文化",老子以为在这种国家,文化不止于昌盛,更要让人由衷忻忺、"乐"在其中、切实为之愉快。那么,怎样的文化才会带来此等感受?必是无不包容、无不自由,使精神禁锢与障碍一扫而空,使精神的苦闷亡其踪影。老子告诉我们,一个国家倘若达致这种面貌,就会出现如下情形:"邻国相望,鸡犬之声相闻,民至老死不相往来。"此语往往被误为"小农"观念乃至于社会封闭意识,然而上下文相贯,这明明只是对于"理想之国"国民幸福满足心态的描摹。国家幸福度越高,国民对于他邦的关切与好奇愈低,反之则易瞩目异国,或怨或慕,哓哓不已。确切理解老子此语不妨参考《诗经》硕鼠篇:"逝将去女,适彼乐土。乐土乐土,爰得我所。""逝将去女,适彼乐国。乐国乐国,爰得我直。"① 郑氏笺曰:"硕鼠刺重敛也,国人刺其君重敛,蚕食于民,

---

① 《十三经注疏》—周易尚书诗经,页 761—762。

不修其政,贪而畏人若大鼠也。"① 这是与老子"理想之国"相反的写照,国家如果使人失望,民作"适彼乐土""适彼乐国"之想是非常自然的。两相对比,自知"邻国相望,鸡犬之声相闻,民至老死不相往来"的心态,非幸福之国国民所不能有。

老子图景俱出想象,无一亲眼所见。以前视为乌托邦,算是情有可原,但眼下则知其不是。质证于人类社会最新实践,老子所想风貌已非纸面美好,分明可求可致。当然,是越以两千多年之后,才显于现实的迹象。《老子》之奇,正在于此。

五千言对"正确"国家所持理念与描述超古迈今,休说两千多年前难以把握,两千多年后欲求准确仍属不易,须仔细甄别,不断剔除舛差。比如还有一个"陷阱",人也经常误入而不自知。我一度做出判断:"这种以'法自然'为矢的的国家观,其实质接近后世所谓'无政府主义'。"② 此时我尚不知类似说法早有人讲过。后经搜求,1907年刘师培于《天义》第五卷发表《中国无政府主义发明家老子像》,视老子为无政府主义发明者,且说"实行无政府主义,以中国为最易";③1954年胡适在台大演讲,称"仔细地加以研究"后认为"中国政治思想在世界上有一个最大的、最有创见的贡献",便是老子"主张无政府主义"。④ 学者针对刘师培指出:"某种外来的东西,一经传入中国,人们就往往加以附会,声称中

---

① 《十三经注疏》—周易尚书诗经,页761。
② 李洁非《天国之痒》,人民文学出版社2019,页317。
③ 转自胡绳武、金冲及《从辛亥革命到五四运动》,湖南人民出版社1983,页332。
④ 胡适《中国古代政治思想史的一个看法》,《胡适文集12》,北京大学出版社1998,页179。

国古已有之。而这些加以附会的人，往往又是对中国传统文化十分熟悉的人物。"①的确，将老子解作无政府主义，与"所指为民主"一样，也是对西方话语的附会。对此，当初我确未觉察。

经审识，无政府主义欲以消除政府、发展社会互助，达到人的解放，而老子则只讲"无为而治"，从未说过"无政府而治"，且其"无为"恰是就政权而言。在老子那里，政权明确有其位置。"无为而治"所论，正是政权怎样为佳，然后可臻于"治"。具体而言，其政治图景在涵括国家权力概念的同时，认为上善的政权应该化于无形，祛除所有压迫感，使百姓几可无视或淡忘之。

汉初陆贾建议高祖："昔舜治天下也，弹五弦之琴，歌南风之诗，寂若无治国之意，漠若无忧天下之心，然而天下大治。"②此即老子之说。截至这时，老子之说的本原尚属清晰，孔子便说："无为而治者，其舜也与！"③孔子曾访老子，此语必得之于亲问。考诸古典，《尚书·武成》谓"垂拱而天下治"，《易·系辞下》也说"黄帝尧舜垂衣裳而天下治，盖取诸乾坤"。"无为而治"出处显然在此。这与老子周守藏室之史的身份很贴合，其"人法地，地法天，天法道，道法自然"明显是对古圣王之道的提取。易言之，老子思想有明确来源，是对古治理观的有序传承。知此，我们更不会将老子之说与无政府主义混为一谈。明显地，"无为而治"的母本即"垂拱而天下治"，而稍易其辞，用"无为"代"垂拱"。"无为"更抽

① 胡绳武、金冲及《从辛亥革命到五四运动》，页332。
② 王利器《新语校注》，无为第四，页68。
③ 《论语集注》卷八卫灵公第十五，《四书章句集注》，页163。

象,更有理论内涵,将古治理观表述得更深透了,这是老子的贡献。同时,老子思维更辩证更缜密,像"无为而无不为"那样的认识,其层次感、曲折性在古典中是看不见的。

老子的政治理论贡献,细数自不限于上。有鉴过往未见归纳,试述于下:

一、天藏无尽。百花竞放,万木竞荣。生长无禁,不加斫伤。"无为"处之,使万物生生不息,乃天地大德。

二、人世同理。使天下归正,在"清静"二字。"取天下常以无事,及其有事,不足以取天下。"清静的政权,与民歙然相从,和光同尘,"为天下浑其心",己"无常心"而"以百姓心为心"。

三、顺乎天地之心的统治,可使百姓对其相忘。政治愈平淡,愈称高明。政府愈简约,愈为佳构。

四、冗政食税必多;贪功国用必奢。在上者躁动,则在下者难治。

五、政权高下分四种。第一种,人民虽知其有而浑然不以为意。第二种,人民美化它讴歌它。第三种,人民畏忌之恐惧之。第四种,人民愤而诅之侮之。第一种乃"太上",因为它最近"自然"。

各点均取自五千言,恕不一一注其出处,识者能鉴。

《老子》是怎样的一本书,大概水落石出了。最后尚余一个疑点未辨,即老子与法家的关系。经前此多方辨识,结论实已揭明:

老子理念与法家形同水火，灼如也。司马迁首述老子与法家渊源，以《韩非子》为据，以外没有别的直接线索。虽然《韩非子》的确算是一个铁证，但司马迁只注意了它与老子的关系，却没有分辨它与其他法家人物在思想上的区别。我们细读韩书并兼与《商君书》对比，会发现这两位双峰并峙的法家巨擘，思想质地颇有差异。商子于极权专制主张极决绝，韩子则趋温和，乃至有改良倾向，劝人主知动静、有分寸、明进退，希望他们展现宽纾的一面。所以王先谦曾指出："非论说固有偏激，然其云明法严刑，救群生之乱，去天下之祸，使强不凌弱，众不暴寡，耆老得遂，幼孤得长"，以至说"与孟子所称及闲暇明政刑，用意岂异也！"[①]韩非异于商鞅处，索其来源无疑是《老子》。故而老子若曾影响韩非，也应是从改善那一面影响之，使他偏于柔和了些。

---

① 王先谦《序》，《韩非子集解》，页2。

附编

关于赵匡胤

不以宗教为基石，乃中国文明较为奇特处。上古情形不可考，依载诸文字的论，殷商仍崇神巫，很盛，而周人一旦"革殷受命"，首先"革"去的便是此风。我们观览商周两代文物，甲骨文几尽系占卜之属，又称"卜辞"，周代代表性的钟鼎文，重心转向现世人生，多志史、礼、政治之述。世所称的周礼，其突出特色，一在国家理性的浚澄，二在社会纲常的厘定，不复祈神诣鬼，努力探索人世秩序如何合于"善"。后来正是自周礼基础上，孔子创其儒学，使中国从此都走着一条重"人治"不重"神治"的道路。

中国何以独辟其径，至今不能透解，仅可作一些倒推式猜想。比如自然及气候使中国在种植上有较得天独厚的条件，而农业高度发达或令中国人对于生存或命运的因果关系，更重现实经验而非乞助于神灵。但中国人靠经验吃饭，与后世唯物论尚不相同，还谈不上是本原透彻的哲学观，而多半从实用角度，觉得神鬼之说对于解决问题并不如脚踏实地的实践来得有效。万一有实践和经验解决不了的，古人则仍为神秘主义保留着一小块地方，比如"天命观"。

"天命观"为一种泛神论,即万物有灵论。它相信宇宙内含至善之道,人事当循天人合一的认识,与之顺应和谐。中国没有真正成熟和完备的宗教,只有这种粗放的天命信仰,让它承担各种作用,从个人祸福到社稷、世运更迭都以之为符谶,后在我们历史观里也扮演重要的角色。明清帝王诏旨,上来头一句"奉天承运",即寓此意。我们发达的史学系统的支撑物实际上就是天命论,那些开国之君或者某些得位成疑之主如宋太宗、明成祖,其纪传伊始都会就其受孕和降生叙上几笔"异象",以示他们祚运授之于天。在朝代史方面,秦汉以降,朝代更迭开始使用"五行始终说"相解释,后朝革前朝必以命数相生相克为论证,从而形成了中国古代史的天命决定论。

所以古来帝王得天下,史家解释都首先推究其天命。清初大儒王夫之《宋论》开篇,回顾史上帝祚之降身曰:"帝王之受命,其上以德,商、周是已;其次以功,汉、唐是已。"[1] 将德与功视作帝王受命的两大正途。有德为上;德若不足,退求其次,有功亦可谓名正言顺。商汤与周武皆以正易暴成大统,乃是德被天下的典范;也有政权如刘汉和李唐,未必德备汤、武,然而敉乱归宁,拯万民于水火,也功莫大焉。因此王氏总结说:"商、周之德,汉、唐之功,宜为天下君者,皆在未有天下之前,因而授之,而天之佑之也逸。"[2] 认为商、周、汉、唐建政,都符合和体现天命。

---

[1] 王夫之《宋论》,页1。
[2] 同上书,页2。

然而到宋太祖赵匡胤这儿，王夫之却犯嘀咕，说他"无积累之仁，无拨乱之绩"①，"未尝有一矢之勋"②，只是"兵权乍拥，寸长莫著之都点检"③。休说跟商汤周武、汉祖唐宗比，"即以曹操之扫黄巾、诛董卓、出献帝于阽危、夷二袁于僭逆，刘裕之俘姚泓、馘慕容超、诛桓玄、走死卢循以定江介"为参照，赵匡胤也"百不逮一"。④

换句话讲，赵匡胤建宋，在王朝史上是有些另类的。他怎样将此事办成，不妨打量一下。

经唐末大乱，中国分解。古代权力正统地带之中原，次第出现五个政权，后梁、后唐、后晋、后汉与后周。中原以外，同时另有前蜀、后蜀、南吴、南唐、吴越、闽、楚、南汉、南平荆南、北汉等国。这一段，后来统称五代十国。后周开国君主太祖郭威，从刘氏后汉手里夺得政权。但后周并不一直姓郭，郭威后来无子，他在954年病故，传位妻侄柴荣，帝位落于柴家。赵匡胤正是自柴荣手下做到了都点检。柴荣死后，其幼子继位。960年，发生陈桥兵变，赵匡胤被拥帝位，改国号宋，死后庙号太祖，是为宋太祖。

政变，形象不好。后来太祖难免因此以及另一个"杯酒释兵权"故事，在世上留下阴谋家口碑。其实，对这两件事，民间均有过度解读之嫌。我们应知，五代十国那种乱世，政变实乃家常便饭，

---

① 王夫之《宋论》，页2。
② 同上书，页1。
③ 同上书，页2。
④ 同上书，页1。

岂止赵匡胤如此。旁的不说,后周自己立国,也是以兵变篡诸后汉。当然,有一点不同:郭威推翻了一个比较糟糕、喜欢办蠢事的皇帝,而他自己颇为贤达,故从一般正义角度,周之代汉颇顺民心。反观被赵匡胤撵下台的柴宗训,年甫七岁,邪正无从谈起,其父皇柴荣则是五代出名的明君,所以陈桥兵变确有乘人之危、背恩负义、欺凌人家孤儿寡母的意味。然而这场兵变,按照公开史料,并非赵匡胤策划,他自己也蒙在鼓里。专门从史料汇集疏辨角度编纂的《续资治通鉴长编》说,兵变系赵匡义、赵普伙同诸将发动,起事时,"太祖醉卧,初不省……惊起披衣,未及酬应,则相与扶出听事。"[①] 当然,我们可以不信,甚至推测他暗中与其弟和赵普等人密谋,临了又装模作样,搞成事起突然的样子。然就已知史事言,场景终究只是如上而已。

处心积虑夺柴氏之位也好,稀里糊涂被拥践阼也罢,都不重要。对历史来说,重要的是赵匡胤以无德无功、"兵权乍拥,寸长莫著之都点检",猝登大宝,"而终以一统天下,厎于大定,垂及百年,世称盛治"。[②] 换言之,宋室本无底蕴、得位系出偶然,但这件偶然之事,后来却被历史证明为"大势所趋"。道理在哪里呢?王夫之不禁以"何也"二字,为此打了一个问号。这也是所有读史思史之人,都想搞清楚的问题。

王夫之思路很有趣,从其短处找答案,讲了四个方面:"权不重,故不敢以兵威劫远人;望不隆,故不敢以诛夷待勋旧;学不夙,

[①] 李焘《续资治通鉴长编》,页2。
[②] 王夫之《宋论》,页2。

故不敢以智慧轻儒素;恩不洽,故不敢以苛法督吏民。惧以生慎,慎以生俭,俭以生慈,慈以生和。"①这些本来的不利因素,反过来成就了宋代。

我们对史上名声奕赫的朝代,每以强盛言之。例如,我们常以一个"强"字论汉代,称它"强汉",对唐代则普遍想到的是"盛"字,称它"盛唐"。但此类字眼,施诸宋代均不妥帖。宋并不给人多么"强""盛"之感,然其斑斓光彩并不逊于汉唐。我自己于宋代,所常念及的字眼是"良",而颇愿称之"良宋"。良即善,善即好。人民对国家愿其强大美好,可是强大与美好,不一定能够兼得。强大是国力鼎盛,美好则是社会合理。既强又好之国,过于难得。有时候,强不见得好,好则不见得强。比如汉代,文景之治的时候,无为而治,生活安定,物阜民丰,国家却不是如何孔武有力的样子;及于武帝,威加宇内,虽远必诛,强国之态尽显,但社会的从容宽祥却一点一点流失。所以在较强国家与较好社会之间,往往需要选择。宋代之选,置于后者。宋代不走汉唐之路,而是追求成为当时条件下善意更足的社会,有着很多客观原因。从内部说,中国分裂业已半个多世纪,战乱频仍,民不聊生,百姓翘首仰望者惟休养生息而已。从外部周边环境论,北方游牧部落趁中原乱世而作,契丹人、党项人、女真人纷纷崛起,踵之犹有更强劲的后起之秀蒙古人,民族冲突态势达至晋以来一个新高峰。其中,辽之建国比宋还早,武力很强,947年辽攻入汴京灭后晋,旋主动放弃北还,于是刘知远始得以汴京为都创后汉,然后经过郭威的

---

① 王夫之《宋论》,页3。

后周，汴京这才成为了北宋的首都，以当时情势，宋的立国本来便不居强势，较之于辽不如说处在弱势，指望它一扫六合，根本不现实。不过，在上述内外现实大势之外，赵匡胤的立国思想其实更加关键。从一开始，此人就打定主意，未来国家应该致力于一个温良社会的建成。

"太祖勒石，锁置殿中，使嗣君即位，入而跪读。其戒有三：一、保全柴氏子孙；二、不杀士大夫；三、不加农田之赋。"[1] 这是赵匡胤对宋代皇帝的"约法三章"，每条可以"善"字相称。

保全柴氏子孙，指后周皇室。《水浒传》"小旋风"柴进，"他是大周柴世宗子孙，自陈桥让位，太祖武德皇帝敕赐他誓书铁券在家"[2]，说的便是此事。如所周知，历史上凡取天下者，对前代君主及后人几乎都是赶尽杀绝。例如，清初对崇祯皇子不遗余力追捕，所获南明弘光、永历诸帝以及诸多朱姓藩王，全都毫不留情杀之，晚至康熙时期仍不肯放过，而兴朱三太子案。赵匡胤却试图破此例，树立宽仁和解形象。他不特对后周皇室予以保全，对以后别的降宋君主同样不加伤害，像大家知道的大词人、南唐后主李煜，国灭后俘至汴京，赵匡胤封他"违命侯"养起来，到赵匡胤死前，三年平安无事，疑似死于毒杀乃后来太宗时事。

不杀士大夫，意在开明，治政以礼。专制制度下伴君如伴虎，轻者折辱、重者掉脑袋。典型如嬴秦，它先后两位功劳最著的卿士商鞅和李斯，一个被车裂，一个被腰斩。抱不合作主义、想躲

---

[1] 王夫之《宋论》，页4。
[2] 金圣叹《第五才子书施耐庵水浒传》，中州古籍出版社1985，页166。

清静也不行,"竹林七贤"之首嵇康即因此被司马昭所忌、处死,而后者帝号居然还是什么"文帝"。明清两代,或以朋党名义,或以文字狱形式,诛戮士大夫不可胜数。上下一看,二千多年帝制史士大夫最具尊严的时期,便是宋代了。虽然渎职失责也受贬窜之类处罚,然而并不以凌辱折其节,命丧黄泉者更是少之又少,除非牵染了什么重大阴谋,比如太宗初年因秦王赵廷美事曾经杀过几个人,其中地位最高的大臣兵部尚书卢多逊,廷议认为"准法诛斩",得旨"止用投荒之法"[①],只将他流放琼州。宋之士夫因言获罪的例子,神宗朝之前几乎没有,王安石变法以后,始启借治狱弹压异见之门,搞"乌台诗案"、"党籍碑"等。南渡后,宋室重新恢复了士大夫的尊严。像朱明王朝那样,于朝殿将大臣按倒在地公然打屁股的情形,在宋代是不可想象的。

太祖三戒中不加农田之赋,最应大书特书。此戒面向民间、关乎财政,尤能普惠大众。宋非"强国",但其经济繁荣在历代是出名的,社会之富足,当时举世无出其右。而与"民富"的同时,宋却有"国穷"之窘,中央财政捉襟见肘,后来神宗任用王安石,搞"变法",目的就是充裕国库,为中央财政增收。所变之法,正是太祖所定并为后来诸帝所恪守的那些不扰民政策。假如史上有所谓"好皇帝",神宗礼法上的祖父赵祯无疑得算一位,他庙号仁宗,与其一生节用奉俭、体恤民生有很大关系。宋代之所以是"弱宋",失地不能收复,对敌屡屡委曲媾和,其实并非国力不够,而与各种息事安民的既定政策有很大关系。战争耗费最巨,开疆辟土、

[①] 脱脱等《宋史》卷二百六十四,页9119。

四夷宾服，很痛快，也极长志气，但钱必定花得如流水一般。倘若向百姓作民间调查，愿意勒紧裤带去争口气，还是安安生生过好眼前日子，答案应该是清楚的。宋统治者恤念苍生颠踬战乱已达半世纪之久，下决心与民休养，纳币媾和的思路，明显是用经济方式算政治账，付出一定币帛如可换取和平，又何必将全部国力全部耗于战争？宋人不打仗、不生事的国策，自太祖将"不加农田之赋"列入三戒，就已确立；"赋"的字义即以贝助武，本为张皇国家武力而生，既禁加赋，自然也就是不想打仗了。

言至于此，也顺带讲一讲宋代的"黜武崇文"。宋统治者对武人的打压比较明显。文武之间，文人地位抬升明显，武人则倍受箍束。宋代成就也是文治远胜武功，文化建树达于历史峰值，文艺不逊唐代，学术甚至碾压唐代。反观其武力，却非以一"弱"字不能形容。曩往论此，往往认为是出于维护自身统治的小肚鸡肠。不能完全排除此种考虑，然而，宋统治者的仁德之心却被世人轻慢了。崇武意味着巨额支出，意味着敛财于民，这点已讲过；其次，更重要的一点是，宋太祖痛念国家建立于满目疮痍的现实，而决意为百姓开太平。这是赵匡胤心中的头等大事，也是他所要着意吸取的历史教训。唐末大乱的前车之鉴，正在于武人势炽、为所欲为而荼毒人间。赵匡胤既欲拯民于水火，怎能不从制度上抑制此辈重新祸世？他想还民以安宁，除了经济和财政上无事过度盘剥，军事和政治方面也必须跟进。像"杯酒释兵权"，俗论但谓太祖耍阴谋使手段，削功臣之权，却看不见此举背后为民除患、为太平去隐忧的仁德，未免"见与小儿邻"。

《梦溪笔谈》一笔记载，貌似不起眼，却让我为之震撼：

> 太祖皇帝尝问赵普曰:"天下何物最大?"普熟思而未答间,再问如前,普对曰:"道理最大。"上屡称善。①

本质上,皇帝不是美好事物。当你从一位皇帝那里,听到这样的谈吐,感受难免不可思议。

船山先生《宋论》太祖篇,就赵匡胤所写的最后一笔是:"光武以后,太祖其迥出矣。"② 我极赞同此论。假如评选古代史上的"感动中国"事件,汉光武帝刘秀之"放奴运动",必在其内。帝制行中国二千余年,庸劣辈出,但确有少量杰出者。这当中,汉光武帝刘秀和宋太祖赵匡胤,后人给予的敬止相较某些雄鸷之主并不彰灼,与他们的贡献不相称。

---

① 沈括《梦溪笔谈》,上海古籍出版社 2015,页 225。
② 王夫之《宋论》,页 27。

南唐悲歌

国家大一统的历史,垂今七个半世纪以上。此七百余年来,中国有内战,终未再现分裂格局。故而今人想起"中国"二字,都是幅员辽阔、江山一统的概念。然若回到历史中看一看,不免讶然发现,有史以来大一统在中国约摸仅占三分之一的比例。夏、商情形,史料较少,但肯定不能称之大一统形态,因为彼时连大一统的理念犹付阙如。两周虽曰"普天之下,莫非王土;率土之滨,莫非王臣",然其行封建制,方国一面尊王,一面从政治上独立;到了东周,更是连尊王礼制也颓坏了,列国逐鹿,造成持续数百年的大分裂。始皇创制中央集权,汉祖仍之,至此,中国始真正建起大一统国家。随后却是三国鼎立的分裂期。之后,中间夹着一个短命晋朝,又陷入更严重分裂——先是北部游牧民族南下,继而东晋也在南方化为宋、齐、梁、陈。隋唐将此乱世终结,从而迎来前后不足四百年的统一期。逮于唐末,中国又度分崩,中原地区次第出现五个嬗替的政权,中原以外,尚有十个偏安小国,史称五代十国。随着宋代建立,殄灭其他地方政权,一般认为中国恢复了统一，但实际相对唐疆，北宋仅得谓之区域性统治者，之外有辽和西夏，惟汉人囿于正统观念，刻意抹煞"夷狄"，贬低辽、夏，以至于把宋说得好像已经广有四海，认真来论，当时北宋连西夏都无法搞定，对辽更只能甘拜下风；继至十二世纪二十年代，女真人旬月灭辽之后，再将宋人驱至江淮以南，中国又归南北划治格局……总之，从唐末崩坏算起，迄乎蒙元灭宋，此一分裂期断乎不是到五代十国为止，而是绵延有四百年。历史上统一之中国，真正稳定下来，实自元代起，以后分裂匿影，纵使易代之际有内战与割据，如元末朱元璋、陈友谅、张士诚相争，以及清初浙闽桂滇之南明流亡政权、民初之军阀混战，皆十来年而寝，神州不复蹈于多国并存、分庭相抗旧辙。

长达七百余年的稳定大一统，熏陶我们情怀，而不知不觉限制了历史视角、趣味与认识。其中，对大一统王朝厚予青睐，视区域小国历史蔑不足称，是比较普遍的。几次主要分裂期，除魏、蜀、吴三国一段广受关注，余则知者寥寥，惟少数治史专门家默默做研究。应该说，这是世人对中国史知识的一个明显不足。一来，中国历史不光有"分久必合"的一面，也有"合久必分"的另一面，比例似乎还以后者为大，对此事实，我们应有概念。二来，非大一统的区域政权历史不但是中国史的部分客观存在，其情形值得认识，而且内容之精彩，也未必逊于大一统王朝，有不少可观可览、可嗟可叹的人与事，任其湮没不闻，实属可惜。

比如，五代十国里为宋所灭的南唐。说起南唐，今偶有知之者，大抵只限于"南唐二主"李璟和李煜了，后主李煜尤知名。然而他们为人所知，根本不因为自己国家和历史，知名惟赖诗与文,换言之,仅仅以文学史人物留了下来,而他们生平最重要的方面,即作为一国之君之经历,世人多半胎愕不能言。设想一下,若是某个大一统王朝之君,身后事迹何至如此寂寞。但李璟、李煜还算幸运,彼父子二人文才天纵,国虽灭名以文传。又有多少和他们一样的非大一统王朝之君,虽当世叱咤一时,甚而卓有所树,却并没有别赋异具能使后人犹诵其名,从而渐被主流历史挤至犄角旮旯,无人问津。总之,中国史此一层面,颇待检视。笔者于兹,借南唐为一隅,略事述陈,以示样例。

唐朝末年,彭城亦即徐州,有个孤儿名唤彭奴,据说姓李。唐僖宗光启四年888 十二月二日生,六岁丧父,被伯父带到濠州收养,未几,母亲刘氏亦卒,彭奴彻底变成孤儿。"彭奴"大概非其本名,"彭"字或即指彭城,"奴"字则也许是对他失怙失恃、孤苦伶仃情形的描绘,总之,很像是路人的随口所呼。母亲一死,不知何故,彭奴便从伯父家离开,"托迹于濠之开元寺"。[①] 濠州就是凤阳,日后还曾出过另一位皇帝朱元璋。无独有偶,朱元璋少年时亦曾托迹于濠州一座寺院。

过了十年,天下已经大乱。军阀、宁国节度使杨行密攻濠州。这个杨行密,庐州合肥人,盗匪出身,为刺史郑棨捕获,奇其貌而纵之,随即应募为州兵,渐以功升,直至创建"十国"中的吴国,死后由次子杨隆演上庙号太祖。吴太祖下濠州,得彭奴,和当年刺史郑棨见到自己的反应一样,他对彭奴也是"奇其貌",就因这个,收为养子。此为彭奴一生之转机。然而"杨氏诸子不齿为

---

① 吴任臣《十国春秋》卷第十五,南唐一,烈祖本纪,中华书局2010,页183。

兄弟"，杨行密儿子们全都瞧不起彭奴，耻于和他做兄弟，大概没少和父亲闹意见。杨行密被闹得吃不消，遂找来一名重要的部将徐温，说：彭奴这孩子状貌非常，我担心杨渥_{太祖长子，后继吴王之位，庙号烈祖}弟兄终不能容，所以求你收养。于是，徐温便收下彭奴，随其姓，还给他重新起了名字叫"知诰"。李彭奴就此变身徐知诰，直到以后受吴主之禅、当上南唐皇帝，始复其旧姓李氏。

李乃中国大姓，如今极寻常。然而彭奴原本姓不姓李，却很有争议。因在当时，李乃唐室皇姓，人谓彭奴自称姓李，系别有用心。《吴越备史》云，彼实本姓潘，湖州安吉人；吴国有一将领叫李神福，在湖州作战，掳之以归，"为仆隶"，徐温拜访李神福时得见，"爱其谨厚，求为养子"，日后彭奴就因"始事神福，后归温，故冒李氏以应谶"，冒充李姓以编造自己是唐室后裔的谎话。① 此说不但抹煞彭奴姓李，且连如何被徐温收为养子的经过，也另述一段故事。真相如何，无从断之。但我们知道《吴越备史》是敌对方所撰，钱氏吴越国早在杨氏吴国时期即为宿敌，他们一口咬定彭奴与李姓无关，用意自很昭彰；而且在否认彭奴姓李的同时，顺带把他的隶籍也从徐州改为湖州，而湖州在吴越国版图下，这不啻是说，南唐开国之君真实出身乃吴越国的一个低贱臣民。

《吴越备史》之说，诬蔑可能性大。但南唐国姓之有疑点，终不能消除。笔者认为，南唐不妨姓李，但所谓李唐后裔这一点，应是彭奴杜撰出来的。正史方面，薛居正等《旧五代史》记为"唐

---

① 吴任臣《十国春秋》卷第十五，南唐一，烈祖本纪，中华书局2010，页184。

玄宗第六子永王璘之裔"①，欧阳修《新五代史》记为"唐宪宗子建王恪""四世孙"②，但都注以"自云"、"自言"、"自以为"字样，以示并无谱牒为据。这种把戏，本无新意。蜀汉昭烈帝刘备便自称汉景帝之子中山靖王之后，司马光《资治通鉴》一面予以照录，一面也毫不含糊地指出："自祖父以上，世系不可考。"③亦即刘备祖父以上家世，只字无存。

眼下，彭奴暂且姓徐，且有了一个听上去官味儿十足的新名字"知诰"。作为徐知诰，他将在世间存在二三十年，直到即皇帝位之后第三年，改复李姓。先前，徐温育有四子，依次为知训、知询、知诲、知谏。从起的名字看，前三子可能生于其未显之时，起名仅具孝道之义，到了第四子，他大概已经发达起来，于是使用了有政治气息的字眼；此时新收一义子，同样循此思路为之取名。

史载"知诰天资颖悟，奉温尽子道"，而我们加以体会，天资颖悟是一方面，更主要的，想必是幼年即孤的经历令他早熟，更知隐忍。总之，知诰对于徐温，表现极为谨顺。因非亲生，徐温对知诰喝叱随意。一次随养父出兵，途中稍不如意，徐温"杖而逐之"，用棍子把知诰赶走，等徐温转回府上，却见知诰"拜迎于门外"，"义祖徐温庙号惊曰：'尔在此邪！'烈祖泣曰：'为人子者，舍父母何适？父怒而归母，子之常也。'"④孩子离开父母能上哪儿

---

① 薛居正等《旧五代史》卷一百三十四，中华书局2014，页1787。
② 欧阳修《新五代史》卷六十二，中华书局2014，页767。
③ 司马光《资治通鉴》卷第六十，中华书局2011，页1968。
④ 陈彭年《江南别录》，《金陵全书》（乙编·史料类6），南京出版社2012，页091。

去？父亲生气赶我走，我就自己回来找母亲了。说得楚楚可怜，徐温很受用。徐夫人也姓李，"以同姓故，鞠养备至"，加上妇人心肠多半软一些，对知诰态度较好，这是徐温撵他走，他却能折回求李氏收留的原因。

知诰事温极谨，非一朝一夕，而是十几年如一日。后来，徐温生一场大病，卧床不起，知诰"躬侍左右，至于粪尿皆亲执器，动至连月。逾时扶掖出入，或通宵达曙曾不解带，或夜闻警欬乃率妇同往者数四"。[1]徐温于床上，闻帐外人至，问"谁在那儿啊"，答必是"知诰在此"，再问"还有谁啊"，答必是"知诰之妇"。知诰所做到的，徐温亲生诸子无一能做到。久而久之，徐温对知诰"亦颇钟爱，抚养无异"，以至尤胜亲生。及知诰十几岁，徐温为之娶妻，又慢慢让他在家里主政："温知其必能干事，遂试之以家务，令主领之。自是温家生计食邑采地，夏秋所入，及月俸料，或颁赐物段、出纳府廪，虽有专吏主职，然能于晦朔总其支费存留，自缗匹之数，无不知其多少。及四时代腊，荐祀特腬，宴馔肴蒸，宾客从吏之费，概量皆中其度。逮媵婢嬖姥，寒燠衣御，纯绮币帛高下之等，皆取其给，家人之属，且亡间言。"[2]徐家井井有条，上下都挑不出毛病。吴太祖杨行密看在眼里，也对徐温跷大拇指："知诰隽杰，诸将子皆不及也。"[3]

随着知诰益受器重，以及徐家在吴国权势更大，几位兄弟

---

[1] 龙衮《江南野史》，《金陵全书》（乙编·史料类6），南京出版社2012，页020。
[2] 同上书，页019。
[3] 吴任臣《十国春秋》卷第十五，南唐一，烈祖本纪，页185。

嫉忌之心与日俱增，尤其徐家长子知训，亟以知诰为患，"尝召知诰饮酒，伏剑士欲害之"①。但此人骄淫失众，在扬州被大将朱瑾所杀。知诰得讯，即领州兵入广陵定乱，为知训复仇，于是反立大功，取而代之，接过了知训的淮南节度行军副使、内外马步都军副使之职。不久，又有人数劝徐温"以亲子知询辅政，不宜假之他姓"，知诰通过耳目，侦知此事，准备上表"乞罢政事"，请求调往远处的江西出镇，"表未上而温疾亟，遂止"。徐温死后，次子知询嗣为金陵节度使、诸道副都统，频频与知诰争权；此时，知诰不再相让，设计诓知询至金陵，把他软禁起来，"悉夺其兵"。②

自徐温起，徐家在吴国已势焰熏天，杨氏久为所挟。到了937年，徐知诰遂受吴王之禅，得其国。所谓"禅让"，不过是政变的美化说法。冬十月，徐知诰即皇帝位，初改国号为"齐"，改吴天祚三年为昇元元年，尊徐温为"太祖武皇帝"。这时，轮着徐家人拍马屁了——昇元三年正月，徐温两个儿子江王知证、饶王知谔上表，请求皇帝"复姓李氏"，宋齐丘等一班臣子亦各上表敦请。据说徐知诰扭捏作态，"犹怀徐氏鞠养之惠，不忍改之"③，但半个月之后，也就"勉从"了。二月，宣布复姓李氏，再改国号曰大唐，为生父生母发哀、服孝，而将徐温庙号由"太祖"改为"义祖"。至于徐温所起的名字知诰，也肯定要改；曾拟名"昂"、"晃"和"坦"，

---

① 马令《南唐书》，《金陵全书》（乙编·史料类5），南京出版社2012，页195。
② 吴任臣《十国春秋》卷第十五，南唐一，烈祖本纪，页186。
③ 龙衮《江南野史》，《金陵全书》（乙编·史料类6），页020。

经人指出各有所犯,最后定下来以"昪"为名。①

因了徐知诰变身李昪,我们素知的"南唐二主",始得成为李家人。否则,他们史上所留之名,有可能是徐璟和徐煜。

除开姓名换来变去稍嫌不堪,李昪别的方面都还让人称道。吴国从杨氏立国,到徐氏擅权,再在李昪手里变成南唐,总的看,三家以李家表现好,较不昏庚。这片区域,为今苏、皖淮河以南,武汉以东之湖北,河南东南角,江西全境,后来还包括福建西部。李昪称帝后,此地趋于安静。李昪的安静,一因有自知之明,二是比较体恤民情。南边的汉国 今两广一带 曾遣使来,约伐西边的楚国 今湖南,然后平分其地,"帝不许"。宿敌吴越国都城大火,群臣纷纷认为其机可乘,要求发兵,"帝曰:'奈何利人之灾!'"反"遣使厚持金帛唁之"。②李昪不肯以邻为壑,并非对敌仁慈,而是忖度过本国实力,不怀不切实际的梦想。臣子们出于对通常帝王心理的揣摩,每奏请:"陛下中兴,宜出兵恢拓旧土。"③旧土,是指大唐疆域;南唐既称李唐后裔,诸臣便拿这话拍李昪马屁。南唐名臣冯延巳,也常唠叨"广土宇"之事,说"兴王之功,当先事于三国"。④三国即南方之邻吴越、楚、闽,要求至少把它们先拿下。李昪全都拒绝,坚奉睦邻政策。陆游述之:"在位七年,兵不妄动"⑤,《江南野史》则历数,李昪"自握王权至禅位,凡数十年,止一拒

---

① 吴任臣《十国春秋》卷第十五,南唐一,烈祖本纪,页192。
② 同上书,页198。
③ 同上书,页201。
④ 佚名《钓矶立谈》,《金陵全书》(乙编·史料类5),页022。
⑤ 陆游《南唐书》,《金陵全书》(乙编·史料类6),页250。

越师，盖不得已而为之"。① 史家认为李昪不好大喜功，系因"少遭迍乱，长罹兵革，民间疾苦无细不知。"② 对于挑动他兴师之人，总答以："吾少在军旅，见兵为民害深矣，诚不忍复言。使彼民安，吾民亦安矣。"③ 当大乱之世，能对百姓体念若此，洵属难得。

陆游《南唐书》李昪本纪，于其宾天时评论："仁厚恭俭，务在养民，有古贤王之风焉。"④ 这几乎是古文人心中最好的帝王了。李昪爱民厚生之德，除体现在当着战乱之际敛武去兵，还包括其他事，如"登位之后，遣官大定检校民田，高下肥硗皆获允当，人绝怨咨"⑤，只有真心与民休息，才会这么做。奉己则至俭，平时穿草鞋为主，器皿去奢、多以铁制，婢姬"服饰朴陋"，也不兴宫治，除个别细节"终不改作"，宫内隔板只用最廉价的竹子，李璟做太子时曾提出换为杉木，李昪说："杉木固有之，但欲作战舰。以竹作障可也。"⑥

但他却有一事糊涂，就是迷信丹药。服药后，起初表现是"性多躁怒"⑦，对臣下态度不好，不久便丧命于此。濒殂，已知悔悟，唤李璟入内，嘱之："吾服金石，欲求延年，反以速死，汝宜视以为戒。"又告诫遵守勿轻启战端的一贯政策："汝守成业，宜善交

① 龙衮《江南野史》，《金陵全书》（乙编·史料类6），页028。
② 同上书，页027。
③ 陆游《南唐书》，《金陵全书》（乙编·史料类6），页251。
④ 同上。
⑤ 龙衮《江南野史》，《金陵全书》（乙编·史料类6），页027。
⑥ 陆游《南唐书》，《金陵全书》（乙编·史料类6），页250。
⑦ 马令《南唐书》，《金陵全书》（乙编·史料类5），页211。

邻国，以保社稷。"① 最后一句是："它日北方当有事，勿忘吾言！"对儿子言及此，李昪"啮其指，至血出"，以使他牢记。②

李璟继位后，为父亲上庙号"烈祖"；李璟则由李煜上庙号"元宗"。这两个称呼，宋朝都不承认。因为"宋承五季周统，目为僭伪"③，不认李氏父子为帝，仅视为"国主"。故宋代史书，例称李昪"先主"、李璟"中主"（或"嗣主"）、李煜"后主"，惟陆游《南唐书》一反此例。换言之，如今我们"南唐二主"的叫法，乃是袭自宋代官方。

李璟为李昪长子，二十五岁立作皇太子，固辞。几年前父亲为齐王、犹未称帝，李璟被立为王太子时，就曾一再推辞。其说："如臣兄弟友爱，尚何待此。"背后原因，诸书记载是李昪颇属意于四子景达，"欲以为嗣，难于越次，故不果"④。然而，似亦与性情有关。据说，李璟"少喜栖隐，筑馆于庐山瀑布前，盖将终焉，迫于绍袭而止"。⑤ 年少时，就向往世外生活。藉是以观，南唐李氏血液中、骨子里，生来有文人味儿，而不喜经济治政。李昪崩，"受顾命，犹让诸弟，辞益坚"，直至侍中徐玠"以衮冕被之，曰：'大行付殿下以神器之重，殿下固守小节，非所以遵先旨、崇孝道也。'"⑥这才只好即位。或许，不肯当皇帝，在李璟出乎真心，并非故作姿态。

改元保大。关于此年号，《钓矶立谈》谓："元宗之初，尚守先训。

---

① 陆游《南唐书》，《金陵全书》（乙编·史料类6），页250。
② 佚名《钓矶立谈》，《金陵全书》（乙编·史料类5），页024。
③ 赵世延《南唐书序》，《金陵全书》（乙编·史料类6），页199。
④ 陆游《南唐书》，《金陵全书》（乙编·史料类6），页250。
⑤ 吴任臣《十国春秋》卷第十六，南唐二，元宗本纪，页235。
⑥ 马令《南唐书》，《金陵全书》（乙编·史料类5），页214。

改元保大,盖有止戈之旨。"① 先训者,即烈祖临终所嘱"守成业""善交邻国"云云。这一点,当代发掘已获直接证据,唐圭璋先生说:"近年南京发现李昪陵,有玉哀册,保大之'大'字分明作'太',或保持太平之意,与《钓矶立谈》止戈云云亦合。"② 唐先生所指陵墓,即南京祖堂山南唐二陵,系李昪、李璟葬处,发现于1950年、1951年。2010年秋,笔者曾往探访,当时仍在修葺,未开放,然因游客罕至,不设防阻,我意外深入内部随意察看,且得与技术人员有所攀谈。

但李璟恪守父亲旧策,时间不长:"三四年间,皆以为守文之良主。会元老去位,新进后生用事,争以事业自许,以谓荡定天下可以指日而就。上意荧惑,移于多口,由是构怨连祸,蹙国之势遂如削肌……未及十年,国用耗半。"③ 李璟943年登基,殂于961年,在位凡十九年。其间,南唐维持烈祖原态大概只有不到四分之一的时间,之后便开始不安分、生事。攻楚伐闽,甚至结怨北周、援其叛将,虽然将福建西部收入版图,但"境内虚耗""国势遂弱"④,而李昪谨慎治国留下的家业,则挥霍殆尽。确言之,南唐走上亡国之路,正自李璟始,只是亡国之君的滋味却由李煜去品尝而已。

至其末年,北周大举南伐,周世宗柴荣二度亲征,南唐均大败,州县连陷连降。到了958年,柴荣又次扬州、耀兵江口,李璟终

---

① 佚名《钓矶立谈》,《金陵全书》(乙编·史料类5),页013。
② 夏承焘《唐宋词人年谱》南唐二主年谱,浙江古籍出版社2017,页99。
③ 佚名《钓矶立谈》,《金陵全书》(乙编·史料类5),页013—014。
④ 陆游《南唐书》,《金陵全书》(乙编·史料类6),页288、289。

于上表请为附庸，自去帝号，易称国主，奉北周正朔、弃交泰年号改称显德五年，凡帝者仪制皆从贬损，甚至将己名由"璟"改"景"，以避郭威高祖之讳。至此，南唐已呈枯坐等死之状。

又二年，赵匡胤篡周，宋朝诞生，英主临世，南唐迎来倒计时。李璟情知不妙，翌岁执意迁都洪州_{今南昌}，避其锋锐。迁都不足两个月，"南都迫隘，群下皆思归。国主亦悔迁。北望金陵，郁郁不乐。"① 于是复议还金陵，未及行，寝疾，连饭都吃不下，勉强靠啜吸蔗汁补充养分，是年六月死于洪州，年止四十六岁。

他的死，纯属忧虑所致，但所有局面，皆其自铸自招。他内心也是悔惭交加，自觉无颜回金陵见先帝，遗言留葬洪州，"累土数尺为坟"②，如平民般了此一生。然李煜岂忍从此遗言？迎柩还于金陵，为之营陵。又告哀于宋，为父泣请追复帝号，赵匡胤倒也通情达理，许之。这就是今人在南京能够见着李璟陵墓，且规格维持皇帝等级的原因。

接着，该我们一位顶级的天才人物登场了。

李煜原名从嘉，字重光。史家描绘其容貌："广额丰颊，骈齿，一目重瞳子。"③《红楼梦》写贾宝玉"面若中秋之月"，也是"广额丰颊"的意思。宝玉形象，汇聚了古时对聪明、俊秀、多情男子颜姿的理解，我以为曹雪芹构想其形象气质时，肯定想到过李煜。常人单睛一个瞳孔，偶有人却有两个，谓之重瞳，古人以为是异

---

① 陆游《南唐书》，《金陵全书》（乙编·史料类6），页285—286。
② 同上书，页286。
③ 吴任臣《十国春秋》卷第十七，南唐三，后主本纪，页235。

相。从嘉两只眼睛有一只如此,他的表字重光,不知是否因此而来。这个异相,给他带来了一点麻烦,"文献太子恶其有奇表,从嘉避祸,惟覃思经籍"。① 从嘉乃李璟六子,本轮不着他当太子,他亦无意于此,但被立为文献太子的哥哥,仍以貌忌之。从嘉用潜心读书,表示对政治不抱兴趣。然也怪,他的哥哥们,逐个谢世,包括那位强势的文献太子。文献太子死后,从嘉即居东宫,但直到961年,李璟迁都的时候,始正式立为太子并留金陵监国,而仅仅四个月父皇崩于洪州,从嘉遂在金陵嗣位。

即位为君的同时,他替自己更名煜,于是我们文学史上才有了一位名叫李煜的大词家。

李璟御国十九载,南唐不单沦为别国附庸,经济也坏了,国库空虚。李昇死前曾告李璟:"德昌宫储戎器金帛七百余万。"② 留有厚实家底。打仗最花钱,李璟频年用兵,把钱都花光了。李煜登基第三年,开始铸铁钱,实质犹如滥印钞票。铁易得而铜相对稀少,以铁制钱自然能够多铸。初,铁、铜钱并用,每十文以六文铁钱、四文铜钱相杂。③"其后,铜钱遂废,民间止用铁钱。"④ 市面上铜钱几无踪影。去哪儿了呢?"逮民间止用铁钱,遂藏铜钱靳弗出。"⑤ 都被国家悄悄储存起来,"比国亡,诸郡所积铜钱六十七万缗。"⑥

---

① 吴任臣《十国春秋》卷第十七,南唐三,后主本纪,页235。
② 陆游《南唐书》,《金陵全书》(乙编·史料类6),页249。
③ 马令《南唐书》,《金陵全书》(乙编·史料类5),页263。
④ 陆游《南唐书》,《金陵全书》(乙编·史料类6),页295。
⑤ 吴任臣《十国春秋》卷第十七,南唐三,后主本纪,页243。
⑥ 陆游《南唐书》,《金陵全书》(乙编·史料类6),页295。

官家等于利用权力操控金融,让百姓承担损失,为国库输血。"末年,铜钱一直同'值'铁钱十。"① 相当于先前的一元贬至一角,物价之腾贵可想而知。但这剥削百姓的罪名,尚不能由李煜担负,他是花花公子兼书呆子,想不出这种高招,计策只能出自大臣们;然而大臣们亦系无奈,库帑虚乏,国家还要维持,虽是坑蒙拐骗,该做的也得做。除滥制铁钱,官家盘剥民间的手段,还少不了苛税。如《邵氏闻见录》载:"李国主国用不足,民间鹅生双子、柳条结絮皆税之。"② 诚然奇闻,实不知此税以何名目。宋人《独醒杂志》所记一事,尤具史料价值:作者家乡南华寺,保存着从杨行密吴政权到李氏南唐的税票,"予观行密时所征产钱,较之李氏轻数倍。故老相传云,煜在位时,纵侈无度,故增赋至是。"③

百姓怨声载道,李煜浑然不觉。他犹有闲情逸致,去做看上去仁慈、很有爱心的事。一次游猎之余,"还憩大理寺",或因亲睹所羁罪囚惨状而不忍,他一时兴起,自居法官,"亲录囚徒,原贷甚众"④,赦免了许多人。又比如,"宫中造佛寺十余,出金钱募民及道士为僧,都城至万僧,悉取给县官",还与小周后一道,"顶僧伽帽,服袈裟,课诵佛经,胡跪稽颡,至为瘤赘。"⑤ 这么做,倒不是乔模装样,而确系宅心悲悯;可他不曾想过,那些"慷慨"施舍之钱,毫厘皆夺诸民口。此人心地不坏,只是在锦衣玉食中

① 陆游《南唐书》,《金陵全书》(乙编·史料类6),页295。
② 夏承焘《唐宋词人年谱》南唐二主年谱,页121。
③ 同上。
④ 马令《南唐书》,《金陵全书》(乙编·史料类5),页265。
⑤ 陆游《南唐书》,《金陵全书》(乙编·史料类6),页681。

长成，对世事实在一无所知。

如此纨绔子，摆在一国之主位子上，结局可料。974年，宋太祖着手解决南唐问题，发兵南下。李煜象征性地表示不满和反抗：去开宝年号、宣布金陵戒严。因太祖有"慎无杀戮"之嘱，宋师长围金陵，并不强攻。翌年十一月乙未日，城陷。李煜率群臣祖降于曹彬军门，随被解往汴京。赵匡胤封他"违命侯"，赐第养之。赵光义太平兴国三年，李煜死在汴京；"是日七夕也，后主盖以是日生"①，生死竟为同一日，时年四十有二。

南唐三帝，除烈祖李昪是合格政治家，另两位都仿佛投错了胎——明明是风流才子，却被放到皇帝位子上。李煜之秀外慧中，自不必说，那仪容气质，活脱脱是现实版宝玉。乃父李璟，同样一表人才、貌比潘安，史家形容他"音容闲雅，眉目若画"，这八个字，用在一位帝王身上，总觉得怪怪的。西邻楚国有使者来，归去逢人即说："东朝官家，南岳真君不如也！"②岂止惊为仙人，简直是连神仙也比不了。如此颜值，天钟地秀乃一方面，更内在的，应来自卓而拔俗的人文润滋，秀隽之貌与文雅之心，彼此生发，相互浸染，而莫分彼此。"好读书，能诗"，是李璟标志性特征。附庸风雅的帝王，历来不少，比如清高宗，以好吟出名，一生有诗据说多至数万，然无一句流传。李璟"能诗"，断非附庸风雅，而是诗性天成，他作为诗人与其帝王身份绝无关系，纯以诗质厕身顶级诗人行列而无愧色，如"丁香空结雨中愁"、"回首绿

---

① 陆游《南唐书》，《金陵全书》（乙编·史料类6），页309。
② 吴任臣《十国春秋》卷第十七，南唐三，后主本纪，页235。

波三楚暮"诸句,景意俱妙,空灵闪熠之思令人魂绕。王安石与黄庭坚谈,问后者"江南词何处最好","山谷以'一江春水向东流'为对。荆公云'未若"细雨梦回鸡塞远,小楼吹彻玉笙寒",又"细雨湿流光"最妙'。"① 前者我们知道乃李煜《虞美人》名句,后两句则分别出自李璟和冯延巳。王安石对诗词炼字炼意,功力之深,素负盛名,他的品鉴自是我们不能忽视的。王国维则认为李璟另一句"菡萏香销翠叶残,西风愁起绿波间"犹在"小楼吹彻"之上,"大有众芳芜秽、美人迟暮之感。乃古今独赏其'细雨梦回鸡塞远,小楼吹彻玉笙寒',故知解人正不易得。"②

李氏三帝,两人为诗界翘楚,历史上除"三曹父子"差堪并论,盖无二例。对此,我们不免叹其基因之殊异;然基因之外,又有别的缘由可寻。李清照推究其因,讲过一番话:"五代干戈,四海瓜分豆剖,斯文道熄。独江南李氏君臣尚文雅,故有'小楼吹彻玉笙寒'、'吹皱一池春水'之词。"③ 倘她说得是,根子我们应到李昪那里找寻。李昪自己并不像其子孙以文才鸣世,但他的价值取向,明显偃武修文,这在当时很突出。故而烈祖诸子,非只李璟有"好读书"之癖,他的几个太弟也都慕好风雅、亲近儒士,此必家风之所致。李煜从小即在此氛围中浸染,加上帝王之家尽揽一时人物,谁又能有这种条件?所以他的眼界见识得天独厚,被造就成那样一个人物,亦可谓不足为奇。

---

① 王仲闻《南唐二主词校订》,中华书局 2016,页 10。
② 同上书,页 100。
③ 同上书,页 93。

南唐三朝的尚文慕雅之风,再承以东晋以来衣冠南渡、风流文采渐以金陵为一新中心之遗韵,遂使此域在五代十国那种武人嚣张的乱世,别开生面,成为文教放兴、艺囿独秀之地。近体诗为长短句所代系我国诗史一重大流变;后世多以"唐诗""宋词"并称,却不知所谓"宋词"是因凭五代词人开山辟林而来,而五代词林的发育,根本在中原以外。时有两处重镇,一为西蜀,一为南唐。西蜀有温庭筠、韦庄等为代表,南唐则有璟煜父子和冯延巳三大家。两相比较,南唐又以帝王径充词坛泰斗,更显气象迥越。尤须强调,南唐文气之盛,不止显于辞章一端,而是书、画、乐等各种门类艺术,争奇斗妍、巨擘辈出,呈现全方位繁荣。有则轶闻,将此一时之盛彰表无遗,睹之令人屏息敛气、目眩神迷:

> 保大五年元日大雪,李主命太弟以下展燕赋诗……夜艾方散。侍臣皆有诗咏,徐铉为前后序。仍集名手图画,书图尽一时之技:真容,高冲古主之;侍臣法部丝竹,周文钜主之;楼阁宫殿,朱澄主之;雪竹寒林,董源主之;池沼禽鱼,徐崇嗣主之。图成,皆绝笔也。[①]

此作汇聚南唐画苑各方高手,人物、音乐、建筑、植物、动物各种影像,专人绘之,俱系"绝笔",惜今不存,中国痛失一瑰宝。南唐画艺之高卓,现在可以瞻睹的,有顾闳中绝品《韩熙载夜宴图》以及开宋元山水先河的董源画作。实则李煜能诗之外,亦精

---

① 吴任臣《十国春秋》卷第十七,南唐三,后主本纪,页211—212。

书画,其书之法时称"金错刀""撮襟书","虽若甚瘦,而风神有余",似乎宋徽宗有取法于此者,其画则善墨竹,"称翎笔墨竹",至徽宗时,内府犹存其画作《秋枝披霜图》等九幅。又,纸砚之精,一时无出其右,他所专用的"澄心纸",宋代"百金售一幅",欧阳修、梅圣俞、苏轼皆曾有诗咏"澄心纸"之珍奇;其砚,妙绝无伦,某《砚谱》记其中一方,"水常满,终日用不耗",具有奇特保润作用,滋墨不涸。又,洞晓音律,"凡度曲莫非奇绝"。还有,南唐皇家图书收藏之富,冠绝一时,璟煜父子皆"好求古迹,宫中图籍万卷,钟王墨迹尤多",李煜还精于鉴赏,所藏均亲自过目鉴定后用印,宋初"得金陵藏书十余万卷,分布三馆及学士舍人院,其书多雠校精审,编秩完具"。① 所有这些,从善本书籍到钟王墨宝,以及李煜真迹,后被金人破汴京时席卷北去,从而下落不明、烟消云散,实乃中华文明一大浩劫。

欧洲史上,法兰西王室以雅尚艺术造成一个时代;在中国,如欲寻觅一相似政权,我们认为唯南唐李氏可以并论。

其实,南唐还有许多悲欣故事可表,比如李煜与小周后之苟且和浪漫,又如《默记》所述李煜为宋室毒杀之谜案,或韩熙载其人其事等,这里都暂且按下。

---

① 以上见夏承焘《唐宋词人年谱》南唐二主年谱,页 80—88。

跋

此书对我有些特别的意义。其中的问题大多伴我多年，甚至在十几二十之龄已介于胸，而久无着落。我这代人，学问方面耽误极多，疑窦虽生，却苦于无力求解，不得不在后来一边忙工作忙生计，一边"恶补"所匮，逐步积累阅识。这样，年将六旬始觉可以下笔，但扎实与否，仍乏把握。文中持以不懈的，仍是我一直要求于己的"句句有来历"，亦即所写于文献都凿然有征而已。

《关于赵匡胤》和《南唐悲歌》，这两篇是在研问王安石变法之前，为摸索宋代气象与氛围，漫阅宋史乘兴留下的读书笔记。可以作间接的参考文来读，亦可视为无关的闲文。自谓尚有一二可观处，姑且收入。

己亥中秋北京